BLOG

블로그마케팅 실전 매뉴얼

정의장 외 3인 지음

중급편

BLOG

MARKETING

중급

블로그마케팅 실전 매뉴얼

인 쇄 2011년 3월 10일
발행일 2011년 3월 15일
저 자 정의장 외 3인
발행처 도서출판 YOUNG
주 소 서울시 마포구 연남동 252-1 2층
전 화 (02) 3141-4134
팩 스 (02) 3141-4889
발행인 현영덕
등 록 105-90-67568

ISBN 978-89-92843-37-9
가 격 22,000원

※ 파본 및 낙장본은 교환하여 드립니다.

이 책을 기획한지는 오래 되었지만 이제서야 출판을 하게 되었군요. 블로그마케팅 실전 매뉴얼은 말 그대로 블로그에 입문하시는 분들이나 아직 파워블로그가 아닌 일반 블로그 분들에게 적합한 책입니다. 전체적으로 블로그마케팅을 하기 위해서 블로그의 컨셉을 어떻게 잡고, 어떻게 셋팅을 해야 되는지 어떠한 서비스에 가입을 해야 되는지 등을 다뤘으며, 저자가 직접 블로그를 운영하면서 초보분들이 꼭 알아야 될만한 지식들만을 이해하기 쉽게 따라 할 수 있도록 구현해 내려고 노력했습니다. 이 책은 말 그대로 매뉴얼 형식의 책입니다. 처음부터 끝까지 정독을 하시는것 보다는 블로그를 해 나가시면서 막히는 부분이나 필요한 부분들을 참고하시는데도 많은 도움이 되실거라 생각합니다. 참고로 책을 쓰는 기간동안 워낙 블로그 서비스와 관련 웹서비스들이 자주 바뀌어서 원고를 완료한 시점과 여러분이 책을 구매한 시점에는 일부 서비스의 레이아웃이나 기능이 틀릴 수도 있습니다. 이점은 양해말씀 부탁드리겠습니다. 여하튼 이 책이 여러분들이 하시는 비즈니스에 조금이라도 비용을 절감시키고 효율성을 높여줄 수 있는 그런 참고 서적이 되었으면 하는게 작은 바램입니다.

차례
BLOG
MARKETING

CHAPTER 02 검색엔진 최적화 방법(seo) 113

CHAPTER 03 메타블로그 활용법 171

CHAPTER 04 트랙백 활용법 177

CHAPTER 05 네이버 오픈캐스트 활용방법 251

CHAPTER 06 RSS를 활용하라 307

CHAPTER 7 블로그마케팅 TIP 343

프롤로그

블로그가 나온지도 한참이 지났고 이제는 블로그 보다도 트위터나 페이스북 같은 소셜네트워크 서비스들이 연일 이슈가 되고 있다. 하지만 그렇다고 해서 이제는 블로그가 쓸모 없어지게 된 것이 아니다. 트위터와 페이스북은 아직 까지는 콘텐츠를 생산하는 기능보다는 콘텐츠를 유통하는 도구에 조금 더 초점이 맞춰져 있기 때문이다.

블로그는 아직 까지는 개인들이 콘텐츠를 생산하고 1차 유통까지 가능하게 해주는 가장 손쉬운 도구이다. 따라서 앞으로 블로그 보다는 조금 더 효율적이고 손쉬운 도구가 나오기 전 까지는 블로그의 효용가치는 지속적으로 유지 될 것이다.

블로그마케팅을 하는데 있어서 가장 중요한 부분은 필자는 콘텐츠라고 생각한다. 콘텐츠는 기업으로 따지면 제품과 같은 역할을 한다. 일단 기업이 아무리 마케팅을 잘 한다고 하더라도 생산하는 제품이 형편 없다면 지속적인 판매가 불가능할 것이다. 블로그도 마찬가지로 가장 기본은 콘텐츠에 있다.

일단은 양질의 콘텐츠를 생산할 수 있게 되었다면 그 다음은 내 블로그의 콘텐츠를 유통시킬 수 있는 유통경로를 구축해야 한다. 블로그는 콘텐츠를 생산할 수 있는 도구로써 최적화 되어 있지만 콘텐츠 생산과 동시에 1차적인 콘텐츠 유통또한 다양한 기법으로 가능하다. 이렇게 블로그 콘텐츠의 유통경로를 구축하는 것을 다른말로 하면 내블로그로의 방문자들의 유입경로를 만들어 주는 것이라고 할 수도 있다.

블로그유입경로를 만드는 방법은 다양하다. 검색엔진에 최적화 시키는 방법 메타블로그에 내블로그의 콘텐츠를 발행하는 방법 트랙백을 활용하는 방법 댓글을 활용하는 방법 오픈캐스트를 구축하는 방법등 다양한 방법들이 있다. 이런 방법들만 잘이해하고 잘 활용해도 웬만한 블로그마케팅 효과는 충분히 거둘 수 있다.

그리고 요즘은 블로그의 콘텐츠를 유통시킬 수 있는 소셜네트워크 서비스들이 점점 더 성장하고 있기 때문에 이러한 소셜네트워크 서비스와 블로그를 잘 연동시키면 효율적으로 콘텐츠를 생산하고 유통할 수가 있다.

이제는 블로그와 소셜네트워크 서비스로인해 개인들도 콘텐츠의 생산 및 유통을 스스로가 해결할 수 있는 시대가 되어 가는 것이다. 앞으로도 소셜네트워크 서비스는 더욱더 성장하게 될 것이며 점점 더 영향력이 커지게 될 것이다. 이러한 시대에는 우리에게 주어진 이러한 도구들을 조금만 공부해서 익숙하게 활용할 수 있다면 얼마든지 광고홍보 및 마케팅 비용을 절감 할 수 있다.

기업의 규모가 소규모 일수록 마케팅 비용을 줄여야 성공할 수 있다. 필자는 약 3년전부터 꾸준히 블로그마케팅 관련 강의를 해 오면서 수많은 사람들을 만나봤다. 그 중에서 특히나 필자가 안타깝게 여겨졌던 분들은 오직 특이하고 획기적일 정도로 뛰어나고 좋은 제품만 만들어 내면 그것으로 모든 게임은 끝난다 라고 생각하는 사장님 들을 만날때 이다. 이런분들을 만날때마다 솔직히 너무나 안타깝고 갑갑함이 느껴진다. 이런 사장님들은 수년간을 연구하고 실험해서 정말로 괜찮거나 아이디어가 뛰어난 상품들을 만들어 낸다. 그리고는 이러한 상품들을 막상 만들어 놓고 판매하려고 마음을 먹는 순간 부터는 머리속이 하얘진다.

이렇게 뛰어난 제품을 개발해서 만들기만 하면 저절로 팔릴줄 알았던 것이다. 막상 광고홍보나 마케팅을 하려니 아는 것이 아무것도 없는 것이다. 게다가 기존의 언론 미디어 매체광고는 이미 제품을 개발하는데 모든 돈을 써버린 후여서 꿈도 꾸질 못하게 된다.

게다가 이러한 경로를 거쳐온 대부분의 사장님들은 자신만의 자존심과 에고가 굉장히 강하다. 그래서 웬만한 조언들에는 잘 귀 기울이려 조차 하질 않는다. 아마도 전국에 아직도 수십만명의 이런 사장님들이 존재할 것이다.

필자는 이러한 사장님들이나 자본금이 부족해서 제대로 홍보해 보는걸 꿈도 꾸지 못하는 그러한 분들 그리고 부업이나 자기개발 목적으로 블로그를 제대로 운영해 보고 싶은 분들에게 조금이라도 여명을 비쳐줄 수 있는 그러한 책이 되길 바란다.

CHAPTER 01

블로그 콘텐츠 작성법

BLOG MARKETING

:: 블로그 콘텐츠의 중요성

블로그의 컨셉을 잡고 브랜드 블로그를 위한 세팅 작업들도 중요하지만 무엇보다도 중요한건 실제 알맹이가 되는 콘텐츠다. 모든 방문자들은 당신의 콘텐츠를 구경하기 위해 블로그를 방문하지, 블로그의 디자인이나 다른 장치들을 보려고 접속하진 않는다.

그렇다면 블로그 콘텐츠란 무엇인가? 블로그 콘텐츠란 블로그 운영자가 작성하는 모든 글과 이미지 동영상들을 통칭하는 용어라고 이해하면 될 것이다.

대부분의 블로거들은 자신의 블로그에 일상적인 생활상을 적기도 하고 식당에서 오늘은 어떤 메뉴를 먹었는지 등의 음식에 관한 내용을 적기도 하고 공연이나 영화 관람 후 리뷰를 적기도 하며 좋은 책을 읽고 서평을 적기도 한다. 이렇게 각각의 블로그들이 하루하루 쏟아내는 모든 일상들은 블로그의 대표적인 콘텐츠라고 할 수 있다.

그리고 자신의 비지니스나 상품판매 등을 홍보하기 위해 블로그를 운영하는 사람들은 조금 더 전문적이고 세분화된 주제를 다루기도 하고 자신들의 노하우나 전문 정보를 콘텐츠로 생성해 낸다. 기존의 홈페이지나 언론사들은 공적인 말하기 이 외에는 할 수가 없었다.

하지만 블로그에서는 내 블로그의 주제가 어떠하든 상관없이 나의 일상적인 얘기도 할 수 있고 전문적인 얘기도 할 수 있으며 정치 경제에 대한 나의 의견을 피력할 수도 있다. 이렇게 콘텐츠에 대한 제약과 장벽이 없이 모든 콘텐츠를 수용할 수 있는 도구는 블로그밖에 없을 것이다.

그렇다면 블로그 콘텐츠가 블로그 마케팅에 있어서 왜 중요한지를 살펴보자. 사람들은 대부분 어떠한 제품을 구매하고자 할 때 믿을만한 브랜드인 지를 먼저 살피거나 주변의 지인이나 친구 가족들의 말을 듣고 구매하는 경우가 많다. 실제로 모 언론사에서 실시한 설문조사 결과 주변의 의견이나 소문을 통해 구매결정을 하게 되는 경우가 50%에 육박한다는 결과가 나왔다.

오프라인에서의 주변의 지인이나 친구들은 온라인에서는 다른 블로거가 될 수 있다. 그래서 실제로 AC 닐슨이라는 글로벌 리서치 조사 기관이 전세계 47개국을 조사한 결과

여드름을 부르는 피부의 '3대 적'과 관리법

2010/05/30 12:52 몸매.피부관리

여드름을 부르는 피부의 '3대 적'과 관리법

추운 날씨에는 괜찮다가 봄과 여름이 되면 여드름이 자주 생기는 경우가 있다. 봄과 여름에는 외부 활동이 많은 때인데 이렇게 여드름이 나면 속이 많이 상한다. 그래서 화장품으로 여드름을 가려보려 애쓰지만 역시 여드름은 더 악화되는 경우가 많다.

여드름의 원인은 과도한 피지 때문이다. 피지생성은 체질적 요인, 과로 및 스트레스, 월경 및 임신 등에 의해서 발생한다. 모공이 폐쇄되어도 여드름이 생긴다. 모공이 폐쇄되는 원인으로는 자외선 등이 있다.

우리나라 소비자의 경우 81%가 블로그와 같은 온라인에 기재된 소비자의 의견을 신뢰한다는 결과가 나왔고 우리나라는 전 세계에서 온라인 소비자 의견을 신뢰하는 국가 1위에 올랐다.

대부분의 블로그들은 자체 브랜드가 없다. 하지만 그들은 자신이 서비스나 제품을 사용해본 경험이나 지식들을 공유하는데 익숙하다. 그들은 블로그 상에서 콘텐츠로 말하고 댓글이나 트랙백으로 서로가 끊임없이 대화하면서 가장 나은 제품과 최상의 서비스를 찾아내고 이를 불특정 다수들에게 알리는 것에 대해 꺼려하지 않고 기꺼이 자신의 시간을 할애한다.

따라서 블로그 콘텐츠는 내가 오프라인에서 누군가에게 어떤 주제나 상품 등에 대해서 말을 하는 행위와 유사하다. 오프라인의 내가 사이버 공간으로 들어가서 직접 얘기할 수 없지 않은가! 그래서 내가 말하고자 하는 말들을 키보드로 두들겨 텍스트나 이미지 동영상 등의 형태로 블로그 상에 올림으로써 다른 사람들에게 말을 거는 것이다.

내가 블로그를 통해 하는 말이 일리 있거나 아주 유익한 정보일 경우 블로거들은 나에게 댓글과 추천으로써 칭찬을 해 준다. 그러면 나는 더욱 더 신이 나서 내가 알고 있거나 경험한 얘기들을 하기 시작한다. 지속적으로 재밌거나 유익한 정보들을 얘기하게 되면 블로거들은 이제 나의 닉네임이나 블로그명만 봐도 누군지 한 눈에 알아본다. 이 단계가 브랜드 형성의 시작단계라고 보면 될 것이다.

이렇게 지속적으로 유익한 정보를 전달하게 되면 브랜드가 형성 되기 시작한다. 이렇게 브랜드가 형성되기 시작하는 이유는 내가 그동안 꾸준히 블로깅 활동을 하면서 했던 말들을 이제는 다른 블로거들이 완전한 신뢰를 하기 시작했기 때문이다. 만약 내가 블로그를 통해 하는 말이 전부 거짓말들이었다면 다른 블로거들은 나의 블로그를 거들떠 보지도 않을 것이다. 따라서 브랜드는 곧 신뢰라고 할 수 있다.

이렇게 꾸준히 블로그에서 말하기를 함으로써 신뢰를 쌓게 되면 나는 이 신뢰를 담보로 서비스나 물건을 판매하는 것이 수월해지게 된다. 따라서 본질적인 블로그마케팅의 핵심은 바로 신뢰를 쌓는 것이라고 할 수 있다.

대기업들이 브랜드 홍보를 위해 TV CF 광고에 천문학적인 돈을 투자하는 이유도 이러한 원리와 같다고 보면 될 것이다. 한번 형성된 브랜드는 쉽게 무너지지 않는다. 이렇게 자신의 브랜드를 형성하기 위해서는 앞에서도 얘기 했듯이 사람들에게 끊임없이 좋은 말을 걸어야 한다. 그러기 위해서는 항상 유익하고 진심이 담겨있는 콘텐츠를 담아내지 않으면 안된다. 필자가 앞에서도 얘기했듯이 오프라인에서의 말하기는 블로그의 콘텐츠와 유사하다고 볼 수 있다. 따라서 제대로된 콘텐츠 하나하나가 블로그 사회에서 나의 신뢰점수를 쌓는 핵심 포인트라고 생각하면 된다.

:: 콘텐츠 구성은 읽고 보고 감상하기 형태로 구성하라

콘텐츠를 어떤 내용으로 작성하느냐도 중요하지만 콘텐츠의 구성 또한 검색엔진과 구독자들이 좋아하는 패턴이 있다. 블로그에서는 텍스트뿐만 아니라 링크 이미지 동영상 등 인터넷 상에서 표현할 수 있는 대부분의 콘텐츠 도구들을 모두 수용할 수 있기 때문에 멀티미디어형 콘텐츠를 구성할 수 있다.

검색엔진과 구독자들 모두 만족시킬 수 있는 콘텐츠의 구성방식은 이것만 기억하면 된다. 읽고 보고 감상하기 형태로 콘텐츠를 구성하라. 우리가 일반적으로 읽는다는건 텍스트를 읽는 것을 얘기하며 본다는 것은 사진을 본다는 것이다. 그리고 감상한다는 것은 동영상을 감상한다는 것이다.

검색엔진도 이렇게 멀티미디어를 잘 활용한 콘텐츠 구성형태에 좀 더 많은 점수를 주고 있다. 그리고 일반적으로 콘텐츠를 읽는 구독자들도 텍스트 형태로만 이루어진 콘텐츠는 왠만큼 관심있는 주제가 아니고서는 쉽게 지루함을 느낀다. 따라서 텍스트 중간에 이미지가 들어감으로써 텍스트에 대한 설명을 쉽게 이해할 수 있도록 도와주는 역할도 하고 구독자들의 지루함을 없애 줄 수도 있다.

이렇게 이미지와 텍스트가 혼합된 형태의 콘텐츠를 읽다가 콘텐츠 주제와 관련된 동영상이 끝부분에 삽입 되어 지면 구독자들 입장에서는 다양한 형태의 콘텐츠가 혼합된 멀티미디어 형 콘텐츠를 읽게 되므로 만족감을 좀 더 높일 수가 있다.

IT관련 제품의 리뷰를 자주 올리는 파워블로거나 다이어트 헬스 등의 정보를 다루는 블로거들이 현재 이러한 구성의 콘텐츠를 잘 활용하고 있는 편인데 업종에 한계성은 없다. 내가 속한 업종이 어떠한 업종이든 읽고 보고 구성하기 형태로 콘텐츠를 구성하는 습관을 들이고 콘텐츠에 정성을 들이면 그 콘텐츠를 만드는 시간과 노력은 조금 더 들어가지만 분명 구독자들 입장에서는 만족스러운 콘텐츠가 될 수 밖에 없으므로 나의 브랜드 신뢰도는 자연스레 높아지게 되는 것이다.

몇가지 사례들을 살펴 보자면 트레이너강 님의 블로그(http://trainerkang.com)에서는 헬스 관련 다양한 동작을 텍스트와 사진 동영상이 잘 조합된 형태로 구성해서 콘텐츠를 제공하고 있다.

목은 다른 근육들과 다르게 근육도 작으며 중량을 추가하여 운동을 하기에는 경추에 부상의 위험이 있습니다. 부 제목처럼 등척성이란 일반 웨이트 트레이닝 처럼 근육이 움직이면서 힘을 발휘하고 운동을 하는게 아니라 근육이 고정된 상태에서 힘을 발휘하며 운동을 하는것을 말합니다.

손에 힘을 주고 머리를 손쪽으로 힘을 가하면 목에 힘이 들어갈것 입니다. 한동작에 10-20초 정도씩 등척성 운동을 해보세요^^

책상에서 할수 있는 간단한 스트레칭

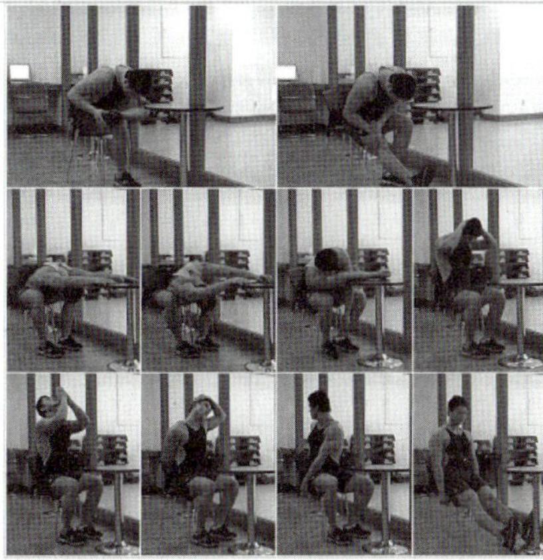

책상에서도 쉽게 실시할수 있는 스트레칭 입니다.^^

(새벽에 사진이랑 동영상을 찍었더니 얼굴이 부었다는 슬픈 전설이?-_-+)
생활속 스트레칭으로 건강도 지키고 스트레스도 이겨보세요^0^

http://trainerkang.com/359

카라의 다이어트 이야기(http://tvsline.tistory.com) 블로그에서도 다이어트 관련 정보를 텍스트와 이미지 동영상이 잘 조합된 형태로 구성해서 콘텐츠를 제공하고 있다.

디지털 라이프를 주로 다루는 **지그니**(http://news.egloos.com) 블로그에서도 아이폰 관련 콘텐츠를 텍스트와 이미지 동영상이 잘 조합된 형태로 구성해서 콘텐츠를 제공하고 있다.

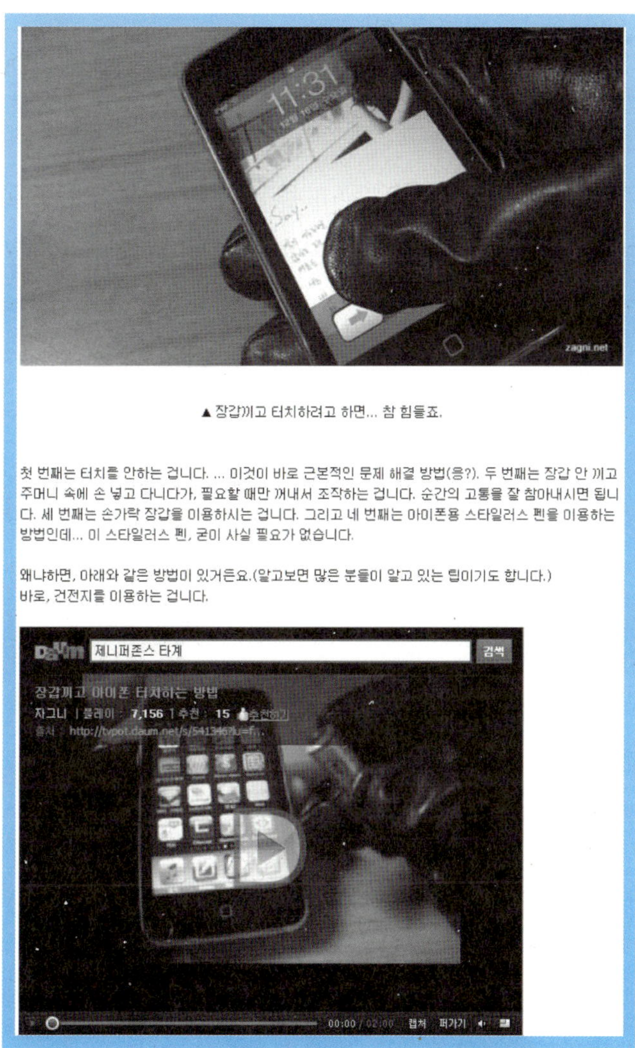

▲ 장갑끼고 터치하려고 하면... 참 힘들죠.

첫 번째는 터치를 안하는 겁니다. ... 이것이 바로 근본적인 문제 해결 방법(응?). 두 번째는 장갑 안 끼고 주머니 속에 손 넣고 다니다가, 필요할 때만 꺼내서 조작하는 겁니다. 순간의 고통을 잘 참아내시면 됩니다. 세 번째는 손가락 장갑을 이용하시는 겁니다. 그리고 네 번째는 아이폰용 스타일러스 펜을 이용하는 방법인데... 이 스타일러스 펜, 굳이 사실 필요가 없습니다.

왜냐하면, 아래와 같은 방법이 있거든요.(알고보면 많은 분들이 알고 있는 팁이기도 합니다.)
바로, 건전지를 이용하는 겁니다.

http://news.egloos.com/2120331

위의 사례와 같이 많은 파워블로거들은 이미 이러한 종합 멀티미디어형 콘텐츠 구성 방식을 자주 사용하고 있다. 오히려 이렇게 텍스트와 이미지 동영상이 잘 조합된 괜찮은 콘텐츠를 제작해 왔기 때문에 파워 블로거가 될 수 있었을 것이다.

아무리 블로그마케팅 관련 기술이 뛰어나더라도 홍보할 콘텐츠가 형편 없다면 구독자들로부터 큰 신뢰를 얻을 수 없다. 블로그마케팅에 있어서 블로그와 관련해 다양한 기능과 홍보기법이 50% 라면 블로그 콘텐츠가 나머지 50% 정도의 비율이라고 필자는 자신있게 말할 수 있다. 그만큼 콘텐츠는 중요하다.

구독자들은 당신의 블로그에 시간이 남아 돌아서 방문하는 것이 아니다. 어떠한 형태로든 정보나 지식 혹은 읽을거리를 찾아서 들어온다. 그렇게 유입된 손님들에게 제공하는 나의 콘텐츠가 형편 없다면 다시는 내 블로그를 찾지 않게 될 것이다. 반면에 유입된 손님들에게 괜찮은 콘텐츠가 제공된다면 우연찮게 내블로그를 발견한 방문자들은 내 블로그를 구독하거나 즐겨찾기에 추가해 놓게 될 것이다. 따라서 블로그마케팅의 핵심은 콘텐츠라고 해도 과언이 아닐 것이다.

이렇게 블로그의 핵심이 되는 콘텐츠를 구독자들이 선호하는 패턴인 읽고 보고 감상하기 형태로 구성해서 제공한다면 구독자들은 내 블로그의 콘텐츠에 좀 더 많은 만족감을 느끼게 될 것이고 이는 자연스레 나의 브랜드 가치를 상승시키는 효과로 되돌아 오게 되는 것이다.

:: 콘텐츠 작성을 위한 정보수집 루트 만들기

콘텐츠를 작성하기 위해서는 다양한 정보와 지식을 알고 있어야 한다. 하지만 모든 블로거가 이렇게 박학다식 하진 않을 것이다. 그리고 콘텐츠를 작성하다 보면 내가 미처 몰랐던 지식도 찾아보게 되는 경우가 생길 수 밖에 없고 좀 더 나은 콘텐츠를 작성하기 위해서는 전문적인 정보나 자료를 찾을 수 밖에 없다.

내가 특정한 분야에 박사가 아니라면 사전에 다양한 전문정보들을 수집할 수 있는 루트를 구축해 놓아야 한다. 그럼 어디로 가야 사전에 다양한 정보들을 언제든지 손쉽게 찾아서 이용할 수 있을지 알아보도록 하자.

1. 네이버 지식iN (http://kin.naver.com/index.php)

네이버 지식iN은 가장 손쉽게 콘텐츠 소재와 주제를 발굴할 수 있는 곳이다. 지식iN이라는 서비스 자체가 사람들이 궁금한 것을 질문하고 이를 다른 사람들이 자신의 지식으로 답변해 주는 곳이다. 따라서 자신의 업종과 관련 있는 주제에 대해서 사람들은 어떤점을 궁금해 하는지를 손쉽게 알 수 있고 또한 그 아래에 달려져 있는 답변들을 통해 자신도 몰랐던 정보들을 수집할 수가 있다.

이를 블로그상에서 적절하게 활용하여 자신의 업종과 관련된 정보나 지식을 콘텐츠로 구성해 제공함으로써 자신의 블로그에 대해 신뢰도와 전문성을 인정 받을 수 있다.

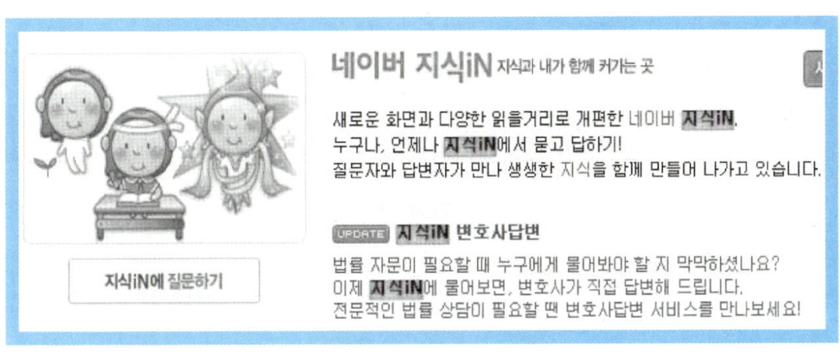

2. 뉴스기사 활용하기

언론사들의 뉴스기사는 현재 주요 이슈들이 무엇인지를 가장 빨리 알 수 있다. 언론사들의 뉴스에는 정보와 지식 그리고 발빠른 속보성 소식들이 담겨 있으므로 언론사 뉴스에서 콘텐츠 소재를 발굴하는 것도 좋은 방법이다. 요즘은 포털 사이트에서 언론사들의 소식을 모아서 볼 수 있게 제공하고 있다. 대표적으로 네이버의 뉴스캐스트를 들 수 있다. 네이버의 뉴스캐스트는 언론사들의 헤드라인만을 볼 수 있도록 화면구성을 해놨기 때문에 각 언론사들의 주요 이슈가 뭔지 한눈에 파악하기가 쉽다.

네이버에서 뉴스캐스트로 접속하는 방법은 매우 간단하다. 네이버 메인 화면에서 광고영역 아래 뉴스 영역에서 좌측에 보이는 뉴스캐스트 메뉴를 클릭한다.

뉴스캐스트를 클릭하면 실시간 뉴스캐스트가 나오고 주제별 보기가 나온다. 여기서 언론사별 보기를 클릭하면 아래 그림과 같이 언론사들의 헤드라인 뉴스를 한눈에 볼 수 있는 화면이 나온다. 여기서 원하는 정보들을 클릭하면 해당 언론사 홈페이지의 기사로 넘어간다.

실시간 뉴스캐스트
실시간 언론사 헤드라인
G20 set to keep stimulus in place
Fitch cuts Irish rating again
Top Nuke Envoy to Visit US Thursday
[Audio news]Flu halts training by nation's reserve force

3. 네이버 오픈사전 활용하기

네이버에는 열린백과 사전으로 오픈사전이라는 메뉴가 있다. 위키피디아처럼 웹 2.0방식의 오픈사전 플랫폼이다. 누구나 특정 지식에 대해서 오픈사전에 등록 신청을 할 수가 있고 콘텐츠에 크게 문제가 없다면 오픈사전에 등록된다. 특정 분야에 대한 전문 지식이나 정보를 제공하고 싶을 때는 굉장히 유용한 정보루트가 네이버의 오픈 사전이다.

예를 들어 내가 명품 브랜드의 의류를 판매하는 업자인데 해당 명품 브랜드의 역사에 대한 정보를 사람들에게 제공해 주고 싶다면 일일이 내가 해당 브랜드의 역사에 대해 공부하려면 너무 힘들다. 하지만 네이버 오픈사전에서 해당 브랜드를 검색하면 해당 브랜드의 역사와 연관된 자료들이 검색된다. 그러면 몇 개의 글을 읽어 본 후 해당 브랜드에 대한 역사를 콘텐츠로 작성하면 손쉽게 참고자료들을 활용해서 작성할 수가 있다.

그럼 네이버에서 오픈사전으로 접속하는 방법부터 알아보자. 일단 네이버 메인화면 상단의 메뉴에서 지식iN 메뉴를 클릭한다.

지식iN 메뉴를 클릭하면 지식iN 화면으로 접속한다. 여기에서 상단의 메뉴들 중 오픈사전 메뉴를 클릭해 주면 그림과 같이 오픈사전 화면으로 접속한다.

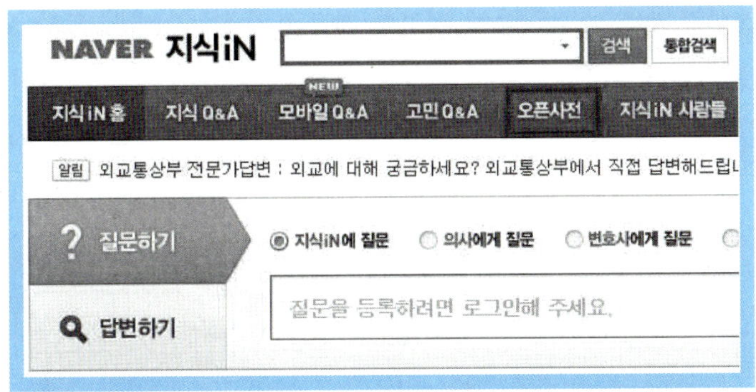

여기서 하단의 오픈사전 대분류 카테고리에서 내가 찾고자 하는 분류를 선택해 주면 해당 대분류 카테고리의 세부카테고리 화면으로 이동한다. 이렇게 원하는 세부카테고리를 찾아 들어가면 오픈사전 콘텐츠들을 찾을 수 있다.

그리고 오픈사전에서 검색을 통해 정보를 찾으려면 지식iN이나 위의 오픈사전 화면에서 검색어를 입력해 검색을 한다. 필자는 샤넬이라는 브랜드에 대해서 검색을 해봤다. 그러면 지식iN 전체에서 샤넬 이라는 검색어에 대한 검색 결과가 나온다.

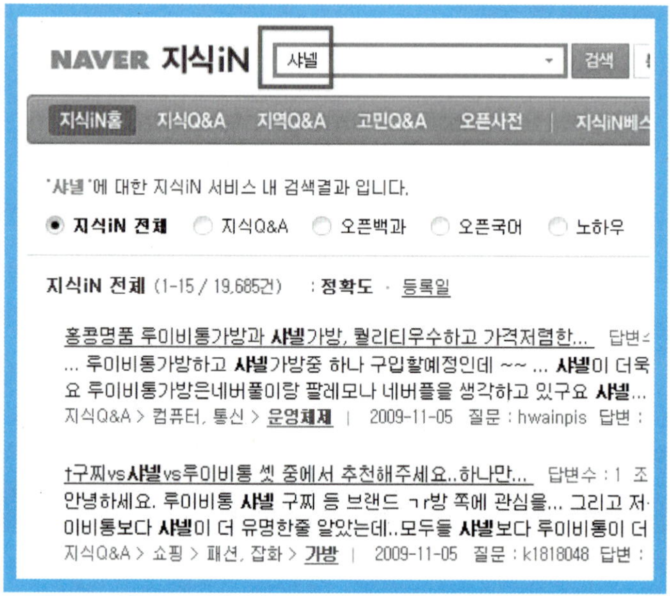

그러면 여기서 상단의 검색옵션 설정하는 메뉴들 중 오픈백과라고 되어 있는 옵션을 선택해 준다. 그러면 샤넬 관련 오픈백과사전에 실려 있는 콘텐츠들만 검색되어져 나온다. 이렇게 검색에서는 오픈백과라는 옵션만 선택해 주면 간단하게 해당 검색어에 대한 오픈백과의 콘텐츠들을 검색할 수 있다.

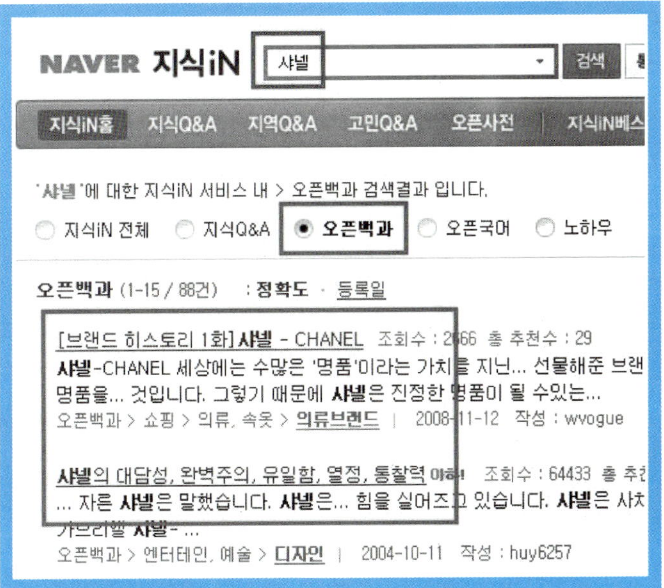

4. 위키피디아 백과사전(http://ko.wikipedia.org)

위키피디아는 전 세계적으로 권위있던 브리테니커 백과사전을 5년만에 추월한 웹2.0 방식의 오픈 백사과전이다. 위키피디아는 수많은 네티즌들의 참여로 이루어진 만큼 다양한 자료들이 많다. 물론 아직 한글판은 완전히 대중들에게 알려지진 못했지만 그래도 충분히 백과사전으로서의 면모를 갖추고 있다고 보면 된다. 게다가 위키피디아는 시간이 갈수록 기하급수적으로 정보들이 축적될 것이므로 앞으로가 더욱 기대되는 백과사전이라고 보면 된다.

글로벌 위키피디아 홈페이지는 검색에서 위키피디아를 검색하면 되고 한글판 위키피디아는 네이버에서 위키피디아를 검색하면 검색결과에서 바로 위키백과 한국어판이라는 바로가기 링크가 나온다.

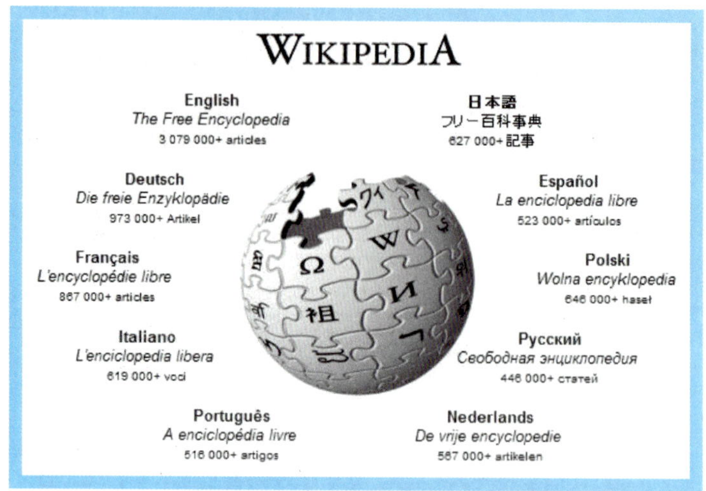
WIKIPEDIA
English
The Free Encyclopedia
3 079 000+ articles
日本語
フリー百科事典
627 000+ 記事
Deutsch
Die freie Enzyklopädie
973 000+ Artikel
Español
La enciclopedia libre
523 000+ artículos
Français
L'encyclopédie libre
867 000+ articles
Polski
Wolna encyklopedia
646 000+ haseł
Italiano
L'enciclopedia libera
619 000+ voci
Русский
Свободная энциклопедия
446 000+ статей
Português
A enciclopédia livre
516 000+ artigos
Nederlands
De vrije encyclopedie
567 000+ artikelen

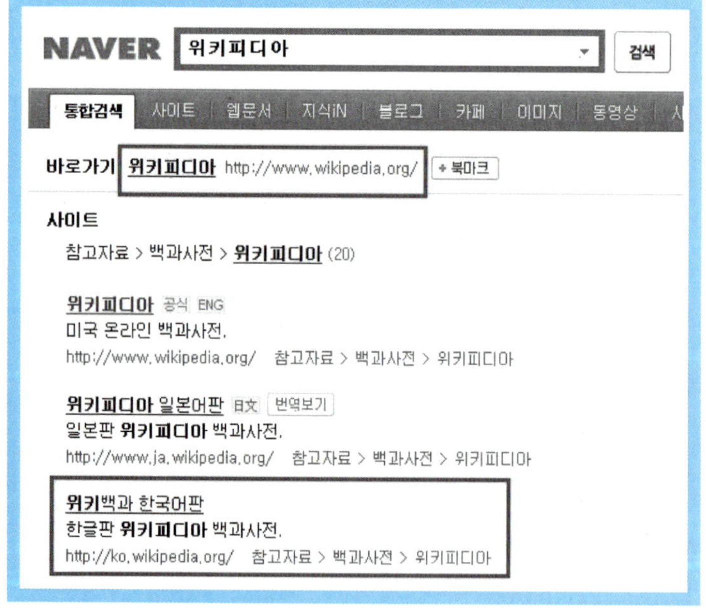
NAVER
위키피디아
검색
통합검색
사이트
웹문서
지식iN
블로그
카페
이미지
동영상
바로가기 위키피디아 http://www.wikipedia.org/
+ 북마크
사이트
참고자료 > 백과사전 > 위키피디아 (20)
위키피디아 공식 ENG
미국 온라인 백과사전.
http://www.wikipedia.org/ 참고자료 > 백과사전 > 위키피디아
위키피디아 일본어판 日文 번역보기
일본판 위키피디아 백과사전.
http://www.ja.wikipedia.org/ 참고자료 > 백과사전 > 위키피디아
위키백과 한국어판
한글판 위키피디아 백과사전.
http://ko.wikipedia.org/ 참고자료 > 백과사전 > 위키피디아

5. 다음 웹 디렉토리 활용하기(http://directory.search.daum.net)

다음 웹 디렉토리 서비스는 각 분야별 홈페이지의 순위를 제공해 주는 서비스다. 내가 찾고자 하는 정보와 관련된 홈페이지 순위를 알고 싶으면 다음 웹 디렉토리에서 카테고리별로 순위를 볼 수 있고 검색으로도 순위를 확인 할 수 있다.

다음 웹 디렉토리는 다음 검색창에 디렉토리라고 검색어를 입력한 후 검색을 한다. 그러면 그림과 같이 다음 디렉토리 바로가기 링크가 나올 것이다. 여길 클릭해 준다.

다음 디렉토리 바로가기를 클릭하면 다음 디렉토리 화면으로 이동한다. 여기서 상단에는 검색어를 입력해서 검색해 볼 수 있는 검색창이 나오고 그 아래 각 카테고리별로 웹사이트 순위를 볼 수 있도록 카테고리 항목들이 나열되어 있다. 여기서 카테고리를 찾아 들어가서 세분화된 카테고리까지도 웹사이트 순위를 확인 할 수 있다.

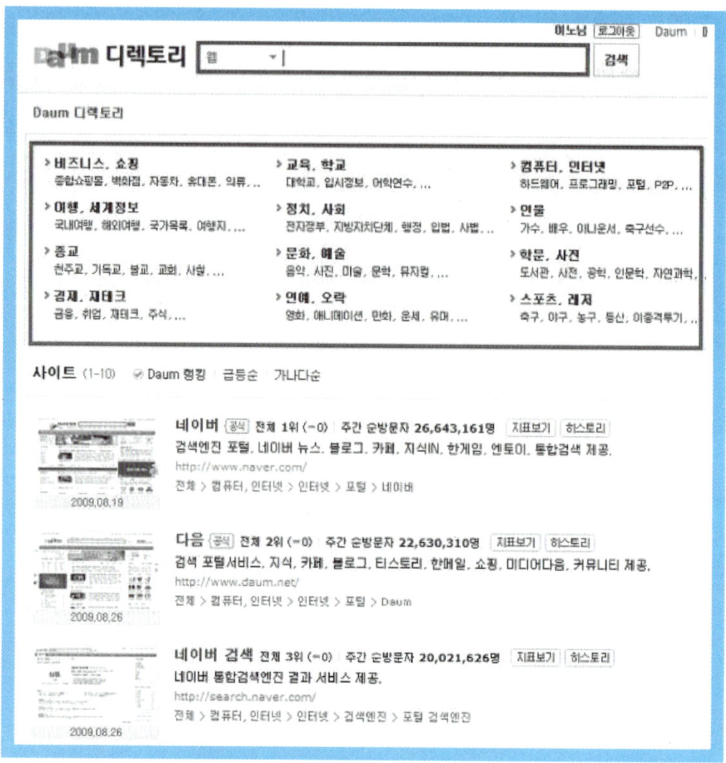

:: 상품이나 서비스 정보를 콘텐츠화 한다

블로그 마케팅을 막상 하려고 시작하다 보면 어떠한 콘텐츠들을 올려야 되는지 막막할 것이다. 블로그에 대해서 아직 익숙치도 않은데 블로그를 이용해서 마케팅을 해야 하는 입장이 되다 보면 부담감이 생길 수 밖에 없다.

블로그마케팅용 콘텐츠라고 해서 기존의 블로그에 올리는 콘텐츠랑 크게 다른 점은 없다. 일단 마음가짐부터 블로그마케팅을 위해서 글을 적는다는 마음가짐을 떨쳐 버리고 편안하게 블로거 들에게 내가 하는 일을 알리고 나의 일상도 얘기하고 좋은 정보도 공유해야겠다는 마음가짐을 가지면 된다.

이렇게 마음가짐을 가졌으면 가장 손쉽게 만들어 낼 수 있는 콘텐츠부터 접근해야 한다. 가장 단순한 콘텐츠이면서 자신있게 만들 수 있는 콘텐츠는 자신이 현재 하고 있는 전문분야나 비지니스 제품 등에 대한 얘기를 하는 것이다. 웹 1.0시대로 따지면 일종의 카탈로그 형태의 콘텐츠라고도 할 수 있다.

네모씨의 네이트 홀릭 블로그 에서는 자신들의 대표적인 서비스인 네이트를 소비자들이 휴대폰에서도 자유롭게 사용하게 하기 위해 데이터 요금제에 대한 정보를 콘텐츠로 제작해서 자세하게 안내하고 있다.

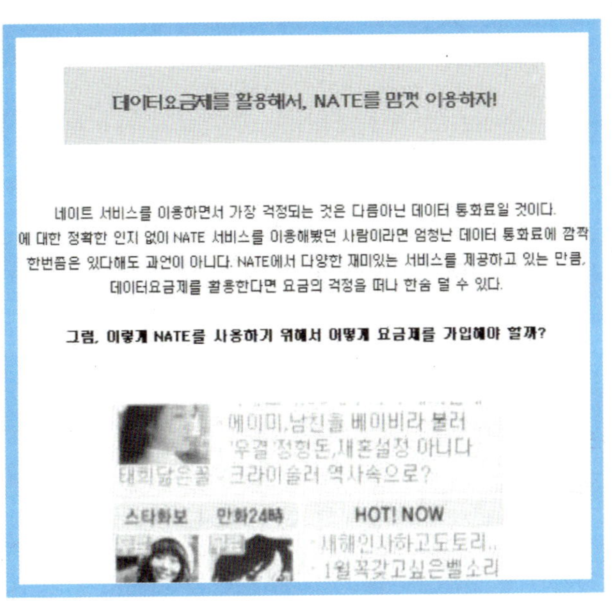

http://blog.naver.com/mobilelog/140061068039

스타일! 선을 없앤 완벽한 LED LCD TV

- 전체 화면을 240 Block으로 나누어 영상을 제어하는 Local Dimming(영상 부분 제어) 기술을 통해 기존 대비 한 차원 더 밝고 선명한 화질을 구현합니다.
- 빛을 수평으로 넓게 퍼지게 하는 IOL(Integrated Optical Lenz) 방식이라는 LG 특허 기술을 통해 24.8mm 초 슬림 디자인을 구현합니다.
- 세계 최초로 무압축 무선 전송 방식으로 복잡한 연결선을 없애 완벽한 Wireless TV를 실현합니다.
- 미디어 박스 하나로 셋탑 박스, DVD Player, Blu-ray Player를 연결해 리모컨 하나로 훨씬 더 편리하게 즐길 수 있습니다.

http://blog.lge.com/113

LG전자의 THE BLOG에서는 자사의 신제품인 초슬림 LED TV가 출시되자, 이 상품에 대해 이전 상품들과 어떻게 달라졌는지 또 이 제품의 장점은 무엇인지에 대해서 자세하게 소개하는 콘텐츠를 제작해서 올리고 있다.

사진 왼쪽의 노트북은 우리가 사무실에서 흔히 사용하고 있는 노트북 제품입니다.
오른쪽에 있는 건.. 이번에 출시된 얇고 가벼운 노트북 바이오 X이구요. 딱 봐도 그 두께가 확연히 비교 되시죠?

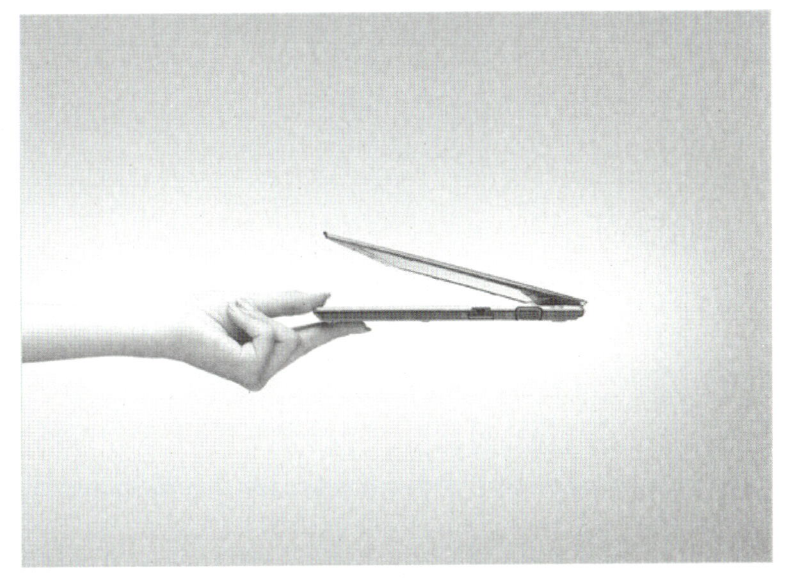

엄지와 검지만으로도 노트북을 들어올릴 수 있을 만큼 바이오 X는 무게도 가볍답니다. 745g의 기적과 같은 제품 무게는 모두 풀 플랫(Full Flat) 13.9mm의 초슬림 바디 때문에 구현이 가능했답니다.

http://www.stylezineblog.com/816

SONY도 소니 스타일을 말하다라는 블로그를 운영하면서 자사의 신제품에 대한 소개용 콘텐츠들을 제작해서 꾸준히 업데이트 하고 있다. 갈수록 노트북의 두께에 대한 부분이 주요 이슈로 떠오르자 새로운 신제품인 소니 바이오 X라는 모델을 출시하고 두께가 실제로 얼마나 얇은 지에 대한 정보를 콘텐츠로 제작해서 보여주고 있다.

채식주의, 첫번째 실패를 맛보다

3년전, 농심에서는 채식주의를 고수하시는 분들께 꼭 맞는 '채식주의'라는 라면을 출시한 적이 있었습니다. 컨셉트는 참 좋았는데, 시장 반응이 그리 좋지 않아 2007년 판매가 중단되었던 아픈 기억이 있지요. 그때 당시에는 아직 대중적이지 않은 컨셉이었는데, 너무 빨리 시장에 나와 호응을 받지 못한 것이 아닌가 하는 생각이 들더라구요. 먹어보면 참 맛있는 라면이었는데 말이죠 :)

http://blog.nongshim.com/301

이심전심 블로그를 운영중인 농심도 자사의 제품들을 입맛작렬 제품이야기라는 카테고리를 별도로 만들어서 다양한 제품들을 콘텐츠로 제작해 꾸준히 업데이트 하고 있다.

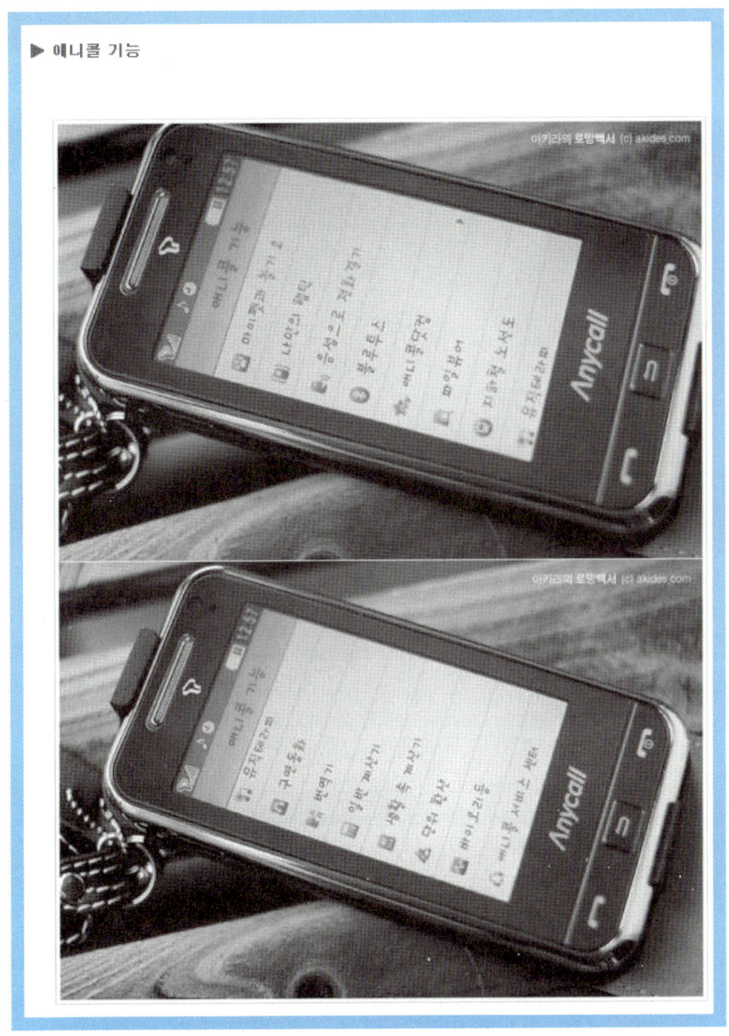

http://haptic.anycall.com/328?category=1

삼성전자의 햅틱 블로그는 자사의 휴대폰인 햅틱 폰에 대한 상세 기능까지도 콘텐츠로 구성해서 업데이트 하고 있다.

그런 디젤엔진이 라세티 프리미어에도???!!!

네~ 이미 잘 알려져있듯이 라세티 프리미어는 가솔린엔진과 디젤엔진 두 가지로 출시가 되었습니다.
그중 라세티 프리미어 디젤엔진은 일명 슈퍼카라고 불리며 출시이후 계속해서 많은 사랑과 관심을 받고 있는데요.
라세티 프리미어 디젤이 슈퍼카라고 불리는 이유는 도대체 무엇 때문일까요??

디젤엔진이 정말로 가솔린엔진에 비해서 힘이 좋은 걸까요? 그리고 그 이유는 무엇일까요?

http://blog.gmdaewoo.co.kr/112

GM 대우의 GM DAEWOO TALK 블로그에서도 자사의 자동차 제품 관련 정보를 콘텐츠로 제작해서 소비자들의 궁금증을 해소해 주고 있다.

위에서 예시를 든 사례들 말고도 대부분의 기업 블로그들은 자사의 제품이나 서비스를 상세하게 소개하는 콘텐츠를 제작하고 있다. 꼭 기업체가 아니더라도 자신의 전문 분야나 자신이 하는 일에 대한 소개 등도 얼마든지 콘텐츠로 제작할 수 있다.

조미료 대신 진하게 우린 멸치 육수로 만든 정성이 가득한 라볶이랍니다.

예를 들어 내가 학교앞에서 조그마한 분식집을 경영하고 있다고 하더라도 분식집에서 직접 조리한 라볶이나 라면 등을 조리해서 사진을 찍어 우리 분식집에서는 이런 메뉴들이 있다라고 올릴 수도 있을 것이다.

순위	상품명	회사명	점유율	보험종류
1	알파Plus보장보험0904	메리츠화재	35.7%	의료실비보험
2	닥터플러스보장보험	LIG화재	13.8%	의료실비보험
3	다이렉트100세건강보험	동부화재	6.4%	의료실비보험
4	행복을다주는가족사랑보험	흥국화재	5.1%	의료실비보험
5	하이스타골드종합보험	현대해상	3.9%	의료실비보험
6	원스톱암보험	AIA생명	2.9%	암보험
7	AIA평생보장암보험	AIA생명	2.8%	암보험
8	아이사랑100세플랜	동부화재	2.3%	어린이보험
9	닥터키즈0904	메리츠화재	2.1%	어린이보험
10	실속맞춤보장보험	AIA생명	1.6%	종합보험

[출처: 인스밸리 7월 21일 기준 한주간 인기보험 top10]

의료실비보험의 보장변경이 8월 1일로 확정되면서, 7월이 가기 전 서둘러 가입하려는 사람이 늘어나고 있습니다. 지난 한주간 보험가입을 위해 직접 보험료 및 보장 내용을 알아본 사람들 중 50%이상이 의료실비보험비교와 알아본 것으로 나타났습니다.

인기보험 top10 중 1위에서 5위를 모두 의료실비보험이 차지하고 있으며 8위와 9위의 어린이보험 역시 의료실비를 보장해주는 의료실비보험으로 현재 의료실비보험에 대한 높은 관심을 보여주고 있습니다.

자신이 하는 일이 보험설계사라면 사람들이 궁금해할 만한 보험 상품 종류들에 대해서 사람들이 알고자 하는 내용 위주로 이해하기 쉽게 콘텐츠를 제작할 수도 있을 것이다.

그리고 조그마한 옷가게를 운영하고 있다면 자신의 상점에서 판매되는 의류 제품들을 디카로 이미지화시켜서 상품에 대해 약간의 설명들을 덧붙여서 콘텐츠화시킬 수도 있다.

그리고 고급스러우면서도 차별화된 메뉴를 제공하는 레스토랑을 운영하는 사람도 자신들의 레스토랑에서 제공하는 요리에 대한 이미지와 자세한 소개를 덧붙여서 콘텐츠화시킬 수도 있다.

이 밖에도 너무나 많은 직종이나 제품들 또한 콘텐츠로 구성할 수 있다. 펜션을 운영한다면 펜션의 이미지와 내부룸에 대한 이미지로 콘텐츠를 구성할 수 있고 농사를 지어서 수확물을 판매하는 농민들도 자신이 재배하는 농산물에 대한 소개를 콘텐츠로 제작할 수 있으며 어촌에서 수산업을 하는 어부들도 자신이 잡은 수산물에 대해 콘텐츠로 소개할 수도 있으며 가구를 판매하는 업체라면 자신들이 취급하는 가구에 대한 소개를 할 수도 있는 것이다.

이렇게 가장 손쉬우면서도 접근하기 쉬운 콘텐츠 작성 방법이 자신이 하는 비지니스나 서비스에 대한 소개 혹은 제품을 소개하는 것이다.

:: 일상의 소재를 콘텐츠화 하라

앞에서도 이미 설명한 바 있지만 블로그는 개인의 정체성을 사이버에서 대변한다. 웹 1.0시대의 홈페이지 문화는 기업과 비지니스에서부터 출발했기 때문에 그 속에 개인의 사생활을 집어 넣는다는 건 상상조차 할 수 없었던 일이다. 하지만 웹 2.0시대가 되고 블로그가 대중화 되었다. 블로그는 웹로그 즉 웹상에서 개인이 일기를 쓰는 것에서부터 출발했기 때문에 철저하게 개인으로부터 출발했다고 해도 과언이 아니다.

따라서 블로그는 역사상 가장 개인화 된 툴이라고 봐도 무방하다. 그래서 당연히 개인에게 최적화 된 툴이기에 주요 소재는 자신의 일상이 될 수 밖에 없었고 블로그 사회에서도 이에 대한 거부감은 전혀 없다. 오히려 개인으로부터 출발했기 때문에 기업들이 수많은 개인들에게 블로그 마케팅을 하기 위해서 상업적인 콘텐츠들을 많이 올리는 것에 대해 거부감을 가지고 있다고 보는 것이 맞을 것이다.

우리 인간들은 모두 자신의 두 눈으로 바라보는 오직 자신만의 세상을 인식하며 살아간다. 따라서 같은 장소에 있더라도 개별 인간들이 인식하고 느끼는 것은 전부 다를 수 밖에 없다. 따라서 한 인간의 삶은 그 자체로 온전히 단 하나 밖에 없는 콘텐츠가 되는 것이다.

하지만 자신이 바라보고 느끼는 세상에 대해 저장된 이미지를 뇌속에서 꺼내 포스팅 할 순 없다. 그래서 디지털 카메라와 같은 기계를 통해 자신의 눈을 대신해서 바라보며 이미지 파일로 남길 수가 있고 자신이 느끼는 바나 하고 싶은 얘기는 키보드를 통해 문자화시킬 수가 있다.

블로그 콘텐츠 소재에 대해 너무 거창하게 생각하시는 분들이 간혹 있는데 위에서 설명한 바와 같이 자신의 일상만큼 훌륭한 소재도 드물다. 단지 자신의 일상을 기록할 수 있는 도구들을 가지고 기록을 남기는 작업만 게을리하지 않는다면 얼마든지 훌륭한 콘텐츠들을 매일매일 생산해 낼 수 있다.

대부분의 사람들은 매일매일 음식을 먹지 않으면 생존할 수가 없기 때문에 집에서든 직장에서든 음식을 먹게 되어 있다. 직장인이라면 매일매일 식당에서 뭐 먹을 지를 고민하면서 사먹는게 일반적이다. 이러한 과정들을 디카로 담아내도 훌륭한 콘텐츠가 된다. 오늘은 회사앞의 어디 식당에 가서 김치찌개를 먹었다는 내용의 콘텐츠를 이미지와 텍스트로 담아 낼 수도 있는 것이다.

김안과 병원 블로그인 옆집아이(http://blog.kimeye.co.kr)에서는 참여하는 구성원들이 맛집이나 점심식사 때 먹었던 음식을 콘텐츠로 제작해 업데이트 하고 있다.

http://blog.kimeye.co.kr/

LG OZ 서비스의 블로그인 도로시의 OZ LAB 블로그 에서는 블로그 운영자가 자신의 일상을 소재로 콘텐츠를 업로드 한다.

오전에는 주로 그 날 진행하는 업무보고서를 작성하고요. 팀원들과 함께 협의해야 할 내용에 대해 회의를 나눈답니다. 회사 13층에는 아이디어룸이 있는데요. 여기서 커피를 마시면서 브레인스토밍을 하기도 해요~ 그리고 경영과 마케팅 관련 자료를 얻을 수 있기 때문에 굉장히 편리해요! 특히 이 곳은 일반 도서관이 아니라 무인도서관으로 운영 되는게 참 독특해요. 읽고 싶은 책을 빌려가지만 제자리에 놓는 건 직원들의 양심에 맡긴다는 점, 신선하죠?

짜잔~ 도로시의 자리에요! 이 때는 **도로시의 OZ LAB**에 올릴 포스트를 준비하고, 블로거분들의 의견을 들을 수 있어서 무척 행복하답니다. 오늘은 어떤 분들이 댓글을 달아 주셨을까요? ^^

http://www.bloglgt.com

풀무원 블로그인 풀무원의 아주 사적인 이야기 블로그에서는 G 다이어리라는 카테고리를 개설해서 블로그 운영자인 풀반장의 일상을 소재로 콘텐츠를 업데이트 하고 있다.

드디어 시작된 김치 교육!
실습에 앞서, 우리가 매일 먹는 '김치'에 대해 조금 알아보아야할 필요가 있겠죠?

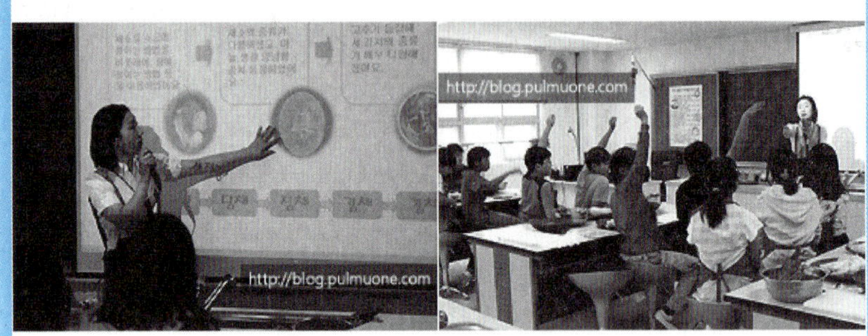

우리 아이들, 이날 발표력 정말 끝내줬답니다.
아이들의 참여 의지... 엄청나죠? (저기 손들고 있는것만 보아도 ㅎㅎ^^)

우리 아이들이 '김치'에 대해 이렇게 관심이 많을줄 몰랐습니다. 뿌듯~뿌듯~

http://blog.pulmuone.com/735

여성의류 쇼핑몰 시크릿 걸의 블로그에서도 자주 자신들의 일상과 관련된 소재로 포스팅을 하고 있다.

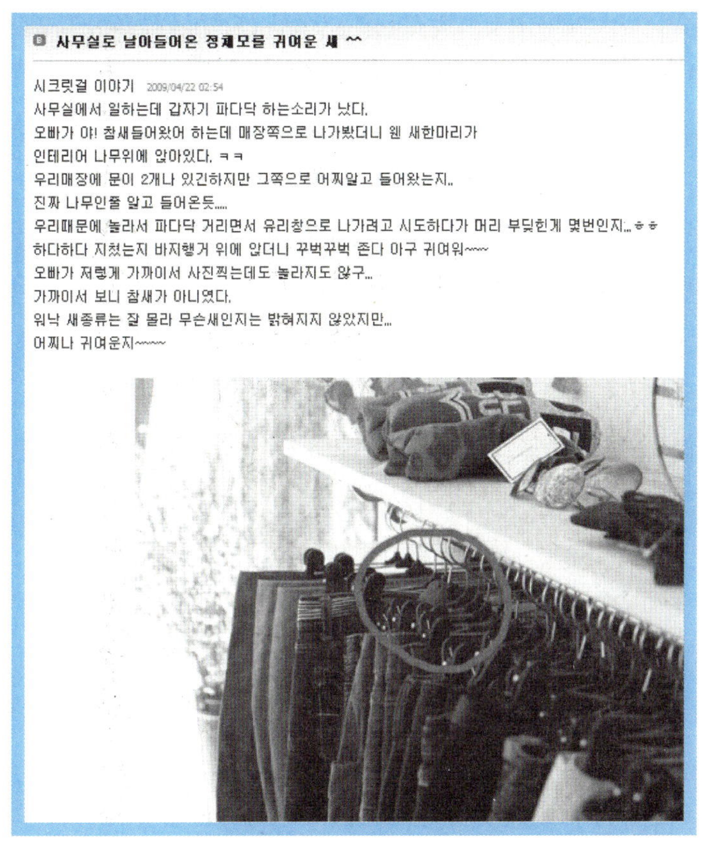

사무실로 날아들어온 정체모를 귀여운 새 ^^

시크릿걸 이야기 2009/04/22 02:54
사무실에서 일하는데 갑자기 파다닥 하는소리가 났다.
오빠가 야! 참새들어왔어 하는데 매장쪽으로 나가봤더니 웬 새한마리가
인테리어 나무위에 앉아있다. ㅋㅋ
우리매장에 문이 2개나 있긴하지만 그쪽으로 어찌알고 들어왔는지..
진짜 나무인줄 알고 들어온듯....
우리때문에 놀라서 파다닥 거리면서 유리창으로 나가려고 시도하다가 머리 부딪힌게 몇번인지...ㅎㅎ
하다하다 지쳤는지 바지행거 위에 앉더니 꾸벅꾸벅 존다 아구 귀여워~~~
오빠가 저렇게 가까이서 사진찍는데도 놀라지도 않구...
가까이서 보니 참새가 아니였다.
워낙 새종류는 잘 몰라 무슨새인지는 밝혀지지 않았지만...
어찌나 귀여운지~~~~

http://angttu.tistory.com/68

각 블로거들마다의 하루 일상은 너무나 다양할 것이다. 장사를 하는 사람은 자신의 가게에서 일어나는 일들이 주요 일상일 것이고 병원에서 근무하는 사람들은 병원에서 일어나는 일들이 주요 일상일 것이며 직장에 출근하는 사람들은 직장에서의 일과가 대부분의 일상일 것이고 주부들은 집에서 가사일을 하며 보내는 것이 일상일 것이다.

무심코 보내버렸던 그동안의 일상을 이제는 카메라와 텍스트로 기록해서 꾸준하게 업데이트 한다면 가장 독창적이고 훌륭한 콘텐츠가 될 수 있다. 그렇다고 해서 일상의

소재를 콘텐츠화 하는 것이 블로그마케팅에 있어서 자신의 비지니스나 제품의 판매에 직접적인 영향을 주는 요인은 아니다.

하지만 필자가 앞에서도 강조 했듯이 블로그라는 툴은 개인에서부터 출발되어졌기 때문에 일상을 소재로 한 글은 블로그에 있어서 빠져서는 안 될 핵심적인 콘텐츠이다. 일상을 소재로 한 콘텐츠는 블로그 사회에서 서로 간에 경계심을 해제시키고 친밀도를 높인다. 사람들의 일상은 대부분 다른 블로거들도 공감할 만한 내용들이 많기 때문에 서로의 친밀도를 높이고 소통할 수 있는 매개체 역할을 해 준다.

친밀도가 높아지면 자연스레 나에 대한 신뢰도도 높아지고 이는 내가 다루는 전문 분야나 제품에 대한 신뢰도까지 상승 시킨다.

:: 이슈성 소재를 콘텐츠화 한다

이슈성 소재를 콘텐츠화 하는 방법은 이미 블로그 사회에서는 자주 활용하는 콘텐츠 작성법 중의 하나이다. 이슈가 되는 소재는 많은 사람들이 이 소재에 대해 많은 관심을 가지고 찾아보거나 서로의 의견을 공유한다. 따라서 이슈가 되는 소재를 콘텐츠로 작성하면 그만큼 많은 관심을 받을 확률이 높아지는 것이다.

물론 이슈성 소재가 자신의 업종과 부합하지 않을 수도 있다. 이럴 때는 굳이 무리하게 엮어서 억지 콘텐츠를 만들어낼 필요는 없다. 하지만 어느 정도의 연관성이 있다면 무리가 되지 않는 범위 내에서 시도해 볼 만하다.

이슈는 매일매일 다양한 이슈들이 인터넷 상에서 화제가 되었다가 또 빠르게 소멸한다. 그리고 장기적으로 오래 가는 대형 이슈들 또한 항상 존재하기 마련이다. 단기적인 이슈를 파악하기 위해서는 각 포털사이트의 실시간 검색 순위를 참고하는 것이 좋다. 장기적인 이슈는 주로 카페나 커뮤니티 토론 게시판 등에서 어떤 이슈를 놓고 사람들이 얘기를 나누는지 살펴보면 쉽게 파악 할 수 있다.

이슈성 소재를 콘텐츠화 하는 것 또한 블로그마케팅을 위한 직접적인 콘텐츠가 되기는 힘들다. 다행히도 현재의 이슈가 자신의 업종이나 제품과 부합한다면 가능하겠지만 매번 모든 이슈들과 자신의 업종이나 제품이 연관성을 가지지는 못하기 때문이다.

하지만 굳이 자신의 업종이나 제품과 연관성이 없더라도 블로그의 서브 콘텐츠로 활용하기에는 이슈성 소재를 사용하는 것만큼 효과적인 방법 또한 없다. 앞에서 필자가 얘기했듯이 기존의 홈페이지는 자신의 비지니스 관련 분야만 다룰 수 있었다면 블로그는 개인으로부터 출발한 공간이기 때문에 패션관련 블로그를 운영하고 있더라도 현재 이슈가 되고 있는 신종플루 예방법에 대한 글을 올린다고 해서 거부감을 가지는 사람들은 없기 때문이다. 앞에서 카테고리 설정하는 법에서도 다뤘듯이 주요 킬러 콘텐츠 카테고리 이 외에는 얼마든지 블로그의 한계를 두지 않고 이슈가 되는 소재들에 대해 얘기할 수 있다. TV 드라마를 보고 감상후기를 적어도 되고 주말에 본 영화가 재미있고 감동적이어서 리뷰를 적어 다른 사람과 공유할 수도 있을 것이며 인터넷 상을 떠들썩하게 만드는 사건 들을 소재로 활용해도 좋다.

이렇게 이슈가 되는 소재들을 활용해서 콘텐츠를 제작하는 방법은 일단 블로그에 방문자들을 많이 유치하기 위한 목적으로 자주 활용된다고 보면 될 것이다. 블로그에 나의 비지니스와 연관성이 없는 소재의 콘텐츠를 올려서 방문자들을 유치하면 뭐하냐? 라고 하시는 분들도 있을 수 있다. 하지만 방문자들 또한 내가 패션 블로그를 하고 있는데 신종플루에 대한 얘기를 올렸다고 해서 이 사람은 병원 관련 블로그라는 선입견을 가지지 않는다.

우연찮게 검색이나 메타블로그를 통해서 이슈가 되는 신종플루 관련 글을 타고 내 블로그에 방문하게 되었고 해당 포스팅을 유익하게 읽었지만 블로그를 살펴보니 패션 블로그인 것을 인지하게 되고 이것 저것 블로그 내의 다른 정보들도 얼마든지 살펴볼 수 있기 때문이다. 많은 방문자들을 유치해서 내 블로그의 존재감을 알리는 것 또한 블로그마케팅과 브랜드를 홍보하는데 있어서 무시할 수 없는 요소라고 생각하면 된다.

그러면 대표적으로 몇 가지 사례들을 살펴보자.

차와 사람 이야기가 주제인 **티블로그**(http://teablog.co.kr)에서는 신종플루라는 이슈를 이용해 신종플루에 대처하는 우리들의 자세라는 주제로 콘텐츠를 제작했는데 콘텐츠 앞 부분에는 신종플루를 예방할 수 있는 정보들에 대한 안내를 하고 뒷 부분에는 면역력을 높이기 위해 따뜻한 한방차를 마시자는 내용으로 마무리 한다.

http://teablog.co.kr/194

LG OZ 서비스의 블로그인 **도로시의 OZ LAB**(http://www.bloglgt.com) 블로그에서는 화제가 되었던 드라마속 인물에 촛점을 맞춰 콘텐츠를 제작했다. 당연히 모바일 인터넷 서비스인 OZ 서비스와는 직접적인 연관은 없지만 이슈성 소재를 적절히 활용해서 방문자들을 유치했다고 보면 된다.

hot. Trend 2009/10/14 21:27

[선덕여왕] 속 인물열전 (1) 미실 VS 측천무후

드라마 선덕여왕은 출발부터 지금까지 시청자들로부터 끊임없는 관심과 사랑을 한몸에 받고 있는데요. 제대로 다뤄진 적이 없는 '신라'의 이야기를 다룬데다, 기존 TV 드라마의 한계라고 지적되던 단편적인 극의 구성을 뛰어넘는 치밀하고 짜임새 있는 전개가 시청자들에게는 가뭄에 단비처럼 반가웠던 것 같아요. 다양한 선덕여왕의 재미 중 단연 백미는 '흡입력 있는 캐릭터들의 향연'이 아닐까 싶네요. 그래서 도로시가 준비해 봤답니다. 비교를 통해 새롭게 만나보는 **선덕여왕 인물 열전**이에요~

경국지색 미실, 이와 같은 여인이 또 있을까?

드라마 선덕여왕의 초반, 가장 눈에 띄는 캐릭터가 '미실'이었음은 사실이죠. 진흥왕부터 진지왕, 진평왕 그리고 동륜태자까지 옆에서 모시며 화려한 미모와 방중술로 역대 왕들의 마음을 휘어잡는 '경국지색'이었던 그녀. 그런 그녀는 왕실의 화려한 꽃으로만 남기를 원하지 않았죠. 미모는 둘째치고 미실은 어느 사내 못지않은 호기와 배짱이 있었고, 음률과 문예에 밝았으며 특히 정치 감각이 남달랐다고 해요. 뛰어난 아름다움을 무기로 정치에 도전하여 최고의 권력을 잡길 꿈꾸는 미실. 과연 이런 미실과 비견할 만한 여인은 누가 있을까요?

▸ 드라마 선덕여왕의 '미실'

http://www.bloglgt.com/116

건양의대 김안과 병원에서 운영하고 있는 **옆집 eye**(http://blog.kimeye.co.kr) 블로그에서는 김수환 추기경이 돌아가시자 김수환 추기경의 각막기증에 대한 얘기를 콘텐츠화 시켰고 김수환 추기경님이 돌아가신 것이 당시의 주요 이슈였기 때문에 구독자들에게 좋은 정보도 제공하면서 김수환 추기경이라는 이슈성 키워드를 잘 활용한 사례라고 할 수 있다.

LG텔레콤 블로그(http://blog.naver.com/swt210)에서는 11월 11일 빼빼로 데이가 가까워

지고 이슈로 떠오르자 빼빼로 데이에 여성의 마음을 확 사로잡는 법이라는 콘텐츠를 제작함으로써 빼빼로를 검색하는 네티즌들을 방문자로 유치하고 있다.

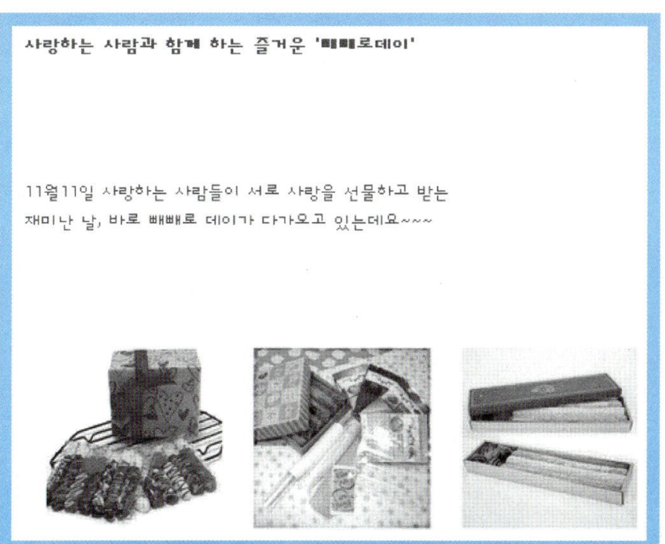

http://blog.naver.com/swt210/

관운장(작명) 철학원(http://blog.daum.net/jj330202/6990575) 블로그는 2pm이라는 인기 아이돌 그룹의 리더 박재범 군의 한국비하 발언 관련 사건이 터졌을 때 이를 놓치지 않고 자신의 비지니스와 연관 지어서 적절한 콘텐츠를 제작함으로써 자신과 상관없는 이슈를 연관성있게 잘 활용한 사례라고 볼 수 있다. 그리고 관운장 블로그는 매번 이슈가 되는 인물들의 사주를 보는 콘텐츠를 해당 인물들이 이슈 될 때마다 적절하게 공략함으로써 이슈성 소재를 아주 잘 활용하는 대표적인 블로그 사례라고 할 수 있다.

관운장의 사주풀이 (180)

박 재범 (2PM 리더) 사주풀이.. | 관운장의 사주풀이 2009.09.17 10:36

http://blog.daum.net/jj330202/6990

인기 아이돌 구룹 2PM의 리더 박재범이 지난 2005년 연습생 시절 개인 블로그에
한국을 비하(?)하는 글을 올린것이 문제가 되어 구룹에서 하차했습니다
지난 5일 한 일간지를 통해 보도가 나간 이후 관련기사가 쏟아졌고 누리꾼들은
재미교포 3세인 그에게 미국으로 돌아가라며 비난의 글을 퍼부었습니다
거센 비난 여론이 일자 그는 힘들었던 연습생 시절에 썼던 철없는 글이라며 고개를
숙였지만 사태를 수습하기에는 역부족으로 결국 그는 구룹을 탈퇴, 미국으로 돌아갔습니다

이번 누리꾼들의 행위를 보면 유명한 스위스의 심리학자 "칼융"의 패턴과 상징의 비교에
해당하는 "집단 무의식"에서 발생하는 폐단입니다

카라의 다이어트 이야기(http://tvsline.tistory.com) 블로그에서는 수능시험이 이 끝나고 이슈가 되자 수능 수험생들을 위한 수능 후 다이어트 성공하는 방법이라는 콘텐츠를 제공하고 있다. 전형적으로 시기적인 이슈성 소재를 잘 활용한 사례라고 보면 된다.

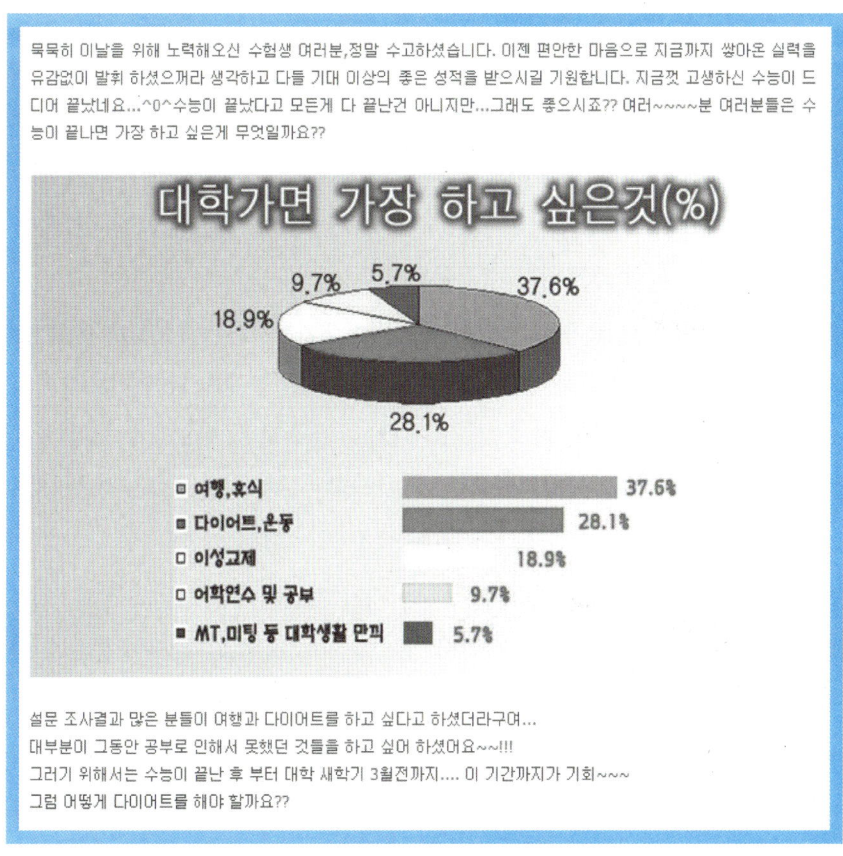

묵묵히 이날을 위해 노력해오신 수험생 여러분,정말 수고하셨습니다. 이젠 편안한 마음으로 지금까지 쌓아온 실력을 유감없이 발휘 하셨으꺼라 생각하고 다들 기대 이상의 좋은 성적을 받으시길 기원합니다. 지금껏 고생하신 수능이 드디어 끝났네요...^0^수능이 끝났다고 모든게 다 끝난건 아니지만...그래도 좋으시죠?? 여러~~~~분 여러분들은 수능이 끝나면 가장 하고 싶은게 무엇일까요??

설문 조사결과 많은 분들이 여행과 다이어트를 하고 싶다고 하셨더라구여...
대부분이 그동안 공부로 인해서 못했던 것들을 하고 싶어 하셨어요~~!!!
그러기 위해서는 수능이 끝난 후 부터 대학 새학기 3월전까지.... 이 기간까지가 기회~~~
그럼 어떻게 다이어트를 해야 할까요??

:: 모든 콘텐츠에 스토리 텔링 기법을 사용하라

필자가 앞에서도 언급했듯이 블로그는 자신의 정체성을 사이버 세상에서 대변한다고 얘기했다. 사이버 세상에서 우리는 끊임없이 블로그로 다른 블로거들에게 얘기를 한다. 그렇다면 어떠한 얘기할 때 다른 블로거들이 좋아할 것인지를 고민하지 않을 수가 없다.

오프라인 세상을 기준으로 한번 살펴보라. 어떠한 얘기들이 흥미진진한가! 바로 스토리가 있는 얘기들이다. 다른 사람의 사랑얘기, 성공얘기 고된 인생사 등 이 모든 얘기들 속에는 스토리가 있다. 심지어는 학창시절의 추억을 얘기할 때도 친구들과의 어떠한 사건 사고를 기초로 한 스토리가 재구성된다.

웹 1.0시대에는 결과가 중요시 되던 시기였다. 그건 어쩌면 과정을 기록할 수 있는 도구들이 턱없이 부족했기 때문에 그럴 수도 있었을 것이다. 하지만 웹 2.0시대가 되면서 우리는 역사상 가장 훌륭한 기록 도구들을 가장 풍족하게 보유하게 되었다. 디지털카메라로는 순간의 이미지 기록을 남기고 캠코더로는 특정 시간대의 동영상 기록을 남긴다. 그리고 인터넷에는 웹 문서들을 무한정 저장할 수 있게 되었다.

이 모든 기록도구의 발전이 어쩌면 웹2.0 시대가 가능하게 만들었는지도 모른다. 웹 2.0시대에는 이렇게 기술의 발전과 도구의 발전에 의해 점점 더 과정이 중요시 되는 시대로 되어가고 있다. 여러분들이 가장 일상적으로 접할 수 있는 주말 예능프로그램인 버라이어티 쇼들을 보라. 이전 시대에는 지금과 같은 버라이어티 프로그램이 거의 없었다. 하지만 요즘에는 어떤 방송사든 간에 모두가 출연진들이 무언가를 함께 하는 과정을 그려내고 있다.

과정속에는 항상 스토리가 존재하기 마련이다. 무언가를 이루기 위한 과정속에는 성공 스토리가 있을 것이고 연인이 결혼을 했다면 결혼하기까지의 연애 스토리가 있을 수 밖에 없는 것이다. 사람들은 이렇게 스토리들에 특히 더 흥미를 느낀다.

우리나라에서 오랫동안 주부들과 여성들의 사랑을 받아 왔던 대표적인 방송콘텐츠인 드라마 또한 이렇게 스토리를 극대화 시킨 영상 콘텐츠인 것이다. 우리는 헐리우드 영화를 보면서도 화려한 그래픽과 화려한 액션으로 무장했지만 스토리가 탄탄하지 못한 영화를 보면 아쉬워 한다. 하지만 화려한 그래픽이나 화려한 액션이 없더라도 탄탄한 스토리로 무장한 영화에는 열광하고 박수를 보낸다.

스토리가 사람들의 반응을 이끌어내고 자극하는 데에는 여러가지 요소가 있다. 가장 큰 요소 중에 하나이면서 스토리의 핵심을 관통하는 것은 바로 경험적 공감인 것이다. 남자들은 군대에서 있었던 일을 날새는 줄 모르고 신나게들 얘기한다. 재미가 없다면 불가능한 일이다. 획일화되고 단순화된 군대조직에서 대부분의 남성들은 비슷한 경험들을 겪게 된다. 따라서 비슷한 감정들을 느낄 수 밖에 없으며 서로 얘기하면서 더욱 공감하게 되고 얘기에 빠져들게 되는 것이다.

여성들은 남성과 연애를 하면서 얻은 다양한 경험들을 친구들과 공감하게 된다. 모든 남성들과의 연애가 천편일률적으로 똑같을 순 없다. 아니 모두가 틀릴 수 밖에 없다. 하지만 여성과 남성성이 가지고 있는 기본 특징들 때문에 어떤 부분들은 비슷한 측면들이 너무나도 많기 때문에 서로가 공감할 수 밖에 없게 되고 남성들 군대얘기는 날새는 줄 모르듯이 여성들 또한 남성과의 연애스토리를 날새는 줄 모르고 할 수 있는 것이다.

이쯤 되면 스토리의 개념은 이해가 되었을 것이다. 스토리는 한마디로 어떠한 과정을 거쳐서 결말에 이르게 되는 포괄적인 개념의 이야기라고 보면 된다. 그리고 스토리 속에는 반드시 어떠한 사건이나 사고 및 에피소드가 있기 마련이다. 이러한 것을 영화로 비유하자면 플롯이라고도 할 수 있다. 우리가 어떤 영화를 볼 때 전체적인 줄거리부터 결말은 그 영화의 스토리가 되는 것이고 이를 영화에서는 내러티브라고도 한다.반면에 영화의 중간 중간 일어나는 특정 사건이나 사고 에피소드 등은 플롯이라고 보면 된다.

예를 들어 한 여성이 자신의 남편과의 연애사를 친구들에게 얘기한다고 가정해 보자. 이 여성은 지금의 남편을 어디서 처음 만났고 어느 장소에서 어떤 상황에 첫키스를 하게 되었고 프로포즈는 어떻게 받게 되었는지 친구들에게 얘기할 것이다. 이 얘기 속에서 이 여성이 남편과 처음 만나게 된 계기는 하나의 특정 사건이나 에피소드라고 할 수 있고 첫키스를 하게 된 것도 하나의 개별 사건이나 에피소드가 될 수 있으며 프로포즈 또한 특정한 이벤트라고 보면 되는 것이다.

이렇게 스토리 속에 포함된 사건이나 사고 에피소드 이벤트 등은 영화로 비유하자면 플롯이지만 콘텐츠에 비유하자면 스토리 텔링이라고 보면 된다. 따라서 정리해보자면 스토리는 주로 과정을 다루고 있고 스토리 속에는 자그마한 사건이나 사고부터 큰 이슈나 에피소드가 포함되는 구조로 이루어져 있다는 것이다. 이러한 스토리라는 큰 개념속에 포함되어 있는 사건이나 사고, 에피소드 들은 스토리 텔링이라고 말할 수 있는 것이다.

따라서 모든 콘텐츠에 스토리 텔링 기법을 사용하라는 얘기는 어떤 특정한 사건이나 사고, 에피소드 등의 경험을 토대로 콘텐츠를 제작하는 데 활용하라는 것이다. 그러면 몇 가지 사례를 통해 알아보도록 하겠다.

뿌와쨔쨔의 영어이야기(http://puwa.tistory.com)라는 블로그는 이러한 스토리 텔링 기법을 대표적으로 잘 사용하고 있는 사례 중에 하나이다. 하나의 콘텐츠를 살펴보자면 'I love you.' 를 미국인에게 듣게 된다면? 이라는 콘텐츠에서는 뿌와쨔쨔라는 분이 미국 유학시절 여성에게서 I love you라는 표현을 자주 듣고 혼자서 이 여성이 자신을 사랑하는 것인지 고민했다가 나중에 미국에서 통상적으로 어떤 도움을 주거나 친근한 사람에게 친근감이나 고마움의 표현법으로 가볍게 I love you라는 말을 자주 사용한다는걸 알게 되었던 에피소드를 카툰으로 제작한 콘텐츠이다.

http://puwa.tistory.com/66

이 콘텐츠의 결말 부분에서는 하나의 에피소드를 설명하면서 나왔던 문장들을 총정리해서 구독자들에게 보여준다. 구독자들이 에피소드를 통해 자연스럽게 영어 문장들을 접할 수 있게 만들어 준 것이다. 이러한 콘텐츠는 굉장히 훌륭하게 스토리 텔링 기법을 잘 활용하고 있는 콘텐츠 사례라고 보면 될 것이다.

결혼정보 업체인 듀오의 블로그인 **듀오 愛피소드**(http://duoepisode.com) 블로그에서도 남녀의 만남에서 일어날 수 있는 에피소드들을 사례로 들고 이를 분석하는 콘텐츠를 제작해서 업로드하고 있다. 결혼정보 업체이니만큼 남녀의 만남에서 발생하는 다양한 실제 사례들을 예로 들어줌으로써 콘텐츠를 구독하는 사람들이 쉽게 이해 할 수 있도록 정보를 제공하고 있다.

첫 만남에 키스하는 남자

이명길의 실전연애 2009/07/28 09:24 |

첫 만남에 키스하는 남자

28살 수연씨는 지난 금요일 선배의 요청으로 소개팅을 나갔다.
상대는 꽃등심처럼 비싸 보이지는 않지만 삼각김밥처럼 저렴한 느낌도 아닌 적당한 정도의 남자였다.
요즘 유행하는 꽃미남은 아니지만 나름 성격 밝고 유쾌한 남자라는 느낌이 드는 그런 사람이었다.
남들 다하는 첫 데이트처럼 차를 마시고, 밥을 먹고 헤어지려고 하고 있는데
이 남자가 헤어지기가 아쉽다며 '날도 더운데 맥주나 한잔 하자'고 제안하는 것이 아닌가.

http://duoepisode.com/551

여성의류 쇼핑몰 **시크릿걸**(http://www.secret-girl.co.kr)에서 운영하고 있는 **시크릿걸 블로그**(http://angttu.tistory.com)에서는 특정 에피소드를 얘기하면서 자연스럽게 제품을 소개하는 콘텐츠를 제작해서 올리고 있다. 시크릿 걸에서는 블로그 운영자가 크로스백에 대한 상품 소개를 하면서 자신이 우연히 버스는 타고 가다 한 손에 무거운 가방을 든 여성이 버스 운전기사의 급출발 때문에 버스에서 넘어지는 광경을 목격한 것을 예로 들면서 크로스백의 장점인 양손이 자유로운 점을 강조하며 적절하게 에피소드를 활용한 콘텐츠를 제작하고 있다.

크로스백 매고 양손은 홀홀 가볍게~

시크릿걸 스타일 2008/12/22 18:00

한동안 따듯했던 날씨가 주말부터 또 꽁꽁! 마음까지 얼려버릴 것 같습니다.
이렇게 몸도 마음도 시려운 날,
앙뚜는 벌써부터 집 앞부터 거리를 점령할 **빙판**이 걱정됩니다.

사실 얼마 전에 **버스**를 타고 가다, **급출발**하는 기사 아저씨 덕분에
본의 아니게 버스 안에서 한 손으로 **현란한 춤**을 추고 결국 **주저 앉은 한 아가씨**를 목격했어요.

잘 익은 사과마냥 달아오른 아가씨 얼굴에,
앙뚜까지 민망해질 정도였답니다ㅠㅠ

그 아가씨가 **한 손**에 **무거운 가방**만 들지 않았다면
지푸라기라도 잡아보겠다고 한 손으로 열심히 허공을 휘젓지 않아도 됐을텐데요.

http://angttu.tistory.com/47

필자가 위에서 제시한 사례 말고도 스토리 텔링 기법을 사용할 수 있는 콘텐츠는 일상생활에서 너무나도 많을 것이다. 주방용품 회사가 후라이팬을 홍보하기 위한 콘텐츠를 작성한다고 하자. 그러면 이전에 사용하던 후라이팬의 불편함으로 인해 있었던 에피소드를 들어주고 이번에 새로 나온 이 후라이팬은 이러이러한 기능이 있어서 정말 마음에 쏙 들었다라는 콘텐츠를 제작할 수 있을 것이다.

패션관련 블로그일 경우 결혼식장에 무심코 평상시대로 입고 갔다가 친구들에게 굴욕을 당했다는 에피소드 등을 얘기하면서 결혼식장에 갈 때는 미리미리 이러한 스타일의 옷들을 준비해 보라고 스타일 제안을 할 수도 있을 것이다.

후레쉬를 판매하는 업자가 블로그를 한다면 후레쉬가 없어서 난처했던 상황의 에피소드를 얘기하면서 그러한 계기로 후레쉬를 하나 구매하게 되었는데 고심끝에 특정 브랜드의 후레쉬를 구매해서 만족스러웠다라고 콘텐츠를 구성할 수도 있는 것이다.

이렇게 에피소드나 사건 사고 등을 활용해서 콘텐츠를 제작할 수 있는 경우는 우리 주변에서 너무나 쉽게 찾아 볼 수 있으니 조금만 고민해 본다면 여러분들도 스토리 텔링된 콘텐츠를 제작하는 것이 그렇게 어렵지 않을 것이다.

:: 주목도가 높은 소재를 활용한 콘텐츠 작성기법

주목도가 높은 소재라는 것은 일반적으로 많은 사람들이 항상 많은 관심을 가지고 집중하는 소재를 얘기한다. 대표적으로 영화나 TV 프로그램 드라마, 연예인, 베스트셀러 책 등의 소재가 이에 해당된다고 보면 된다.

주목도가 높은 소재를 콘텐츠로 제작하게 되면 일단 많은 사람들이 관심을 가지고 있는 소재들이므로 블로그에 많은 방문자를 유치할 수 있는 확률이 높아진다. 대표적인 것이 이슈가 되고 있는 드라마를 활용하는 기법이다.

단순히 드라마에 대한 감상이나 연기자들의 연기분석 앞으로의 예상 시나리오 등도 방문자들을 유치하기 위한 서브 콘텐츠로써 훌륭한 역활을 하지만 우리는 이렇게 이슈가 되는 드라마를 활용해서 블로그마케팅용 콘텐츠를 제작해야 한다.

물론 아예 방문자 유치용 콘텐츠로만 활용할 수도 있지만 그것 보다는 한 단계 더 진화해서 어떡하면 이렇게 대중들의 관심이 많은 소재를 잘 활용해서 나의 비지니스나 제품을 판매할 수 있는 콘텐츠를 만들어 낼 것인지를 고민해 보자.

먼저 현재 이슈가 되고 있는 드라마가 어떤 드라마인지 몇 개를 조사한 후 나의 비지니스와 가장 연관성이 높은 드라마를 정한다. 그리고 결정된 드라마를 의무적으로 시청한다. 많으면 좋겠지만 한 두개의 드라마면 충분하다. 드라마를 결정할 때 사극은 되도록이면 배제하는 것이 좋다. 자신의 비지니스와 연관 시키기가 쉽지 않기 때문이다.

드라마를 결정했으면 꾸준하게 그 드라마를 시청하면서 나의 비지니스와 연결 시킬만한 소재를 관찰하고 발굴해 내야 한다. 가령 내가 실내 인테리어 조명과 관련된 제품을 판매하고 있다면 드라마 속에 나오는 장소들의 조명에 관해 분석하고 정보를 주는 콘텐츠를 제작하면 된다.

단순히 드라마를 보고 감상 리뷰를 적는 건 누구나 할 수 있다. 하지만 드라마를 보고 그 속에서 특정한 부분에 대해 다루면서 전문성이 돋보이는 정보를 제공하는 콘텐츠를 제작하는 것은 아무나 할 수 없다.

예를 들어 드라마 속에서 두 주인공이 근사한 레스토랑에서 식사를 하는 장면에 대해서 언급하면서 그 레스토랑에 조명은 어떤 종류이고 어떤 장점이 있고 가격대는 어느 정도이며 제조회사는 어디인지 등을 가르쳐 준다면 사람들은 좋은 정보를 제공 받았다고 느낄 수 밖에 없다. 그리고 당연히 이렇게 전문성이 돋보이는 콘텐츠를 제작한 사람은 조명에 일가견이 있는 전문가라고 인식할 수 밖에 없을 것이다. 이는 바로 브랜드 상승과 직결 된다고 할 수 있다.

여성의류를 판매하고 있다면 드라마야 말로 너무나 훌륭한 콘텐츠 소재 꺼리가 된다. 드라마에는 패션업체들이 홍보하기 위해 자신들의 제품을 협찬하기 때문에 그야말로 보이지 않는 패션 전쟁터라고 보면 된다. 따라서 이슈가 되는 드라마의 주인공들이나 주변 등장인물들에 대해서도 패션과 스타일을 분석하는 콘텐츠는 얼마든지 손쉽게 제작할 수 있을 것이다. 이미 기존의 많은 여성패션 잡지사들은 TV속 연예인 패션 등의 콘텐츠를 아주 잘 활용하고 있다.

가구를 판매하는 업자는 또 어떠한가? 드라마 속에 나오는 집안 가구들은 물론이고 회사 장면에서 나오는 사무용 가구들 모두 가구 판매업자에게는 훌륭한 블로그 콘텐츠의 소재가 될 수 있다. 예를 들어 김혜수가 나왔던 스타일이라는 드라마에서 잡지사의 사무가구는 어디 제품이고 의자는 어디 제품이며 장점은 무엇이고 가격은 얼마다라는 정보를 적절하게 배합해서 콘텐츠를 제작한다면 이 또한 사람들에게 좋은 정보를 제공하는 하나의 훌륭한 콘텐츠가 되는 것이다.

아파트 판매업자는 드라마속 아파트에 대해서 얘기할 수 있을 것이고 요리사는 드라마 속의 음식에 대해서 얘기 할 수 있을 것이며 자동차 판매 업자는 드라마속의 자동차를 콘텐츠로 다룰 수 있으며 인테리어 업자는 드라마속에 등장하는 실내 공간들의 인테리어에 대해서 다룰 수도 있는 것이다. 여행사일 경우 드라마에 나오는 특정 여행지에 대한 정보를 제공할 수도 있을 것이다.

주방용품 회사는 드라마에 나오는 주방요품에 대해서만 집중적으로 다룰 수 있을 것이며 헤어샵을 운영하고 있다거나 헤어디자이너라면 연예인이나 드라마속 주인공들의 헤어스타일을 분석해서 어떤 종류의 파마이고 가격은 어떠한지 등의 정보를 제공할 수도 있을 것이다. 이렇게 주목도가 높은 소재와 연관짓는 것은 조금만 관찰하고 분석하면 무궁무진한 잠재력을 가지고 있다.

이러한 메커니즘을 이해했다면 본인의 비지니스와 드라마를 손쉽게 연관 시켜서 얼마든지 다양한 콘텐츠를 생산할 수 있다. 그리고 이러한 메커니즘은 굳이 드라마에만 적용할 필요가 없다. 필자는 여러분들이 이 메커니즘을 이해하기 쉽게 설명하려고 드라마에 한정해서 설명했지만 우리가 드라마에 적용했던 이 메커니즘을 주목도가 높은 소재 전체로 확장하면 더욱 많은 콘텐츠 소재거리를 발굴할 수 있다.

예를 들어 예능프로그램인 1박 2일에서 찾아 가는 여행지만 전문적으로 소개하는 콘텐츠를 여행사라면 시도해 볼 수 있을 것이고 의류를 판매하는 업자라면 드라마 뿐만이 아니라 다른 방송프로그램 특정 연예인 가수 영화속 주인공들의 패션 등을 다룰 수도 있는 것이다.

따라서 주목도가 높은 소재들을 유심히 관찰해서 최대한 나의 비지니스와 연관성이 있고 적합한 소재들을 먼저 찾은 다음 활용할 수 있는 소재들은 각자의 비지니스에 맞게 최대한 활용하면 될 것이다.

그럼 주목도가 높은 소재를 활용해 콘텐츠를 제작한 몇 가지 사례들을 살펴보자.

패션 블로그 웹진 겟 스타일에서는 신데렐라 언니라는 드라마가 이슈가 되자 자매로 열연한 두 명의 주인공 문근영과 서우의 패션을 분석한 콘텐츠를 작성했다. 적절하게 이슈가 되고 있는 드라마를 활용한 대표적인 콘텐츠 작성기법인 것이다.

신데렐라 자매의 대결구도로 인한 극의 흥미를 더해가는데, 이와 더불어 그녀들의 패션 스타일도 또 하나의 볼거리. 그녀들이 만들어가는 '新신데렐라 스타일'은 어떤 것들이 있는지 알아보자

http://getstyle.kr/325

1박 2일이라는 프로그램에서 캠핑카를 타고 여행을 하는 방송이 나오자 캠핑카에 대한 정보와 오토캠핑이 가능한 해수욕장에 대한 정보를 콘텐츠로 제작한 사례이다. 많은 사람들이 방송에 나오는 캠핑카를 보고 궁금해 할 수 있는 부분에 대해 정보를 제공한 사례라고 볼 수 있다.

1박2일 캠핑카 4인승과 6인승을 비교해보니 2009/11/12 03:19 추천 3 | 스크랩 3

http://blog.chosun.com/unme/4311478 주소복사

최근들어 전국 각지에 오토캠핑장이 활성화되면서 캠핑카에 대한 관심도 높아지고 있다. 오토캠핑의 경우 하룻밤을 지내기 위해서 여러가지 장비를 갖추어야 하지만 캠칭과 관련된 모든 시설들을 구비하고 있는 캠핑카 하나만 있으면 취사에서 숙박까지 원스톱으로 해결되기 때문이다. 캠핑의 낭만과 호텔의 편의성을 합쳐놓았다고나 할까. 게다가 지난주 1박2일에서도 캠핑카가 등장하기도 했다.

- 바닷가에 즐비하게 늘어선 캠핑카의 모습 -

http://blog.chosun.com/unme/4311478

드라마 아이리스가 이슈였을 때 아이리스의 두 주인공 이병헌과 김태희가 휴가를 같이 보냈던 일본의 아키타 온천에 대한 여행 정보를 소개한 콘텐츠 사례이다.

http://www.cyworld.com/anbo0/2984949

G마켓 쇼핑스토리 시즌2(http://www.gmarketstory.co.kr) 블로그에서는 꽃보다 남자 라는 인기드라마의 남자주인공들을 대상으로 가장 따라해보고 싶은 스타일에 대한 설문조사 결과를 바탕으로 콘텐츠를 구성하고 있다.

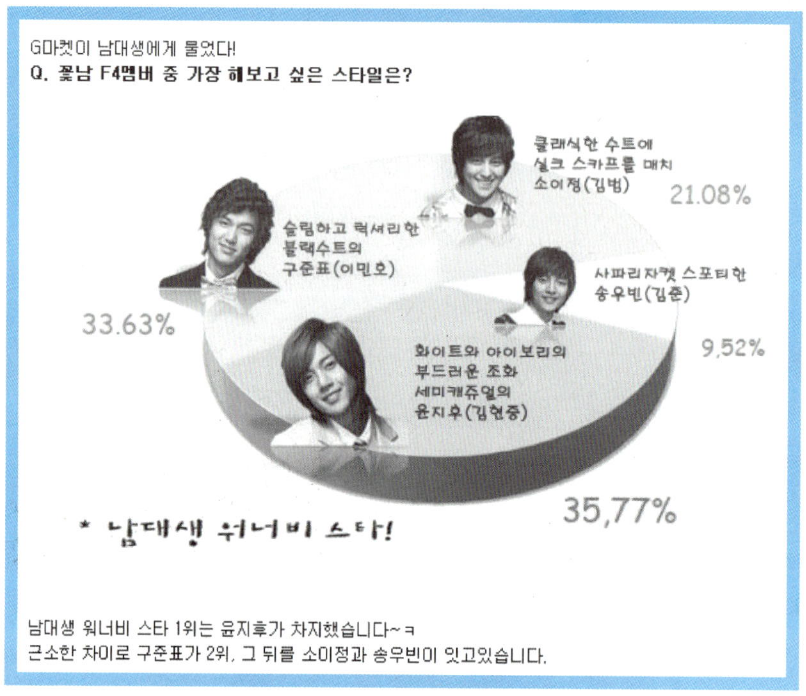

http://www.gmarketstory.co.kr/101

네이버의 이뽀야(http://blog.naver.com/cekyoung486)라는 파워블로거는 아이돌 가수들 사이에서 한때 유행했던 벼머리 스타일에 대한 얘기를 하면서 헤어드라이기 제품소개를 하고 있다.

http://blog.naver.com/cekyoung486/88232750

:: 주목도가 높은 키워드만을 활용한 콘텐츠 작성기법

앞에서 우리는 주목도가 높은 소재를 활용해서 콘텐츠를 작성하는 기법을 배웠다. 이번 시간에는 주목도가 높은 키워드만을 활용해서 콘텐츠를 작성하는 기법에 대해서 알아보도록 하자. 주목도가 높은 키워드라는 것은 영화나 드라마의 제목이든 특정 연예인이나 배우의 이름이든 현재 주목받고 있고 이슈가 되는 키워드만을 제목과 콘텐츠 내용에 적절하게 삽입해서 주목도가 높은 키워드의 트래픽을 일부 공유하는 방식의 콘텐츠 제작 기법이다.

이전 시간에 배웠던 주목도가 높은 소재나 이슈성 소재를 사용해서 콘텐츠를 작성하는 기법은 콘텐츠의 소재로 사용되어졌다면 여기서는 키워드만을 활용하는 방법이라고 할 수 있다.

한 가지 주의할 점은 자칫 잘못하면 네티즌들 사이에서 소위 기피대상 1호인 낚시성 콘텐츠가 될 수 있으니 이러한 기법을 사용할 때는 각별한 주의가 필요하다. 필자는 이러한 기법은 그다지 추천하는 방식은 아니지만 엄연히 블로그 세상에서 자주 활용되는 기법이고 아무 문제 없이 잘 활용하고 있는 블로그들도 매우 많으므로 판단은 독자들이 심사숙고해서 사용하시길 권장한다.

이러한 기법을 사용하는데 있어서도 한 가지 원칙이 있다. 주목도가 높은 키워드를 활용하더라도 콘텐츠의 내용과 어느 정도 연관성이 있거나 연상이 되면 콘텐츠를 읽는 구독자들은 자연스럽게 받아들인다. 따라서 주목도가 높은 키워드도 잘만 사용하면 아주 큰 효과를 누릴 수 있는 콘텐츠 작성 기법이라고 할 수 있다. 아니 더욱 정확하게 말하면 이슈성 키워드 활용기법 이라고도 할 수 있을 것이다.

몇 가지 사례들을 통해 주목도가 높은 키워드를 사용하는 방법에 대해서 알아보자

패션 관련 주제를 자주 다루는 **겟 스타일**(http://getstyle.kr) 블로그는 패션코디 관련 아이템을 소개하면서 주목도가 높은 연예인 이름을 키워드로 사용해 잘 활용하고 있다. 예를 들면 패션 코디에 관련된 콘텐츠를 제작하면서 제목과 내용에 주목도가 높은 연예인 키워드인 이효리라는 키워드를 적절하게 잘 활용해서 사용하고 있다.

비록 이효리와는 상관이 없는 내용이지만 평소의 이효리가 가지고 있던 섹시 이미지를 활용하기 위해서 폭풍 간지의 지존 이효리 스타일 따라잡기와 같은 제목을 사용한 것이다. 이렇게 주목도가 높은 키워드를 콘텐츠에 활용할 때는 해당 키워드와 콘텐츠 내용이 연관성이 있어야 하고 해당 키워드를 구독자들이 봤을 때 연상작용이 일어나야 한다.

이효리는 누구나가 인정하는 패션 아이콘이므로 위의 제목처럼 폭풍간지의 지존 이효리 스타일 따라잡기라는 제목을 사용하더라도 자연스레 이효리의 패션 아이콘 이미지가 연상되므로 구독자들은 거부감 없이 받아들인다. 이렇게 이미 사람들이 인지하고 있거나 학습되어져 있는 내용을 알고 적절하게 주목도가 높은 키워들를 활용하면 사람들은 자연스럽게 받아들인다.

겨울옷 상큼하게 변신, 컬러 포인트

약간 검은 섹시한 피부에 레드나 핑크, 바이올렛 등 튀는 컬러들을 주로 매치하는 이효리

요즘 트렌드 컬러의 블랙 스커트와 블랙 티셔츠와 블랙재킷, 온통 블랙으로 코디한 경우 시크하고 세련된 멋은 있지만 튀지 않고 조금 심심한 느낌을 줄수도 있다. 여기에 레드계열이나 그린계열의 색상 포인트를 곁들여보면 어떨까? 얼굴 부분이 훨씬 화사하고 돋보이면서 한층 젊고 생기 발랄한 모습으로 돋보이는 효과를 준다.

http://getstyle.kr/entry/폭풍간지의-지존-이효리스타일-따라잡기

풀무원 블로그인 **풀무원의 아주 사적인 이야기**(http://blog.pulmuone.com) 블로그에서는 풀무원의 3가지 제품인 양념장, 쌈장, 초고추장을 찬마루 패밀리라는 명칭으로 부르면서 인기 버라이어티 예능 프로그램인 패밀리가 떴다라는 예능 프로그램명을 제목에 삽입함으로써 주목도가 높은 키워드를 적절히 활용했다.

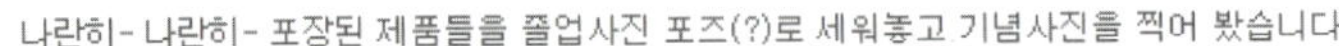

기념사진의 최고봉. 바로 가족사진이죠? ㅎㅎ

자, 그럼 오토캠핑장에 뜬 **'찬마루' 패밀리**를 소개합니다.

캠프에서 빠질 수 없는 메뉴, 고기!

삼겹살만 고집하던 그대에게, 맛깔나는 **'숯불향 돼지갈비 양념장'**를 소개합니다.

고기만 먹으면 안되죠~! 고기는 꼭!! 채소와 함께 드시기 바랍니다.

찬마루 **'쌈장'**과 '초고추장'을 곁들인다면 채소쌈도 한입에 꿀꺽!

그리고, 한국사람들에겐 여기에 없으면 큰일나는 한가지가 더 있습니다.

바로, 깔끔 담백한 된장찌개죠!

그래서, 물만 넣어 끓여 먹는 초간편 '해물된장 찌개양념'까지 따라갔습니다~!

우리 '찬마루' 패밀리 어떤가요?

어떤 패밀리가 온다 해도 뒤지지 않겠지요? ^^

그야말로 캠핑장에서 꼭 필요한 환상의 패밀리가 아닐까 싶습니다.

http://blog.pulmuone.com/424

그리고 주목도가 높은 키워드를 활용해서 수식어로 사용하거나 비유하는 단어로 사용하는 것도 주목도가 높은 키워들을 활용하는 방법 중의 하나이다. 예를 들면 나를 거쳐간 미실 같은 컴퓨터들이라는 제목과 같이 자신을 거쳐간 컴퓨터에 대해 포스팅을 하면서 미실이라는 인기 있는 사극드라마의 주목도가 높은 키워드를 비유하는 표현으로 사용함으로써 적절하게 잘 활용을 하고 있다.

http://cdmanii.com/1100

또 하나 예를 들자면 피부관련 클렌징 제품을 소개하는 메이크업 아티스트 블로그(http://blog.naver.com/leeyr1010)에서는 콘텐츠 제목으로 "늙지 않는 선덕여왕 '미실' 고현정 같은 깨끗한 피부를 가지고 싶다면?" 이라는 표현을 사용함으로써 선덕여왕과 미실 고현정이라는 세 가지의 주목도가 높은 키워드를 활용해서 콘텐츠를 제작했고 고현정과 미실하면 사람들이 자연스럽게 깨끗하고 하얀 피부를 연상한다는 걸 인지하고 적절하게 주목도가 높은 키워드를 잘 활용한 사례이다.

늙지않는 선덕여왕"미실" 고현정 같은 깨끗한 피부를 가지고 싶다면?
트

http://blog.naver.

늙지않는 선덕여왕 "미실" 고현정 같은 깨끗한 피부를 가지고 싶다면?

늙지않는 선덕여왕의 팜므파탈 "미실"!
"미실"역의 **고현정은 특히나 연예계 최고의 피부미인**으로 손꼽힌다.
그렇다면 **고현정 같은 깨끗한 피부를 가지고 싶다면** 뭐부터 해야 할까?

내 생각엔 클렌징이 가장 중요하지 않나 싶다.
하지만 클렌징도 사람마다 피부도 다르고... 그러다 보니
제품도 달리써야 하고 클렌징 방법도 다르다.

뭐든 다르고 다르고 다르고 다른...(...;;)
피부 클렌징 하는법을 한 눈에 볼 수 없을까?

그래서 검색하다 알게된 신기한 사이트가 하나 있다

http://blog.naver.com/leeyr1010/40093294608

:: 업종별 전문정보나 지식을 콘텐츠로 만들어라

업종별 전문정보나 지식을 콘텐츠화 하는 것은 블로그마케팅에 있어서 가장 중요한 작업 중 하나이다. 우리가 블로그마케팅을 하는 목적이 무엇인가! 나의 비지니스에 대해 홍보나 마케팅 효과를 누리기 위해서 하는 것 아닌가! 그리고 브랜드 또한 전문정보나 지식형 콘텐츠를 제작해야지만이 제대로 얻을 수 있다고 보면 된다.

오프라인 세상에서 보통 우리는 전문가라고 불리우는 사람들의 말을 신뢰한다. 교수들은 교수가 되기 위해서 오랫동안 연구하면서 지속적으로 연구결과들을 논문을 통해 발표하면서 자신의 전문성을 입증받고 자신의 브랜드를 키워 나간다.

의사들이나 경제학자 정치평론가 영화평론가들도 끊임없이 언론 매체에 자신의 평론이나 칼럼을 게재함으로써 자신의 전문성을 입증받으려 하고 자신의 브랜드를 키워나간다. 이 외에도 수많은 분야의 수많은 전문지식을 보유하고 있는 사람들은 자신의 전문성을 입증받기 위해 책을 집필하고 출판 한다.

이렇게 수많은 전문가들이 끊임없이 언론 매체나 책 등을 활용해서 자신의 전문분야에 대한 얘기들을 하고 자신의 브랜드를 키워나가고 있다. 어느 정도 브랜드가 생성되면 해당 전문가의 말에는 권위가 생기기 시작한다. 즉, 다시 말해 이 전문가의 말에 대해서는 많은 사람들이 전폭적인 신뢰를 보내기 시작하는 것이다.

블로그의 콘텐츠도 동일한 개념으로 이해하면 된다. 물론 언론매체나 TV 같이 영향력이 큰 곳에 나의 전문성을 입증받을 수 있는 콘텐츠를 공급할 수 있다면 가장 좋은 일이다. 하지만 모든 사람들이 이러한 방법을 활용할 수 있는건 아니다.

반면에 블로그는 모두에게 일단 동일한 기회가 주어진 것이다. 내가 나의 블로그에 어떠한 콘텐츠를 올려서 사람들에게 어떠한 얘기를 하느냐에 따라 브랜드가 생기는 블로그가 있고 그렇지 않은 블로그가 있게 되는 것이다. 즉, 다시 말해 기회는 균등하게 주어졌으니 자신이 얼마나 많이 노력하고 잘 활용하느냐에 따라 브랜드가 생길 수도 있다는 것이다.

블로그는 개인으로부터 출발했기 때문에 카테고리나 글의 주제에 제한은 없다. 하지만 자신의 브랜드를 각인시키기 위해서는 모든 주제를 다루는 것보다 한가지의 주제를 다루는 것이 유리하고 이 한 가지의 주제에 대해 지속적으로 전문적인 정보를 제공해 준다면 브랜드는 생길 수 밖에 없다.

이미 많은 블로거들에게 인기가 있는 파워블로그들을 자세히 분석해 보면 블로그 내에서 자신의 일상이나 리뷰 등 다양한 콘텐츠들이 포진하고 있지만 대부분이 한 분야에 대해서는 전문가 못지 않은 식견을 가지고 있다는 것이다. 그리고 한 분야에 대해서는 전문적인 콘텐츠를 생산해 내고 있다. 나머지 콘텐츠들은 서브콘텐츠라고 보면 될 것이다. 그리고 이 전문적인 콘텐츠는 블로그 내에서 핵심 콘텐츠가 되는 킬러 콘텐츠가 되는 것이다.

몇 가지 사례를 보면 **미도리의 온라인 브랜딩**(http://www. midoris web.com) 블로그에서는 꾸준하게 온라인 브랜딩과 관련된 콘텐츠를 킬러 콘텐츠로 업데이트 함으로써 온라인 브랜딩 전문가라는 인식을 심어주고 있다.

midol.pe.kr

무라카미 하루키 / 스파게티의 해 / 로모그래피 / 문화적 재설작업 / 일기장 / 방명록

매력적인 스토리로 진화하는 해외 기업사이트들

Online Branding 2009/05/18 06:40 : Posted by 미돌

지난달 FT(Financial Times)의 Digital Business섹션에 흥미로운 기사가 보였습니다. 요즘은 많은 기업들이 홈페이지에서 블로그로 이동하는 모습을 보이죠? 그래도 여전히 기업 웹사이트의 유용성은 살아있다는 기사가 눈길을 끌고 있습니다. 전 세계 유명 기업들의 멋진 웹사이트를 한번 눈여겨 보실까요?

http://www.midorisweb.com/478

옥수수 수염차를 판매하는 (주)엔돌핀F&B에서 운영하는 **티블로그**(http:// www. edpfnb.co.kr)(차와 사람의 이야기)에서는 마시는 차에 대한 다양한 지식과 용어들을 대중들이 쉽게 이해할 수 있도록 풀어서 설명해 놓은 콘텐츠들을 올림으로써 차에 대한 전문적인 이미지를 브랜딩하고 있고 이는 해당 기업의 주력제품인 옥수수 수염차를 판매하는데 있어서 긍정적인 효과를 주고 있다.

차는 왜 Tea라고 부르게 된 것일까?

차이야기 - 2008/03/04 15:03

차는 중국을 통해 세계로 알려졌다는 것이 정설입니다. 차의 유래에 대해서는 [차의 유래] 글을 참고하시면 되는데 이 글에 보면 '차'라는 글자는 중국 당나라 때 생겨났고 그 전에는 '도'라고 불렸답니다. 그래서 중국의 북방 지역에서는 차를 '차오'라고 발음하고 남방 지역에서는 '테이'라고 발음했던 것이지요.

실제 치과를 운영하고 있는 치과의사인 닥터 류승룡의 행복한 치과이야기 블로그 (http://blog.daum.net/gnathia/7824160) 또한 자신의 직업을 잘 살려서 치아관련 다양한 질환과 치과에서의 다양한 시술들에 대한 정보를 대중들이 이해하기 쉽게 풀어서 제공해 주고 있다.

꾸준히 많은 사람들이 평소에 치아관련 궁금해 할만한 콘텐츠를 올리고 있고 콘텐츠의 질이 상당히 좋기 때문에 다음뷰 메타블로그에서는 파워블로거들에게만 부여하는 황금펜이라는 타이틀을 달고 있다. 이렇게 실제 치과를 운영하는 원장님이나 의사들이 직접 해당 분야에 대한 전문지식을 올리면 자신의 브랜드와 신뢰도를 강화 하는데 많은 효과를 거둘 수 있고 운영하고 있는 병원의 매출 또한 상승될 수 밖에 없다.

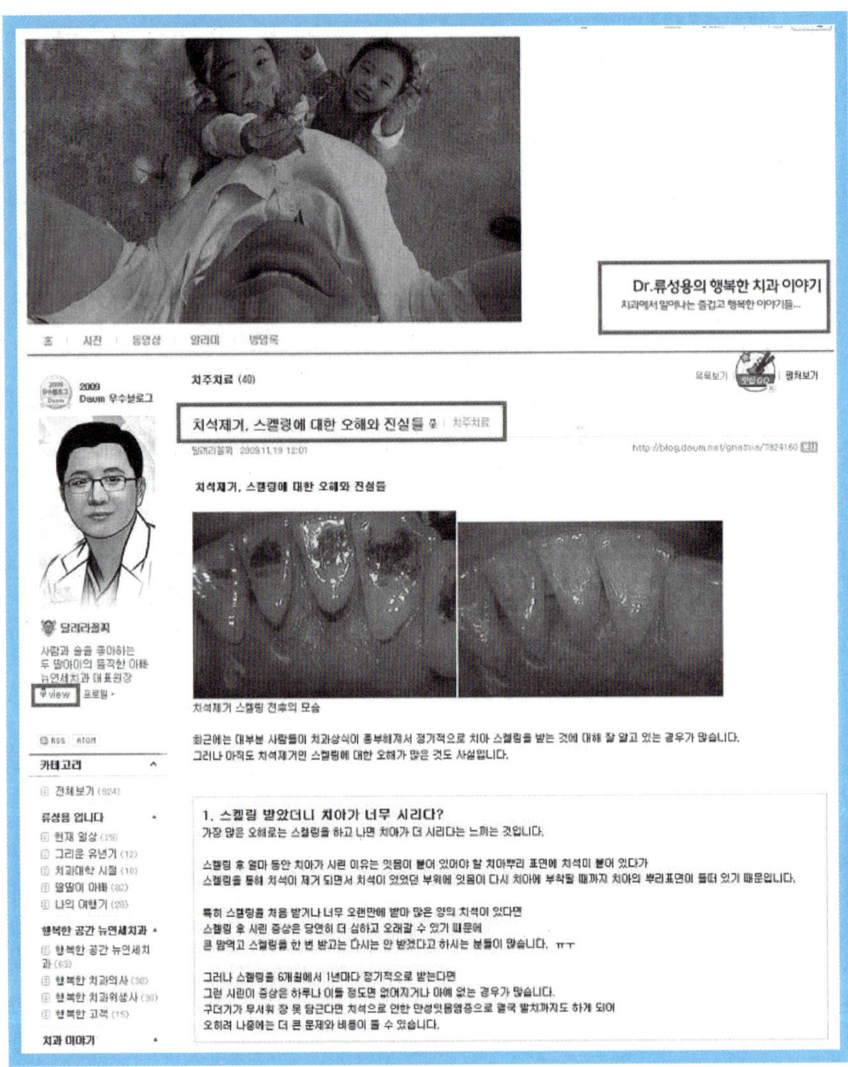

마키디어의 **마케팅 이야기 블로그**(http://www.markidea.net) 또한 대표적인 마케팅 전문 블로그이다. 아마도 국내 블로그들 중에서 마케팅 관련 블로그로써는 최고의 영향력을 가지고 있는 블로그라고 해도 과언이 아닐 것이다. 마키디어라는 브랜드명으로 블로그를 오랫동안 꾸준히 운영해 오고 있고 마케팅이나 소셜미디어 소셜네트워크 마케팅 관련해 다양한 자료들을 소개하고 있고 국내는 물론이고 해외기업들의 다양한 마케팅 사례들과 자료들을 꾸준히 소개 함으로써 고정적인 구독자들이 아주 많은 블로거중의 한 명이다.

이렇게 마케팅이라는 한 분야의 전문정보들을 꾸준히 업데이트함으로써 마케팅 블로그 = 마키디어라는 브랜드가 가장 먼저 떠오를 수 밖에 없도록 자신을 포지셔닝해 나가고 있다고 볼 수 있다.

장두현씨가 운영하는 **블로그팁닷컴**(http://www.bloggertip.com)은 블로그 초기부터 꾸준하게 블로그와 관련된 지식이나 팁 마케팅 정보 등을 업데이트 해 온 결과 지금은 블로그팁닷컴하면 블로그 사회에서는 누구나 블로그와 관련된 좋은 정보가 업데이트 되는 블로그라는 브랜드가 형성 되어 있다.

http://www.bloggertip.com/3313

무한의 노멀로그(http://normalog.com)는 꾸준하게 남녀 간의 연애사와 관련된 얘기나 솔로들의 솔로탈출을 위한 다양한 남녀의 심리정보와 연애 정보를 다룸으로써 이제는 블로그 사회에서 남녀 솔로탈출이나 연애 관련 유익한 정보를 다루는 곳은 무한의 노멀로그라는 인식이 자리잡았다고 해도 과언이 아니다.

http://normalog.com/361

머니야 머니야(http://moneyamoneya.tistory.com) 블로그는 블로그로 돈버는 방법이나 블로그 수익모델에 대해서만 연구하고 콘텐츠로 제작해서 업로드 한다. 이미 블로그 사회에서는 블로그로 수익을 내고 싶은 방법을 알고 싶다면 머니야 머니야 블로그를 한번 방문해보라고 권유 할만큼 직접적으로 돈을 벌 수 있는 아주 다양한 정보들을 꾸준히 소개하고 있다.

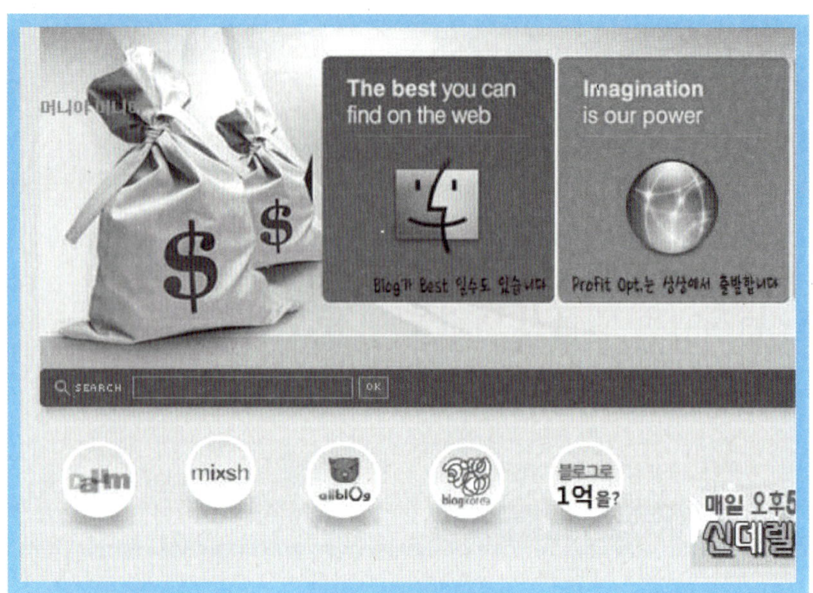

:: 시리즈형 콘텐츠를 기획하라

시리즈형 콘텐츠는 동일한 주제의 글을 여러편으로 나누어서 지속적으로 연재하는 형태의 콘텐츠를 말한다. 시리즈형 콘텐츠의 좋은 점은 방문자들이 다음 글에 대해 궁금하게 만들어 지속적인 재방문을 유도하는데 아주 효과적인 방법이다.

가장 간단한 예로 TV 드라마와 비슷하다고 보면 될 것이다. TV 드라마 또한 하루에 1시간 정도씩하고 약간의 아쉬움과 궁금증을 남기면서 으례히 종료 된다. 한번 보기 시작하면 다음 이야기가 뭔지 궁금해서 안 볼 수가 없게 만드는 것이다.

시리즈형 콘텐츠도 이 드라마의 원리와 기본적으로 동일하다. 그렇다면 시리즈형 콘텐츠를 설계하는 방법부터 알아보자. 일단 가장 먼저 내가 공략할 핵심 키워드와 핵심 주제를 정해야 한다. 핵심 키워드는 검색엔진 최적화를 고려해서 내가 이 시리즈형 콘텐츠에서 어떤 키워드를 전략적으로 노출시킬 것인지 미리 정해 놓기 위함이다.

다음으로 핵심 주제는 앞으로 내가 시리즈 형태로 연재할 글의 한 가지 주제를 얘기한다고 보면 될 것이다. 만약 여행지를 소개한다고 가정했을 경우 내가 다녀온 여행지에 대한 얘기를 한 개의 글로 모두 정리할 수는 없을 것이다. 이럴 경우 시리즈형 콘텐츠를 사용하는 것이 좋다.

실제로 기차역의 역장님이 운영하는 **행복한 해변무드역**(http://blog.naver. com/korail77) 블로그에서는 여행관련 콘텐츠를 시리즈형으로 아주 잘 활용하고 있는 사례이다. 이 블로그의 운영자인 역장님은 자신이 다녀온 여행지를 소개하면서 시리즈형태의 콘텐츠로 구성하고 있다. 브라질 여행을 갔다온 후 브라질 여행기를 시리즈로 연재했고 부산 여행에 대해서는 부산에서 꼭 해야 할 10가지라는 연재명으로 시리즈형 콘텐츠들을 작성했다.

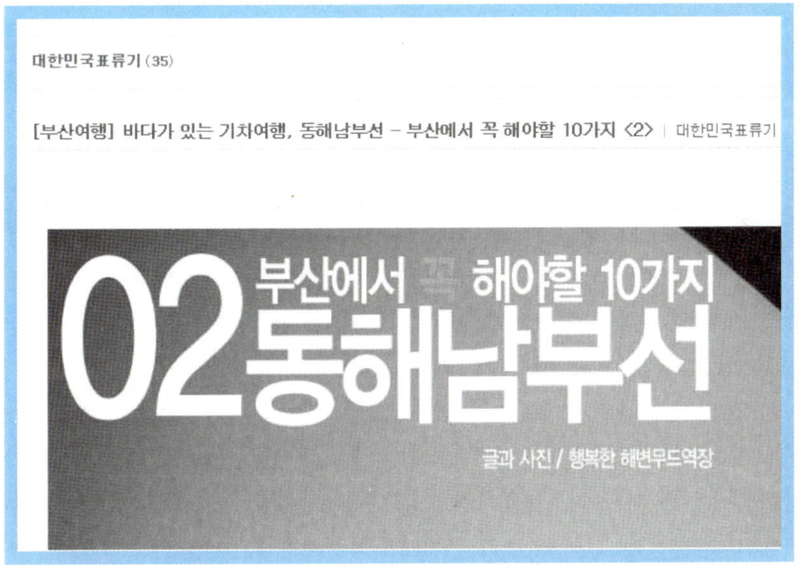

http://blog.naver.com/korail77?Redirect=Log&logNo=90051476262

여행기가 아니더라도 앞에서 핵심 킬러콘텐츠라고 배웠던 업종별 전문정보나 지식 또한 얼마든지 시리즈형태의 콘텐츠로 만들기가 쉽다. 보통 어떤 특정한 전문분야는 간단하게 한 개의 포스팅 정도로는 대부분 설명이 불가능하다. 따라서 앞에서도 언급했듯이 업종별 전문정보나 지식으로 나의 브랜드 가치도 상승시키고 이 콘텐츠를 시리즈 형태로 구성함으로써 사람들의 주목효과를 더욱 극대화 시키는 것이다.

닥터 미카엘의 pet blog에서는 아이들이 강아지를 키우고 싶어하는데 부모님들이 대부분 싫어한다는 점에 착안을 해 강아지를 키우기 위해 부모님과 협상하는 방법에 대해 시리즈형 콘텐츠를 제작했다.

강아지를 키우 기위해 필요한 협상법 1 | 강아지를 키우기위한 협상법 / Dr. Michael's 2009/08/2

http://blog.naver.com/dr_michael/1500685572

그 동안 강아지를 꼭 키워보고 싶은데 부모님의 반대 때문에 뜻을 이루지 못하여 어떻게 하면 좋은지에 대한 문의가 많이 있었습니다. 사연하나하나가 안타깝고 또 절실한 것 이었습니다. 대부분 좀 어린 학생들 같았는데 부모님과 애기기 안 통해 실망하고 좌절하는 것을 보면서 부모님과 자녀가 대화를 통해 해결책을 모색할 수 있는 방법은 없을까 생각하다 이 글을 씁니다.

http://blog.naver.com/dr_michael/150068557251

loved web이라는 블로그는 블로그 마케팅 팁을 제공하면서 블로그 방문자 늘리기 초 필살기 팁이라는 다소 자극적인 제목을 사용해서 시리즈형 콘텐츠를 제작 함으로써 방문자들에 대한 주목도를 극대화 시키고 있다.

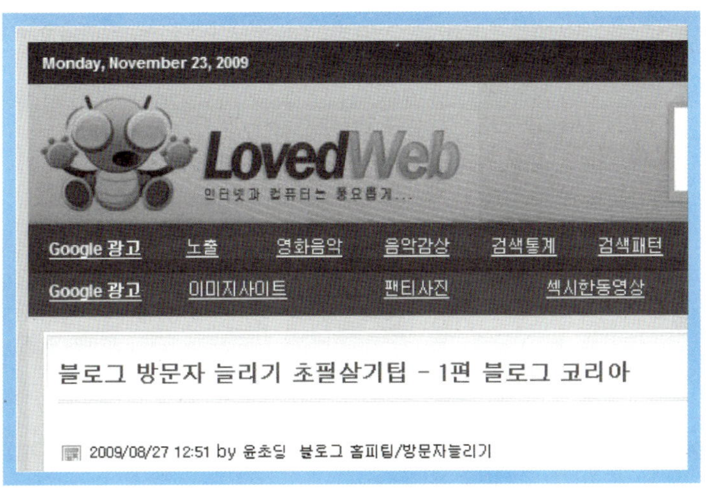

시리즈형 콘텐츠라고 해서 몇 부작으로 연재되는 방식의 시리즈형 콘텐츠만 있는 것은 아니다. 정기적으로 만들어 낼 수 있는 시리즈형 콘텐츠는 무궁무진하다. 예를 들면 영화 관련 콘텐츠를 제작하는 블로그라면 최신 영화순위라든지 개봉영화 기대작 등을 시리즈형 콘텐츠로 지속적으로 만들어 낼 수 있다.

뻔씨네(http://www.funcine.net)에서는 매주 최신 영화순위를 꾸준하게 업데이트 하고 있다.

최신영화순위 11월 넷째주 (개봉영화 박스오피스)

최신영화순위 | 2009/11/23 16:05 | by 키아누

최신영화순위 11월 넷째주 (개봉영화 박스오피스)

박스오피스 보정중. 이용안내를 참조하세요. 이용안내 MORE

순위	영화명	상영관수	금액	관객수	누적관객수	개봉일
1	2012	919	7,592,856,000	1,041,674	3,250,844	2009/11/12
2	백야행	481	2,240,528,000	294,931	351,516	2009/11/19
3	청담보살	437	1,731,256,000	232,896	961,892	2009/11/11
4	솔로이스트	206	442,109,000	58,567	69,265	2009/11/19
5	굿모닝 프레지던트	316	352,140,500	49,967	2,536,184	2009/10/22
6	시간 여행자의 아내	245	138,990,000	18,793	719,473	2009/10/28
7	집행자	255	128,297,500	17,069	367,856	2009/11/05
8	천국의 우편배달부	98	59,336,500	8,590	89,195	2009/11/12
9	홍길동의 후예	8	15,558,000	3,100	17,885	2009/11/26
10	브로큰 임브레이스	6	21,683,500	2,721	3,536	2009/11/19

2009년 11월 넷째주 최신영화순위 대망의 1위는 2012 가 차지했습니다. 2012는 다들 아시다 시피 2012년에 지구가 종말을 맞이한다는 가설을 모티브로 만든 영화 입니다. 마야인들의 달력이 2012년에 끝나고 주역 또한 2012년에 끝난다는 점을 근거로 2012년에는 정말로 지구가 종말을 맞이할지도 모른다는 상상력에서 나오는데요 뭐 2012년이 되보면 알겠죠 ㅋㅋ 2012 이 영화는 가히 재난영화의 종합선물세트 라고 할 만 합니다. 엄청난 스케일의 지진 화산폭발 쓰나미 등 볼거리 하나는 풍성합니다. 이런 스타일의 헐리우드 영화 좋아하시는 분들에겐 재밌는 영화가 될듯요 ^^* 극장에서 직접 확인해 보세요!

결혼 예물이나 보석 등을 취급하는 **프쉬케**(http://gemcafe.tistory.com) 블로그에서는 매일 매일 그날의 금시세를 블로그에 꾸준하게 포스팅 함으로써 금시세를 확인하려는 사람들을 블로그로 유입시키고 있다.

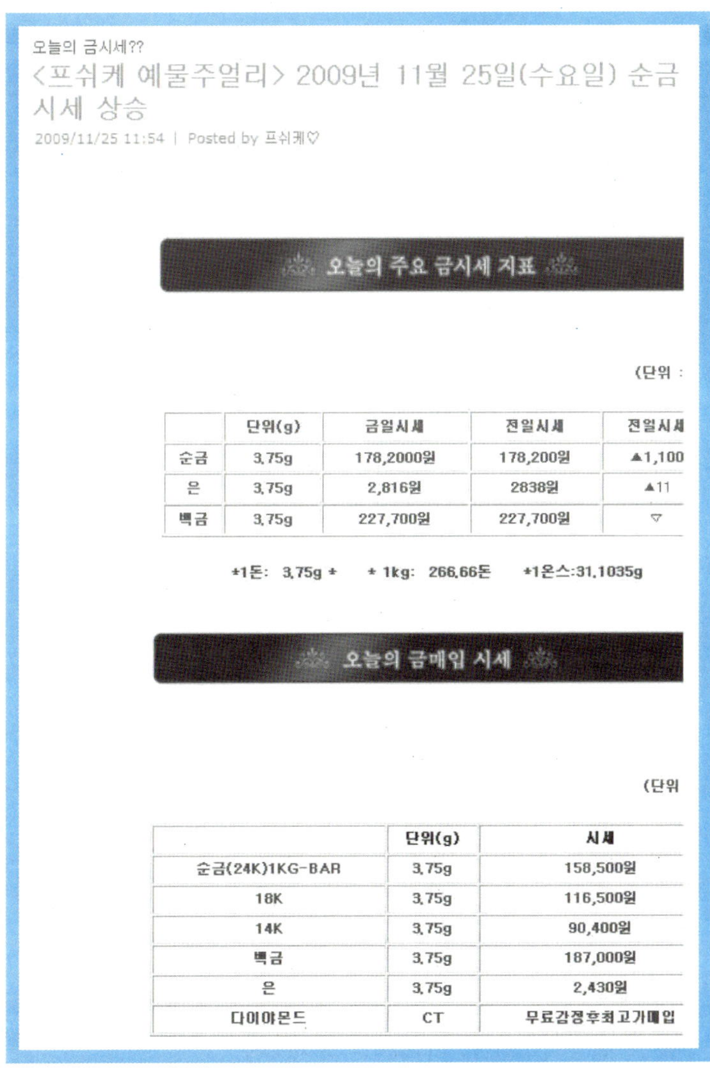

오늘의 금시세??

<프쉬케 예물주얼리> 2009년 11월 25일(수요일) 순금 시세 상승

2009/11/25 11:54 | Posted by 프쉬케♡

오늘의 주요 금시세 지표

(단위 :

	단위(g)	금일시세	전일시세	전일시세
순금	3.75g	178,2000원	178,200원	▲1,100
은	3.75g	2,816원	2838원	▲11
백금	3.75g	227,700원	227,700원	▽

*1돈: 3.75g * * 1kg: 266.66돈 *1온스:31.1035g

오늘의 금매입 시세

(단위

	단위(g)	시세
순금(24K)1KG-BAR	3.75g	158,500원
18K	3.75g	116,500원
14K	3.75g	90,400원
백금	3.75g	187,000원
은	3.75g	2,430원
다이아몬드	CT	무료감정후최고가매입

이렇게 다양한 분야의 다양한 주제들을 얼마든지 시리즈형 콘텐츠로 만들어 낼 수 있다. 부동산 관련 업종이면 매주 강남의 아파트값 시세를 시리즈형 콘텐츠로 만들어 낼 수도 있고 환율정보나 증권정보를 시리즈형으로 다룰 수도 있을 것이며 보험사의 인기보험 순위를 시리즈형으로 만들 수도 있고 여행사라면 여행지 인기순위를 지표로 만들어서 시리즈형 콘텐츠로 만들 수도 있다. 그리고 음악이면 음원차트 순위를 시리즈형 콘텐츠로 만들 수도 있을 것이다. 이렇게 사람들이 궁금해 할 만한 순위 등을 알려주는 시리즈형 콘텐츠는 블로그의 브랜드를 알리는 데에도 긍정적인 효과를 끼친다.

:: 동영상 콘텐츠를 제작하라

멀티미디어 시대가 되고 웹 2.0시대가 되면서 우리는 역사상 가장 많은 기록 도구들을 개인이 소유할 수 있는 시대가 되었다. 즉 다시 말해 자신이 마음만 먹는다면 텍스트 이미지 동영상 모두를 활용한 멀티미디어형 콘텐츠를 개인이 제작할 수 있는 시대가 된 것이다.

우리나라는 다른 나라보다 월등히 뛰어난 초고속 인터넷 인프라때문에 동영상이 오래전부터 각광을 받아 왔었고 다양한 동영상 서비스 회사들이 생겨 났다.

사람들은 기본적으로 텍스트를 읽는 것보다는 이미지를 보는 걸 좋아하고 이미지 보다는 동영상을 보는 것을 좋아한다. 똑같은 내용을 텍스트로 풀어서 전달하는 것보다 동영상으로 보여주는 것을 더 선호하는 것이다. 따라서 동영상은 많은 사람들의 주목도를 높일 수 있는 굉장히 훌륭한 콘텐츠 형식이라고 볼 수 있다. 동영상은 다양한 업종의 다양한 정보들을 가장 쉽고 직관적으로 전달 할 수 있기 때문에 요즘에는 동영상의 이러한 파급효과를 익히 알고 동영상 바이럴 마케팅을 대행해 주는 신종업종까지 생겨나서 성업 중에 있다.

그럼 동영상을 잘 활용하고 있는 사례들을 살펴보자.

트레이너 강 FITNESS WORLD(http://trainerkang.com) 블로그를 운영하고 있는 트레이너 강은 자신의 업종과 관련된 전문정보인 헬스장에서 각 근육별 운동하는 방법 등에 대한 콘텐츠를 제작하면서 동영상 툴을 잘 활용하고 있는 대표적인 사례이다.

http://trainerkang.com/328

강코치의 행복한 골프 이야기(http://kbjgolf.tistory.com) 블로그에서도 골프관련 콘텐츠를 제작하면서 직접 텍스트로 설명한 골프자세나 연습법에 관한 정보를 동영상 콘텐츠로 제작해서 보여주고 있다.

공동당구구역(http://blog.naver.com/moon6409)이라는 블로그는 당구재료를 판매하는 비지니스를 하고 있는 사장님이 운영하시는 블로그인데 당구 재료와 관련된 포스팅도 있지만 블로그마케팅을 위해서 당구기술에 대한 강의를 동영상 콘텐츠로 제작해서 제공하고 있다.

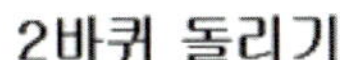

같은 재질의 당구천이라면 새 천보다는 적절하게 코팅제가 사용된 사용중인 당구천이 더 잘 구릅니다.

아래 동영상은 허리우드 국제식대대 (이완 시모니스 300 Rapide, 버호벤쿠션) 에서 길게 2바퀴를 돌린 것입니다.
허리우드 특지보다는 40% 이상 더 굴러가는 것을 확인할 수 있습니다.
(국제식대대의 크기가 국내식중대보다 약 40% 큽니다)
참고로 저의 스트록은 다른분에 비해서 그다지 강하고 빠른 편이 아닙니다.

카라의 다이어트 이야기(http://tvsline.tistory.com) 블로그에서는 다이어트와 관련된 다양한 정보들이 올라오는 데 다이어트에 효과가 있는 요가 정보를 꾸준히 업데이트하면서 동영상 콘텐츠로 제작해 사람들이 직접 보고 따라 할 수 있도록 정보를 제공하고 있다. 카라의 다이어트 이야기 블로그는 현재 다음뷰에서도 상위권에 랭크 되어 있고 이미 브랜드가 형성된 블로그라고 볼 수 있다.

이미 모바일 휴대폰 관련 주제를 다루는 블로거들은 자주 동영상 콘텐츠를 활용하고 있다. 휴대폰은 사진도 중요하지만 동영상으로 직접 실물을 미리 체험하는 정보 자체가 고객들에게 어필하기 때문이다.

<T옴니아2의 터치감&반응속도 동영상>

http://touchmobile.co.kr/

요즘에는 기업 블로그들 또한 자사의 제품이나 행사 등을 소개하면서 제품에 대한 동영상이나 행사의 현장스케치 등을 동영상 콘텐츠로 제작해서 행사에 가지 못한 사람들에게 간접적으로나마 현장의 생생함을 전달하는 매개체로써 동영상 콘텐츠를 자주 활용하고 있다.

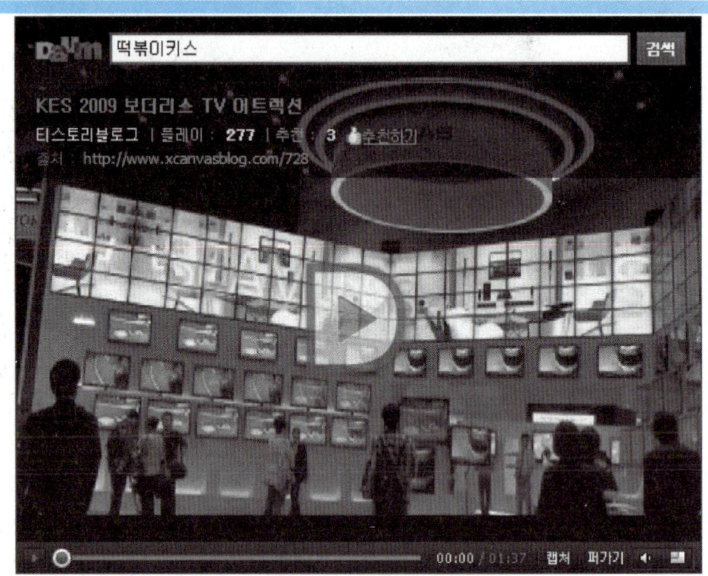

TV 테두리 폭이 30밀리미터 대로 줄어 화면이 더욱 넓어 보이는 효과를 주는 보더리스 TV에는 사용 편의성을 높이는 다양한 첨단 기술이 적용되어 있습니다. 특히 자이로 센서(Gyro Sensor)를 탑재해 PC 마우스처럼 TV의 기능을 간편히 사용할 수 있어 화제가 되었는데요. '매직 모션 리모컨'을 직접 시연해 보니 채널 브라우징을 하면 현재 방영되는 프로그램을 한 눈에 보고 선택할 수 있어 IPTV처럼 채널이 많은 경우에 매우 편리할 것 같았습니다.

http://blog.lge.com/207

동영상 콘텐츠는 이렇게 다양한 분야에서 활용이 가능하다. 동영상 콘텐츠는 필자가 앞에서 언급했던 자신의 블로그의 킬러콘텐츠인 자신의 업종이나 비지니스 관련 전문적인 지식이나 정보를 콘텐츠로 제작할 때 활용하면 가장 큰 시너지 효과를 낼 수 있다.

위에서 살펴본 동영상 콘텐츠 사례들도 대부분 블로거들 자신들의 대표적인 주제가 되는 킬러 콘텐츠에 활용을 하고 있는 것을 알 수 있다. 위에서 언급한 사례들 말고도 너무나 다양한 분야에서 동영상 콘텐츠는 활용될 수 있다. 와이프 로거를 운영하는 주부가 사진으로 요리 레시피를 보여주고 요리하는 과정을 동영상으로 제작해서 콘텐츠로 제공한다면 더욱 큰 시너지 효과를 낼 것이다.

각종 스포츠 영어강의 노하우 기술 등 너무나 많은 분야에서 동영상 콘텐츠는 쉽게 활용할 수 있다. 단지 많은 사람들이 아직도 동영상 콘텐츠 자체가 낯설고 편집에 대한 막연한 두려움이 있어 선뜻 용기가 나지 않을 뿐인데 동영상 콘텐츠를 너무 거창하게 생각할 필요가 없다.

굳이 편집을 하지 않더라도 디카나 캠코더로 짧은 시간 분량의 동영상을 조금씩 찍어서 올린다면 편집을 하지 않아도 무난하고 훌륭한 콘텐츠가 된다. 동영상 콘텐츠는 텍스트형 콘텐츠보다 수십배는 더 파괴적인 효과를 가지고 있다는 것을 반드시 기억하고 자주 활용하시길 바란다.

:: 알씨로 동영상 콘텐츠 손쉽게 제작하는 법

많은 블로거들이 동영상 콘텐츠에는 쉽게 접근을 하지 못한다. 그도 그럴 것이 장비와 편집에 대한 압박이 이만저만이 아니기 때문이다. 하지만 그렇다고 해서 방법이 없는 것은 아니다. 사진 편집툴인 알씨라는 프로그램을 활용하면 아주 손쉽게 동영상 콘텐츠를 제작할 수 있기 때문이다.

내가 콘텐츠를 제작하는데 동영상을 하나 넣고 싶지만 넣을 만한 동영상 파일이 없을 때는 몇 장의 사진으로 간단하게 동영상을 만들 수가 있다. 먼저 알씨 프로그램을 사용하기 위해서는 알씨를 검색해서 다운받은 다음 자신의 컴퓨터에 설치해야 한다. 네이버나 다음 같은 포털 사이트에서 알씨를 검색하면 간단하게 다운로드 받을 수 있으니 이 과정을 생략하도록 하겠다.

알씨를 설치했으면 자신의 컴퓨터에서 알씨 프로그램을 실행시킨다. 알씨 프로그램을 실행시키면 다음 같은 화면이 나올 것이다. 여기에서 좌측 상단영역은 내가 알씨로 동영상을 만들기 위해서 내컴퓨터의 이미지 파일들을 찾을 수 있도록 내컴퓨터의 폴더를 검색할 수 있는 화면이다. 여기에서 내가 동영상에 사용할 이미지가 들어 있는 폴더를 선택해 주면 우측의 큰화면 속에 해당 폴더의 이미지들을 미리 볼 수 있다.

우측 큰 화면에 미리보기로 나오는 이미지들을 ctrl을 누른 상태로 선택해 주면 중복 선택이 가능하다. 내가 원하는 이미지들만을 중복해서 선택해 준 다음 아래쪽에 보면 사진보관함 +라는 표시가 보일 것이다. 여기에서 +를 클릭해 주면 내가 위에서 선택했던 모든 사진들이 아래쪽에 사진 보관함으로 들어오게 된다. 내가 선택한 사진들이 사진 보관함에 들어오게 되면 우측에 3번째 아이콘인 동영상 아이콘을 클릭해 준다.

동영상 아이콘을 클릭하면 쉽고 편리한 알씨 동영상 만들기 팝업창이 뜰 것이다. 여기에서 원하는 크기의 동영상 사이즈 옵션을 체크해 주고 아래 우측에 있는 다음 버튼을 클릭한다.

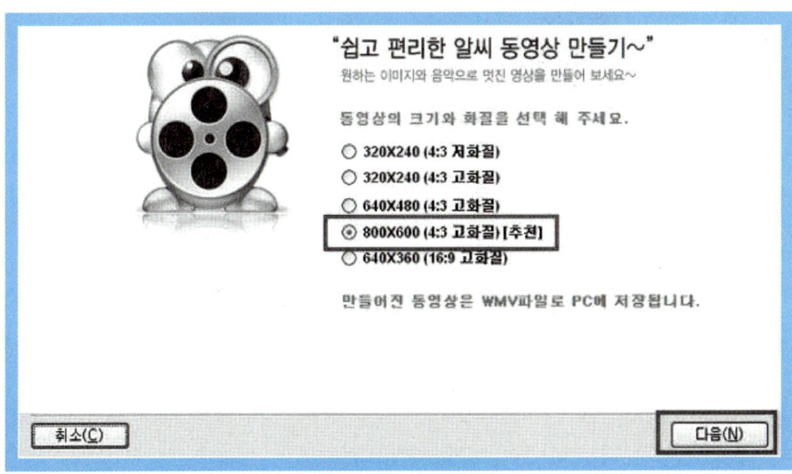

다음 버튼을 클릭해 주면 상세설정을 할 수 있는 화면이 나온다. 좌측에는 큰 화면의 미리보기 화면이고 우측화면 상단에는 이미지를 더 추가하고 싶으면 +를 클릭해 주면 된다. 그 아래에는 음악을 추가할 수 있는데 mp3 파일이나 wav 파일형태로 된 음악파일이 있다면 +를 클릭한 후 파일을 추가해 주면 된다. 음악 파일은 저작권이 아주 엄격하므로 반드시 저작권이 없는 음악파일을 사용해야 함을 각별히 주의해야 한다. 음악 파일까지 설정이 끝났으면 그 아래에 사진 1장당 동영상 속에서 머무르는 시간을 설정해 준다. 필자는 4초로 설정해 줬다. 여기까지 설정이 끝났으면 다음 버튼을 클릭해 준다.

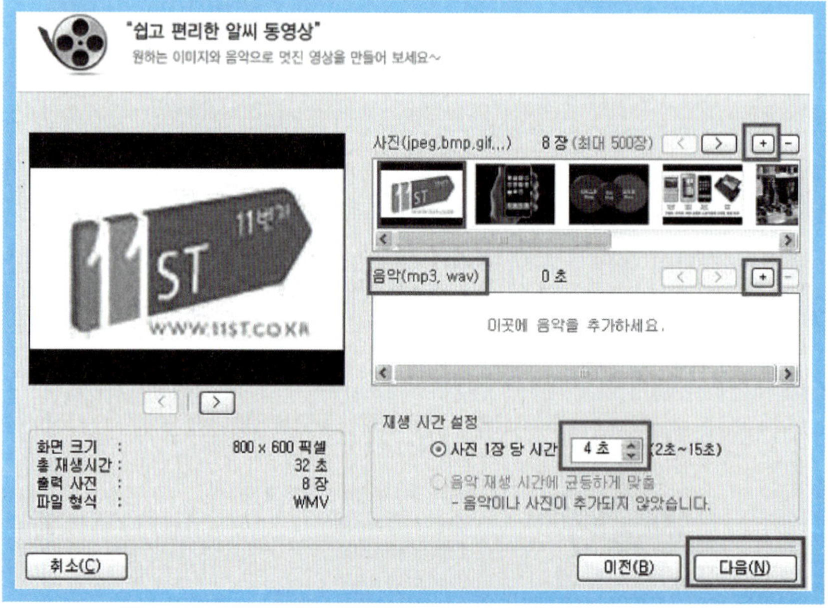

다음 버튼을 클릭해 주면 좌측에는 동영상 미리보기 화면이 나오고 우측에는 동영상에서 각각의 이미지들의 장면 전환 효과와 테두리 액자효과 옵션을 설정할 수 있는 옵션메뉴 선택창이 나온다. 여기에서 내가 원하는 스타일의 옵션을 설정해서 미리보기 화면으로 미리 감상한 후 다음 버튼을 클릭해 준다.

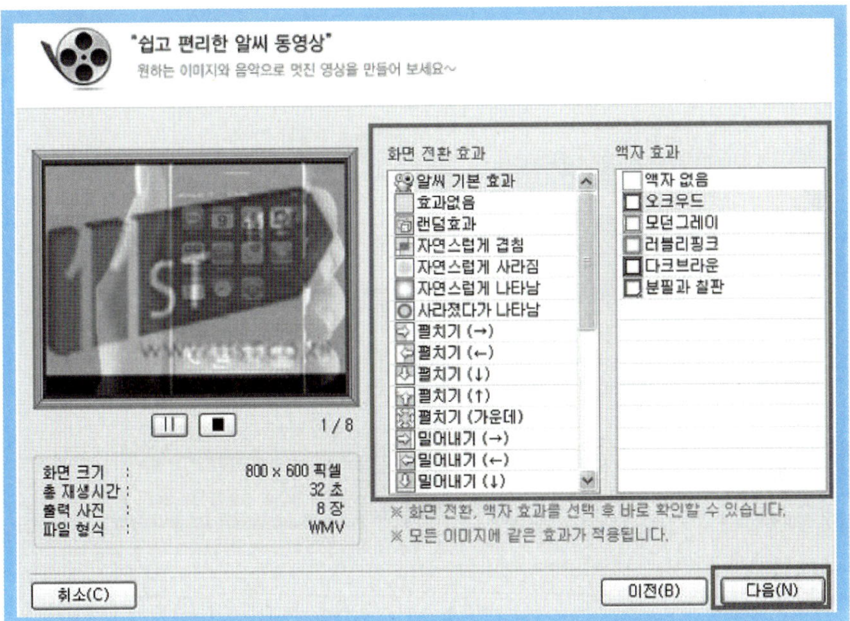

다음 버튼을 클릭하면 자막을 설정할 수 있는 상세설정 화면이 다시 나온다. 여기에서는 각 이미지마다 자막을 두 줄까지 넣어 줄 수 있다. 넣고 싶은 자막이 있다면 각 이미지마다 자막을 텍스트로 입력해 주면 된다.

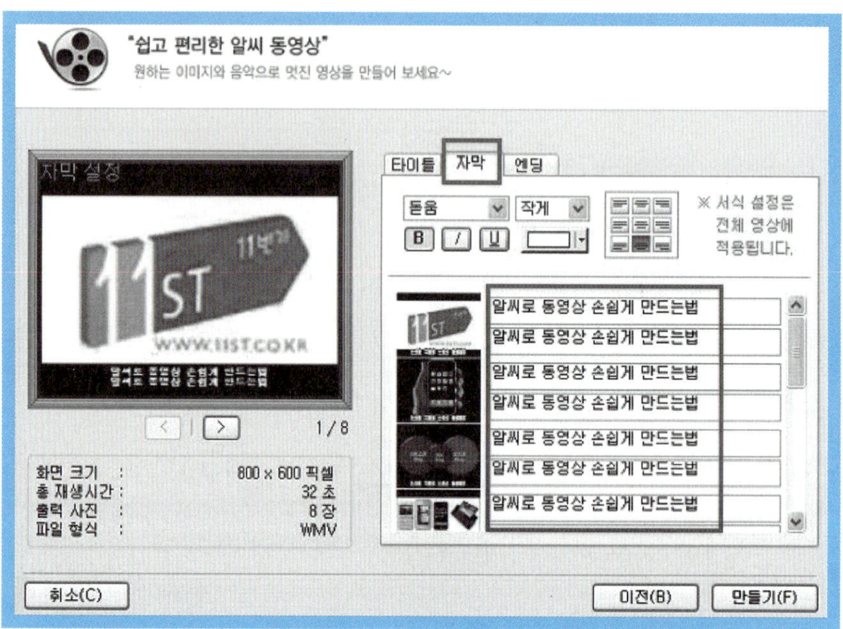

자막 말고도 자막 메뉴탭 옆에 보면 타이틀과 엔딩이 있다. 여기에서 일단 타이틀은 동영상의 맨 앞에 나올 제목과 같다고 보면 된다. 별도로 타이틀을 설정해 주고 싶다면 타이틀 메뉴탭을 클릭한 후 타이틀 설정 화면이 나오면 상단의 옵션을 선택해서 타이틀을 설정해 주면 된다.

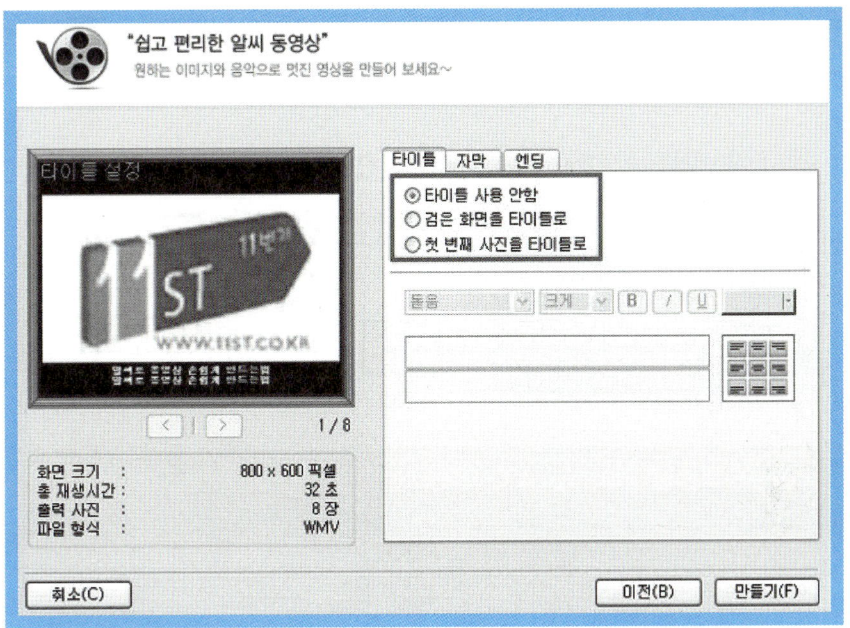

타이틀 말고 엔딩 또한 상단의 메뉴탭에 보일 것이다. 엔딩 또한 별도로 설정해 줄 수 있는데 엔딩 탭을 클릭한 후 다음과 같은 엔딩 설정 창이 나오면 상단의 4가지 엔딩 옵션 중 하나를 선택해 준 다음 엔딩으로 사용할 자막이 필요하다면 하단에 자막 입력창에 엔딩용 자막을 텍스트로 입력해 주면 알씨로 동영상을 손쉽게 제작하는 모든 과정이 끝나게 된다. 마지막으로 하단 오른쪽에 있는 만들기 버튼을 클릭해 준다.

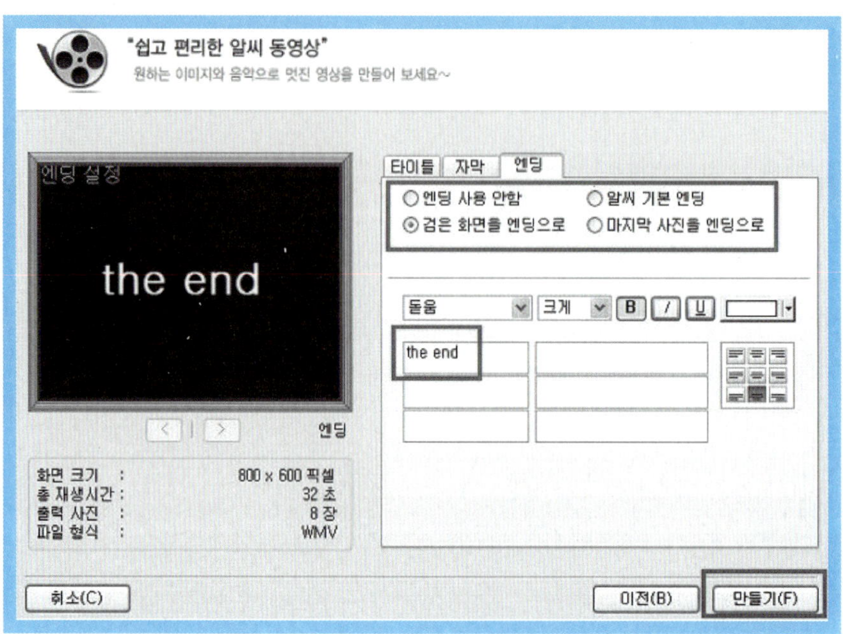

만들기를 클릭하면 저장할 폴더를 선택할 수 있도록 폴더 창이 나올 것이다. 여기서 생성될 동영상을 저장할 폴더를 지정해 준 후 저장 버튼을 클릭해 주면 자동으로 동영상이 생성 된다.

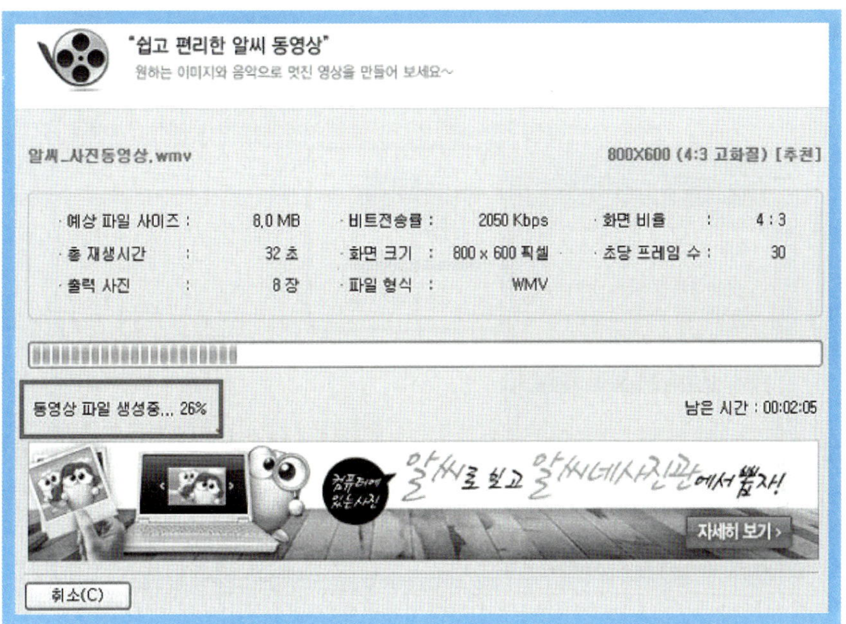

동영상 생성이 완료되면 동영상 만들기 버튼을 누르고 지정한 폴더로 가보면 알씨 동영상 파일이 생성되어져 있는 것을 쉽게 확인 할 수 있다.

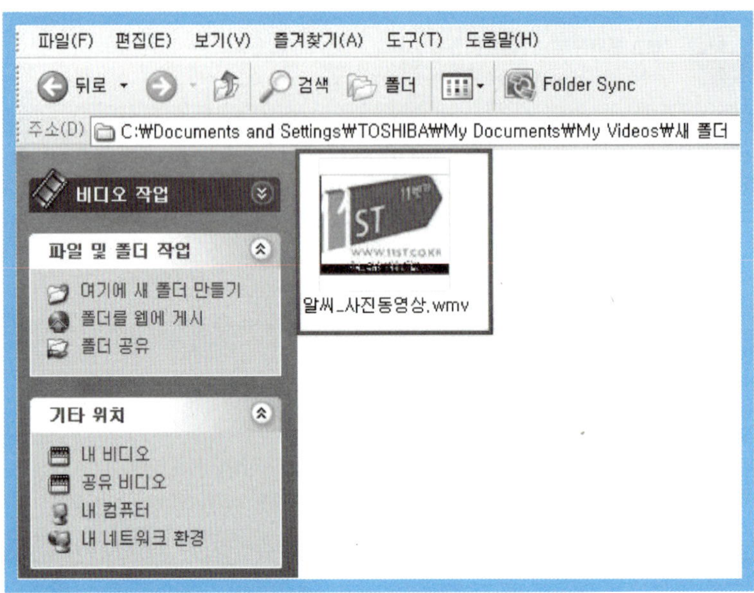

이처럼 알씨라는 툴을 활용하면 아주 손쉽게 몇 장의 이미지만으로도 동영상을 빠른 시간 내에 손쉽게 제작할 수가 있다. 여러분들의 비지니스와 관련된 다양한 정보를 콘텐츠로 제작할 때 이미지 몇 장을 뽑고 간단하게 동영상을 제작해서 블로그에 삽입할 것을 추천한다.

:: 콘텐츠에 자신만의 스타일을 입혀라

콘텐츠에 자신만의 스타일을 입힌다는 말은 대부분의 독자들에게 쉽게 와닿진 않을 것이다. 하지만 콘텐츠는 제작하는 사람의 성향이나 스타일이 반영되기 마련이다. 예리한 독자들은 문장의 스타일만 봐도 이건 누구의 글 적는 스타일인데 하고 직감할 수 있다. 이렇게 겉으로 봐서는 쉽게 지나칠 수 있는 부분들이지만 자신의 브랜드 형성을 위해 콘텐츠에도 이러한 작업은 필요하다.

콘텐츠에 자신만의 스타일을 입힌다는 것은 문장의 스타일도 중요하겠지만 그 외적인 요소로도 충분히 가능하다. 예를 들면 문장 중간에 단락을 나눌 때 자신만의 스타일이 가미된 형식으로 나눈다든지 콘텐츠 하단에 브랜드 마크와 함께 명언을 한마디씩 넣어 준다든지 콘텐츠가 시작 되는 헤드라인 부분에 자신만의 스타일로 디자인된 이미지 헤드라인 타이틀을 쓴다든지 이미지를 사용할 때도 자신만의 액자 스타일을 만든다든지 아예 콘텐츠를 잡지 스타일로 만든다든지 방식은 너무나 다양한 방식으로 구현해 낼 수 있다.

중요한 것은 동일한 패턴으로 꾸준하게 해야 한다는 것이다. 꾸준하게 동일한 패턴의 콘텐츠가 반복되면 사람들은 카페나 커뮤니티 등으로 내 콘텐츠가 옮겨져 있어도 이건 누구의 콘텐츠인데! 라고 인식할 수가 있다. 그다지 중요하지 않을 것 같지만 이러한 세밀한 콘텐츠 패턴에 의한 브랜드 형성 효과 또한 무시할 수 없는 효과를 발휘한다.

그렇다면 몇 가지 사례들을 살펴보자.

네이버의 파워블로그인 **하늘소블로그**(http://hanulsoblog.com)에서는 항상 콘텐츠 하단에 자신만의 고유의 브랜드 마크와 함께 명언을 한마디씩 첨부한다. 이는 아주 훌륭한 브랜드 형성 전략이다. 일단 명언 자체가 이전 시대의 예술가들이나 유명 정치가 철학자 등의 지식인들이 자신의 평생을 살아오면서 경험한 지혜가 압축되고 압축되어져서 나온 한마디이기 때문에 명언이 주는 감동의 파괴력은 대단하다고 볼 수 있다.

이러한 명언을 콘텐츠마다 하단에 꾸준히 삽입하게 되면 자신만의 독특하고 창조적인 콘텐츠를 구성한 것이고 게다가 독자들의 입장에서는 콘텐츠도 훌륭한데 마지막 에는 감동의 여운을 느낄 수 있는 좋은 명언까지 매 콘텐츠마다 한마디씩 듣게 된다면 그 감동은 배가 되는 것이다. 이렇게 명언을 콘텐츠 마지막에 삽입하는 방식은 콘텐츠가 좋으면 좋을수록 그 시너지 효과는 비례해서 상승한다고 보면 된다.

http://hanulsoblog.com/50077337517

행복한 해변 무드역(http://blog.naver.com/korail77) 블로그에서는 해당 콘텐츠마다 고유의 타이틀 이미지를 콘텐츠 말미 부분에서 사용하고 있다. 이러한 고유의 타이틀 이미지를 사용하는 기법 또한 매우 바람직한 브랜드 형성을 위한 기법이라고 할 수 있다. 일단 콘텐츠 시작 부분에서 해당 콘텐츠 만의 타이틀 이미지가 들어가면 단순히 텍스트형의 제목을 가진 콘텐츠 보다 독자들의 콘텐츠에 대한 집중력을 더욱 높일 수 있고 콘텐츠에 대한 기대감 또한 높일 수 있다.

콘텐츠 타이틀 이미지를 사용할 때 한 가지 주의해야 할 점은 이미지가 콘텐츠의 제목이나 내용을 상징하거나 연관성이 있어야 한다는 점이다.

http://blog.naver.com/korail77/90071666912

블로그 관련 다양한 정보를 다루는 **블로거팁 닷컴**(http://bloggertip.com)에서도 일부 콘텐츠에 콘텐츠 헤드 타이틀 이미지를 별도로 제작해서 적용하고 있다.

http://bloggertip.com/3232

:: 매력있는 포스트 제목을 작성하는 10가지 법칙

자신의 블로그 포스트에 글을 작성할 때 대부분 가장 먼저 하는 것이 해당 포스트에 대한 제목을 적는 행위일 것이다. 하지만 블로그 포스트의 제목에 따라 내 글의 가치가 확연히 틀려질 수도 있다는 걸 인식하고 제목에 특별히 더 세심한 주의를 기울이는 블로거들은 그리 많지 않다.

그렇다면 블로그 포스트에 적은 내 글들의 제목이 왜 이렇게 중요한지 먼저 그 이유에 대해 알아보자. 대부분의 블로거들은 자신의 블로그에 포스팅을 하고나면 메타블로그에 자신의 글을 발행하게 된다. 대부분의 메타블로그들은 블로거들이 글을 발행하게 되면 제목을 진한 글씨로 보여주고 그 아래 연한 글씨로 한두줄의 본문글이 노출 된다.

다음뷰는 위의 그림처럼 제목만 보여준다.

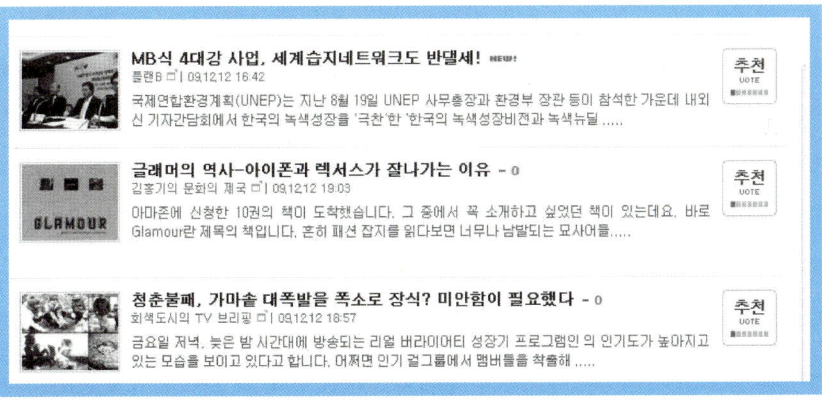

올블로그는 왼쪽에는 해당글의 이미지를 보여주고 글제목을 진한 글씨로 보여주고 그 아래에 본문내용 일부를 두줄 정도 보여주는 레이아웃으로 되어 있다.

이렇게 대부분의 블로거들이 내 글을 처음 만나게 되는 부분은 바로 제목이다. 따라서 다른 블로거들이나 네티즌들의 구미가 당길만한 제목을 작성하는건 정말 중요하고 신경써야 할 작업 중의 하나이다.

그렇다면 제목을 어떻게 하면 매력있게 달 수 있을지 궁금하지 않을 수 없다. 그리고 어떤 제목이 매력적인지 또한 궁금하지 않을 수 없다. 이미 많은 파워 블로거들은 제목을 정하는데 많은 시간을 할애하고 있다. 제목의 중요성을 너무나 잘 알기 때문이다.

매력적인 제목을 작성하는 데 있어서 기본적인 두 가지 요소가 있는데, 호기심과 공감이다. 호기심은 인간이 가지고 있는 본능적인 속성 부분을 건드리는 것이고 공감은 인간의 감성 부분을 건드리는 것이다. 많은 사람들이 인터넷을 하는 이유 자체가 호기심에 대한 지식이나 정보 탐색을 위한 것이라고 해도 과언이 아닐 것이다. 이러한 사람들의 호기심을 충족시켜 줄만한 콘텐츠를 작성했다면 많은 사람들이 궁금해 하는 부분을 긁어주는 제목을 작성한다면 백발백중 큰 효과를 거두게 되어 있다.

블로그가 보편화 되면서 이제는 오프라인 상에서만 공동체를 기반으로 한 문화가 형성되는 것이 아니라 사이버 세상에서도 사이버 공동체에 의한 하나의 사이버 문화가 형성 되고 있고 그 대표적인 공동체가 블로거 사회라고 보면 될 것이다. 블로거들은 이미 사이버상에서도 자신의 블로그를 기반으로 많은 다른 블로거들과 소통하고 있다. 그러면서 자연스레 많은 의견들을 나누고 있고 때론 토론을 하기도 한다. 그리고 다른 블로거들의 인생과 경험을 간접적으로 경험하면서 서로의 삶을 공유하고 있고 이러한 행위들에 의해 자연스레 공감대가 형성되고 있다.

메타블로그에서도 베스트에 올라오는 글들의 대부분은 이 두 가지 요소가 기본적으로 관통하고 있는 핵심요소라고 봐도 무방할 것이다. 호기심과 공감을 기본으로 제목의 패턴은 얼마든지 확장이 가능하다. 그렇다면 현재 파워블로거들이 이미 자주 사용하고 있는 매력있는 제목 패턴을 알아보자.

1. 호기심을 유발하는 제목을 작성하라.

Tip

아이리스 6가지 최승희 진실은 무엇인가?

드라마 찬란한 유산 보게 되는 이유

한효주 눈부신 성장엔 옹박의 도움 있었다?

여자들이 유리구두에 열광하는 이유

아이리스2에 가장 잘 어울리는 남자 배우는?

이경규와 소녀시대 윤아 과연 어울릴까?

월드컵 예능은 이경규가 최고인 이유

교도소 약국에서 가장 불티나게 팔리는 것은?

사람들은 기본적으로 무언가에 대한 호기심이 많다. 많은 사람들이 궁금해 할만한 내용에 대한 콘텐츠를 제작하고 이에 적합한 호기심을 유발하는 형태의 제목들이다. 인기 드라마의 등장인물에 대한 궁금증을 유발하는 제목을 작성할 수도 있고 일반적으로 많은 사람들이 궁금해 할만한 내용의 제목을 작성하는 것도 아주 효과적이다. 이런 패턴의 제목의 한 가지 특징은 주로 제목의 끝이 ~~하는 이유로 끝이나는 경우가 많다.

2. 이슈성 키워드를 사용하지만 약간은 다른 시각을 제시하는 제목을 사용하라.

Tip

걸프렌즈 성감대가 아닌 공감대를 느껴보자.

아바타 제임스카메론 왕이 아닌 신의 영역에 진입해 버렷다.

맨유의 문제는 호날두 공백이 아니다.

거북이 달린다 웃기는가? 나는 눈물이 난다.

월드컵녀 신인들에겐 오히려 독이다.

위의 제목들은 사람들이 관심있는 키워드에 대한 글을 적으면서 약간은 다른 시각을 제시하는 제목을 사용하는 기법이다. 많은 사람들이 어떠한 주제에 대해서 공통적으로 인식하고 있는 부분에 대해 새로운 시각을 제시하거나 다른 측면에서 바라본 형태의 콘텐츠를 작성할 경우 자주 사용할 수 있는 패턴이다.

3. 고정관념을 깨는 제목을 작성하라.

남자와 여자는 절대 친구가 될 수 없다고?

뉴요커의 삶이 화려하다고?

승무원은 무조건 예뻐야 한다?

알라딘 창작블로그 당첨이 불쾌한 이유

옷만 잘 입는다고 멋진 스타일이 만들어 질까?

위의 제목들은 기존의 대중들의 머리속에 고착화 되어 있는 개념인 고정관념을 깨는 형식을 사용한 제목들이다. 사람들은 자신이 기존에 알고 있던 것과 다른 얘기를 하면 호기심이 발동하게 되고 자연스럽게 해당 제목을 클릭하게 된다. 위에서 언급한 약간은 다른 시각을 제시하는 제목보다는 조금 더 강도가 쎈 반전이 있는 제목이라고 생각하면 된다.

4. 많은 사람들이 공감할 수 있는 제목을 사용하라.

배고픈 대학생들의 안식처 학생식당 열전

오르는 속도는 광랜 내리는 속도는 모뎀급인 유가의 비밀

소개팅 분위기는 좋았는데 애프터가 없다면?

소속사의 섹시 마케팅 꼭 그 방법 밖엔 없나?

그때는 담배 꽂은 초코파이만으로도 행복하였다.

많은 사람들의 공감을 자극하는 제목은 그만큼 많은 클릭을 유도해 낼 수 있다. 대부분의 사람들은 지역이나 일하는 분야별로 서로 공감할 수 밖에 없는 경험들을 공유하면서 살아간다. 그리고 우리나라 전체를 놓고 봐도 그 날의 뉴스나 사건 그리고 TV 프로그램 등은 많은 사람들이 공통적으로 소비하는 콘텐츠들이다. 공감할 수 있는 제목을 사용하기 위해서는 해당 제목을 기반으로한 콘텐츠의 내용을 이미 알고 있는 사람들이 많으면 많을수록 좋다.

예를 들어 김연아가 세계 피겨선수권 대회에서 금메달을 땄을 경우 이에 대한 콘텐츠를 작성한다면 이미 많은 사람들은 김연아의 경기를 보았기 때문에 손쉽게 공감할 수 있는 제목을 사용할 수 있다. 이렇게 공감할 수 있는 제목을 사용하는데 있어서 핵심은 콘텐츠 내용을 얼마나 많은 사람들이 충분히 경험했거나 인식하고 있느냐에 따라 그 효과가 틀려진다고 볼 수 있다.

5. 지식이나 정보 혹은 노하우를 알려주는 제목을 작성할 것.

머리끈 예쁘게 묶는 방법

두꺼운 코트 예쁘게 입는 방법

지하철 자리 눈치있게 빨리 앉는 비법

포토샵 CS4 숨겨진 메뉴 항목 보는 방법

냄비 뚜껑 안빠지는 때 꼼꼼 세척법

송혜교보다 목도리 예쁘게 매는법

사람들에게 지식이나 정보 혹은 노하우를 알려주는 콘텐츠는 블로그 콘텐츠 중에서도 핵심 킬러 콘텐츠라고 이미 필자가 앞에서 언급한 바가 있다. 이러한 핵심 킬러 콘텐츠를 제작할 때 가장 많이 사용하게 될 제목패턴이라고 보면 된다. 사람들은 기본적으로 인터넷에서 많은 정보와 지식을 찾아보고자 하는 욕구를 가지고 있다.

이러한 욕구 때문에 검색엔진이 잘 될 수 밖에 없다고 보면 될 것이다. 따라서 지식과 정보에 목말라 하는 네티즌들의 갈증을 해소해 줄 수 있는 정보성 콘텐츠를 작성하고 위와 같은 제목의 패턴을 사용하면 된다. 지식이나 정보 혹은 노하우를 알려줄 때 사용하는 제목에는 ~~하는 법 혹은 ~~하는 비법이나 방법 등이 제목 끝에 자주 사용되는 패턴을 보이고 있다.

6. 비슷하거나 반대되는 종류의 두 가지 대상을 비교하는 제목을 사용하라.

트랜스포머 vs 터미네이터 올 여름 극장가의 승자는 누구?

결혼하고 싶은 여자 vs 연애하고 싶은 여자

아이폰 기사 좀 그만 써라 vs 아이폰 리뷰가 보고 싶다

지붕뚫고 하이킥 신세경 vs 황정음 매력 분석

아이리스 멜로선화 vs 에로 승희 최후의 승자는?

사람들은 비슷하거나 서로 상반되는 성질의 두 가지를 비교하는 걸 좋아한다. TV 프로그램에서도 영화대 영화와 같은 비슷한 프로그램이 이미 인기를 끌고 있는 형식이므로 쉽게 이해 될 것이다. 이렇게 두가지 대상을 비교하는 제목을 사용할때는 비교할 대상 두가지를 어떻게 설정하느냐가 관건이다.

핵심은 비교 대상 두 가지가 비슷한 수준에 있어야 한다. 사람들은 스포츠 경기를 보더라도 비슷한 실력의 두 팀이 팽팽한 대결을 펼치다가 극적인 승부를 펼치는 걸 좋아한다.

만약 경기를 하는 두 팀 중 한 팀이 현격하게 실력차이가 나서 너무 일찍 승부가 판가름 나는 경기는 많은 사람들의 흥미를 끌기가 어렵다. 위의 두 가지 대상을 비교하는 제목도 마찬가지라고 보면 된다. 그리고 두 가지 대상을 비교하는 제목에는 주로 비교대상 두 가지 사이에 vs 라는 표현이 자주 사용되는 패턴을 보이고 있다.

7. 어떤 이유나 방법이 들어가 있는 리스트형의 제목을 사용하라.

대학생들이 블로그를 해야만 하는 7가지 이유

기업 블로그 마케팅에서 피해야 할 10가지

보험 가입할 때 피해야 할 다섯 가지 유혹

당신이 짝사랑을 포기못하는 4가지 이유

남편에게 반드시 먹여야 할 음식 7가지

블로그를 하면 좋은점 15가지

기업이 블로그를 해야만 하는 10가지 이유

연애경험 없는 여자들이 가질 수 있는 문제점 BEST 5

어떤 이유나 방법이 들어가 있는 리스트형의 제목은 호기심을 자극하는 제목을 작성하는 기법을 좀 더 확장해서 응용을 한 형식의 제목이라고 보면 무난할 것이다. 사람들은 어떤 노하우나 이유에 대해서 몇 가지를 수치화해서 제시해 주는 걸 좋아한다. 그리고 어떤 이유나 방법에 대해 제시하면서 수치화 하게 되면 좀 더 전문적으로 보이는 효과를 기대 할 수 있다. 주로 사용되는 패턴에는 몇 가지 혹은 ~~ 하는 점 best 숫자 이런 형식의 패턴이 자주 사용 된다.

8. 돈이나 수치를 이용한 제목을 작성하라.

만원으로 저녁 식탁 차리기

태국여행 10만원 할인받고 가는법

2500원으로 울릉도 구석구석 돌아보기

16개월 아들이 나에게 보낸 첫 문자

매일 48억씩 벌어들이는 중국 최대의 부자

단돈 6천원으로 채소를 배터지게 먹을 수 있는 곳

사람들은 어떠한 대상에 대한 정보를 얻을 때 돈이나 수치화 시켜서 정보를 제공하면 쉽게 비교분석을 할 수 있기 때문에 이러한 자료를 선호한다. 제목에서도 마찬가지다. 똑같은 내용이더라도 제목에 구체적인 수치를 넣게 되면 좀 더 전문적으로도 보이고 좀 더 쉽게 콘텐츠 내용에 대해 미리 연상을 할 수 있게 되므로 클릭율을 높일 수가 있다.

9. 자신이 먼저 체험했거나 경험해서 알게 된 정보 제공형 제목을 작성하라

아이폰쓸 때 한달 통신비 계산해 보니

탈레반이 보낸 경고 메일 외신기사 읽어보니

100억 금고 진열되어 있다는 카페 가보니

라디오스타 출연한 fx 말근육 찾아보니

미국 파워블로거의 순위랭킹 알아보니

취업대신 창업, 대학생 창업자 만나보니

블로거들의 콘텐츠를 보면 포럼이라든지 혹은 어떤 행사 등에 참가해서 그 현장에 대한 스케치를 블로그에 올리는 경우도 많고 다른 사람들보다 먼저 접하게 된 제품이나 물건 등에 대한 체험기를 올리는 경우가 많다. 이러한 콘텐츠를 사용할 때는 정보제공형 제목 패턴을 활용하면 된다. 정보제공형 제목에서 주로 사용되는 패턴은 ~~해 보니 라는 말이 제목의 끝에 자주 사용된다.

10. 이슈 키워드를 수식어로 사용하거나 이슈 키워드와 비유하는 제목을 사용하라.

나를 거쳐간 미실 같은 컴퓨터들

송혜교 처럼 머플러 200% 활용하는 법

이효리 처럼 섹시하게 청바지 입는법

신민아의 사랑스러운 구미호패션 눈길

아름다운 신민아 미소 만드는 방법

이슈 키워드를 제목에 사용하게 되면 이슈 키워드에 대한 트랙픽을 공유하는 효과가 있다. 하지만 잘못 사용하게 되면 소위 말하는 낚시성 콘텐츠가 될 수 있고 이 글을 보는 네티즌들은 배신감을 느낄 수 있다. 따라서 이슈키워드를 사용할 때는 비유를 하거나 수식어 정도로만 사용해야 하고 이렇게 사용할 때에도 이슈키워드와 콘텐츠 내용이 연관성이 있거나 연상작용이 일어나서 글을 읽는 독자들이 어느 정도 납득이 갈 때 효과를 볼 수 있다.

위에서 필자가 분석한 제목패턴 10가지 이 외에도 여러분들 스스로 분석해 보면 어느 정도 패턴이 있다는 걸 쉽게 발견할 수 있을 것이다. 나의 콘텐츠와 사람들이 만나는 첫 번째 접속점이 제목이라고 해도 과언이 아닐 것이다. 수많은 콘텐츠들 중 내 글의 제목을 읽는데 소요되는 시간은 3초도 채 되지 않을 것이다. 따라서 3초안에 독자들을 사로잡을 수 없으면 성공하기 힘들어지게 될 가능성이 높으므로 읽자 마자 관심을 가지고 클릭을 유도할 수 있는 제목을 작성하는 자기만의 기법 또한 찾아보시길 권유해 드린다.

CHAPTER 02

검색엔진 최적화 방법(seo)

BLOG MARKETING

:: 블로그 검색엔진 최적화(SEO)란 무엇인가?

블로그라는 도구는 많은 장점을 가지고 있지만 무엇보다도 큰 장점 중에 하나가 국내 검색엔진 포털 서비스에서는 블로그 검색영역이 별도로 존재하고 검색결과 노출 위치도 상단에 노출된다는 것이다. 이러한 장점을 활용하기 위해서 검색엔진 최적화는 블로그마케팅에 있어서 필수다.

검색엔진 최적화란(SEO: Search Engine Optimization) 특정 검색 키워드에 대한 검색결과에서 나의 웹문서를 검색엔진에 최적화시켜서 검색결과 첫 페이지와 상단에 노출시키는 방법을 말한다.

하루에도 전 세계인들이 웹이라는 거대한 문서저장 공간에 셀 수 없이 많은 문서들을 저장하고 있고 또 특정 문서를 검색엔진을 통해 검색하고 있다. 이 수많은 웹문서들

중에서 나의 웹문서를 많은 사람들에게 노출 시키기 위해서는 사람들이 특정 키워드로 검색했을 때 나의 웹문서가 다른 사람들의 문서보다 가치가 높아서 검색결과의 첫 페이지와 상단에 노출되어야 가능하다.

만약 나의 웹문서가 가치가 떨어져 검색결과의 2페이지나 10페이지 정도 뒤쪽에 노출된다면 나의 웹페이지가 많은 사람들에게 노출되기는 그만큼 힘들어진다. 따라서 특정키워드에 대해 나의 웹문서의 가치를 높게 인식시키기 위해 검색엔진 최적화 작업은 필수이다.

검색엔진은 사람이 만들어낸 것이지만 미리 짜놓은 프로그램 룰에 의해 움직이고 이 검색엔진들은 각 검색엔진들마다 가치높은 문서를 판단하는 고유의 기준들이 있다. 이렇게 검색엔진들의 웹문서 가치판단 기준에 나의 웹문서가 많은 부분이 일치할수록 검색엔진은 나의 웹문서를 가치가 높은 웹문서로 인식해서 검색결과의 상단이나 첫페이지에 보여줄 확률이 높아지게 되는 것이다.

원래 검색엔진 최적화는 해외에서 주로 사용하던 방식이고 사실 국내 검색엔진들과는 다소 이질감이 있다. 해외 검색엔진들인 구글이나 야후같은 경우에는 웹문서들을 위주로 검색결과를 제공하고 있다.

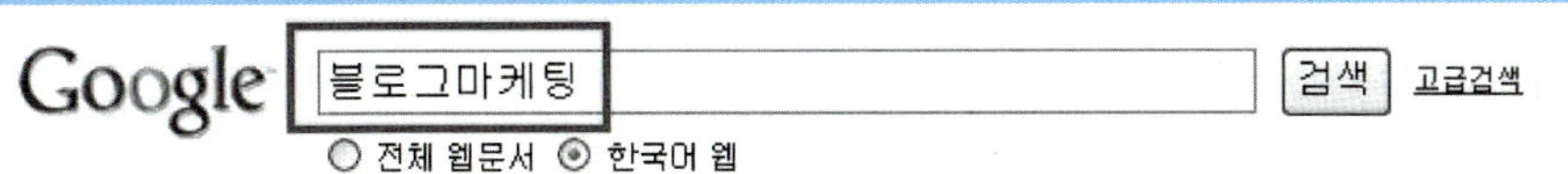

전체 웹 검색도구 열기... **블로그마케팅**

블로그 마케팅
www.google.com/adsense 사이트 타겟 **광고**로 **블로그**에서 수익을 올리세요. AdSense 사용

블로그마케팅 고우잡
www.gojob.co.kr **블로그마케팅**, 대박쇼핑몰을 위한 부자되기 **마케팅**노하우 공개!

Your Sun :: 기업들의 **블로그 마케팅** 유형 정리
얼마전 Junycap 님이 비즈니스 블로그 결산을 해주셔서 기업의 블로그 커뮤니케이션/마케팅을 고민하는 사람들에게 많은 도움이 되었습니다. 2007년 안개속을 헤매듯이 기업의 **블로그 마케팅** 컨설팅을 ...
www.sun**blog**ged.com/135 - 10시간 전 - 저장된 페이지 - 유사한 페이지

Interactive Dialogue and PR 2.0 :: **블로그 마케팅** 4주 속성 코스
그 중에서도 **블로그 마케팅**을 어떻게 해야 할지 문의를 해주시는 경우가 있는데요. 그동안 스터디했던 내용들을 간략히 정리하여 4주 코스로 **블로그 마케팅**하는 것에 대한 플래닝 아이디어를 포스팅 ...
junycap.com/144 - 저장된 페이지

세이하쿠의 contents **Marketing** bible* ::
그동안 **블로그마케팅**에 대해서 글을 올려 왔는데 사실 마케팅이란 것이 열심히 하면 할수록 상대방을 기만하거나 정보를 왜곡, 증폭한다는 도덕적인 괴리감을 없애기 어려웠습니다. ...
www.seihaku.com/ - 3시간 전 - 저장된 페이지 - 유사한 페이지

블로그마케팅에 대한 뉴스 검색결과

골프회시티

리포젠 필굿다이어트, 카페와 **블로그** 대상 제안 설명회 개최 - 1일 전
... 그 동안 주로 오프라인에서 창업설명회 및 세일즈 마케팅을 통해 체인점을 모집해 오고 있었는데, 2010년 들어 본격적으로 온라인 마케팅을 전개하기로 하고 그 일환으로 카페 마케팅, **블로그 마케팅** ...
YTN - 관련 기사 11개 »
블로그, 기업 **마케팅** 새 '효자' - 전자신문 - 관련 기사 2개 »

기업들 '**블로그 마케팅**' 부쩍 : 광고·마케팅 : 경제 : 뉴스 : 한겨레
블로그의 영향력이 커지면서 기업들도 주목하고 있다. **블로그**를 하나의 매체로 인식하면서 **광고**를 주거나 후원을 하는 사례가 늘고 있으며, 직접 **블로그** 운영에 나서기도 한다. 기업과 **블로그**를 이어주는 ...
www.hani.co.kr/.../**marketing**/272163.html - 12시간 전 - 저장된 페이지 - 유사한 페이지

기업들이여, **블로그 마케팅**을 시작하라. : 스마트플레이스 (http://www ...
우리는 매일 소비하는 미디어들과 함께 광고도 소비합니다. 신문 하단의 광고나 드라마 내부의 PPL는 매우 익숙한 모습이라서 이젠 당연한 일처럼 생각됩니다. 하지만 **블로그 마케팅**은 실제 광고를 집행 ...
www.smartplace.kr/**blog**_post_237.aspx - 저장된 페이지 - 유사한 페이지

반면에 국내 검색엔진들은 그렇지 않다. 국내 검색엔진들은 전 세계가 거의 동일하게 웹문서들을 위주로 검색결과를 제공해 주는 트렌드에 따르지 않고 특정키워드에 대한 검색결과를 멀티형으로 제공해 주고 있다.

다시 말해 특정키워드로 검색을 했을 경우 광고영역의 링크 블로그영역, 카페영역, 지식in 영역, 뉴스영역, 전문자료 영역, 이미지 영역, 동영상 영역, 웹문서 영역 등으로 구성되어진 다양한 영역의 웹문서들을 종합적으로 제공해 주는 멀티검색결과를 제공해 주고 있다. 게다가 이 각각의 영역들도 각 키워드 별로 사람들이 선호하는 형태의 웹문서들을 분석해서 각 영역들의 검색결과 페이지의 상하 순서 또한 다르게 제공되어지고 있다.

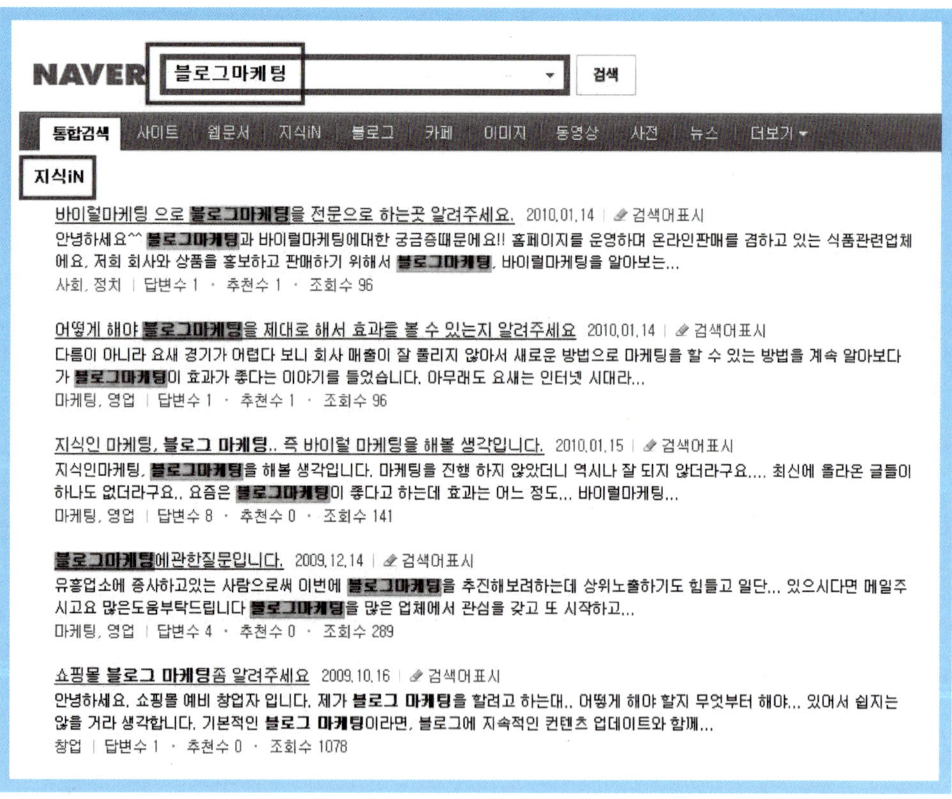

사이트

모션커뮤니케이션 지도보기
온라인광고 대행 전문업체, 해외프로모션, **블로그**, 바이럴 **마케팅**, 쇼핑몰, 검색광고 안내.
http://www.motioncomm.co.kr/ 광고 > 광고대행, 제작 > 온라인광고

인터애드 **블로그 마케팅**
블로그 마케팅 정보제공 사이트, 소셜 네트워크, 워드프레스브로깅 팁 등 수록.
http://www.blogclick.com/ 인터넷서비스 > 웹서비스 > 웹 프로모션

칸피알 **블로그마케팅** 지도보기
블로그마케팅 전문업체, 블로그디자인, 카페디자인, 마이럴마케팅 교육 등 서비스 안내.
http://www.blog-marketing.co.kr/ 인터넷서비스 > 인터넷 마케팅 > 인터넷광고, 홍보

파워**블로그마케팅** 지도보기
큐레이터 그림소개 에이전트, 작가프로필, 갤러리 등 제공.
http://www.multiblog.co.kr/ 인터넷서비스 > 인터넷 마케팅 > 인터넷광고, 홍보

검색엔진최적화와 검색엔진**마케팅**
키워드광고, **블로그마케팅**, 검색광고분석 등 정보 수록.
http://www.zinibox.com/ 컴퓨터, 인터넷 > 블로그 > 개인블로그

뉴스 전체 언론사 대상 뉴스검색 결과입니다

광주시 **블로그** 2009대한민국**블로그**어워드 수상 뉴스웨이브 | 2010.01.18 (월) 오전 11:00
영문블로그를 개설하여 세계인들과 광주의 진정한 교량역할을 하는 새로운 채널도 보강하여 **블로그 마케팅**을 통한 도시이미지 개선에 박차를 가하겠다"고 덧붙였다. 시상식은 지난 14일 오후 6시 프레스센터 20층...
관련기사 보기

쌍방향 소통… 주민 도정참여 확대 대전일보 사회 | 2010.01.18 (월) 오전 1:12
'네이버'와 홍보협약을 체결한데 이어, 19일 '다음'과 홍보협약을 체결하는 등 검색광고, **블로그 마케팅**, UCC공모전, 파워블로거 팸투어, 빅로거를 통한 쌍방향 도정 홍보를 강화한다. 도는 매월 발행하는...
관련기사 보기

예를 들어 블로그 교육이라고 네이버에서 검색했을 경우 블로그 영역이 가장 상단에 검색결과로 제공되고 있다면 블로그 마케팅이라는 키워드를 네이버에서 검색했을 경우에는 지식in 영역이 가장 상위에 검색결과로 제공되고 있고 블로그마케팅 강좌라고 검색했을 경우에는 카페영역이 검색결과 페이지의 가장 상위 영역에 검색결과로 제공되어진다. 이렇게 각 키워드 별로 제공되어지는 영역이 틀려지게 만들어 놓은 것은 사용자들이 가장 원하는 검색결과를 우선순위로 제공해 주기 위함이다.

우리나라의 검색엔진들의 검색결과 제공방식과 해외의 검색엔진들의 검색결과 제공방식이 틀린데에 대해서는 나름대로 많은 논쟁들이 있어 왔다. 어느 것이 더욱 좋고 나쁘냐를 단정지어서 얘기할 순 없지만 때로는 국내 검색엔진 방식이 편할 때가 있고 때로는 해외 검색엔진 결과가 아주 정확한 경우를 많이 느끼고 있다. 필자 또한 편하게 검색할 때는 국내 검색엔진을 사용하지만 조금 전문적이고 세분화된 내용을 찾고 싶은 경우에는 해외 검색엔진들을 자주 사용한다.

모두 그렇진 않겠지만 국내의 IT 업계에 종사하는 주변 지인들도 주로 이러한 패턴들로 검색을 하고 있는 것으로 보아 해외 검색엔진들은 보다 정확한 문서를 찾는데 장점이 많은 편이고 국내 검색엔진들은 종합적이고 다양한 정보를 찾고 싶을 때 유리하다고 보면 될 것이다. 그리고 대표적인 해외 검색엔진인 구글 또한 기존의 해외에서 제공하던 방식을 버리고 우리나라에서 만큼은 블로그영역 Q&A 영역 이미지 영역등을 별도의 영역으로 구분해서 검색결과로 제공하는 추세로 바뀌고 있다.

그렇다면 우리는 위에서 검색엔진 최적화와 국내 검색엔진의 특성과 해외 검색엔진의 특성들에 대해 알아봤다. 이제는 블로그 검색엔진 최적화에 대해서 알아보자. 그렇다면 블로그 검색엔진 최적화란 무엇인가? 블로그 검색엔진 최적화란 내 블로그의 포스트를 검색엔진의 가치평가 기준에 최적화시켜서 특정키워드로 검색했을 경우 검색결과 첫 페이지의 블로그 영역에 노출 시키는 것을 말한다.

네이버에서 먼저 최신영화순위라는 키워드로 검색을 해보니 가장 상단에는 네이버 상영영화 일간 검색어가 나오고 다음으로 광고영역이 나오고 세 번째로 블로그영역이 나오는 것이 보일 것이다. 여기 블로그 영역에는 보통 4개의 블로그 포스트를 보여준다. 이 4개의 검색결과 포스트안에 나의 블로그 포스트가 노출되는 것이 블로그 검색엔진 최적화의 궁극적인 목적이다.

NAVER
최신영화순위
검색
통합검색 사이트 웹문서 지식iN 블로그 카페 이미지 동영상 사전 뉴스 더보기
네이버 상영영화 일간검색어
방송 영화/게임 문화/생활
2010년 01월 17일
영화종합 | 개봉예정영화 | 상영영화 | 게임 | 모바일게임
상영영화 검색어 더보기
1 영화아바타 0
2 파라노말액티비티 0
3 더로드 0
4 전우치 0
5 용서는없다 0
6 셜록홈즈 4
7 극장판포켓몬스터... 1
8 영화웨딩드레스 1
9 아빠가여자를좋아... 1
10 아스트로보이-아톰... 1
영화종합 검색어 더보기
1 영화아바타 0
2 파라노말액티비티 0
3 더로드 0
4 전우치 0
5 영화비상 1
6 용서는없다 1
7 하모니 3
8 오감도 3
9 셜록홈즈 4
10 극장판포켓몬스터... 2
개봉예정영화 검색어 더보기
1 하모니 0
2 러블리본즈 14
3 주유소습격사건2 1
4 식객:김치전쟁 0
5 영화바비 1
6 500일의썸머 1
7 영화꼬마니콜라 2
8 원피스극장판10기... 1
9 하늘에서음식이내... 1
10 영화주문진 7
파워링크
1. G마켓 최신영화순위 - 최신영화순위, 쇼핑할인, 매일 초특가 이벤트, 노옵션세일, 오늘만 특가상품 추천.
http://www.gmarket.co.kr
2. GS SHOP 최신영화순위 - 최신영화순위 파격할인, 악기, 애완용품, 21일까지 신한카드 추가5%할인.
http://www.gsshop.com
플러스링크
최신영화순위 제로다운 - 최신영화순위, 최신영화감상, 장르별영화보기, 무제한 다운로드, TV시리즈감상
즐거운영화감상, 드라마, 애니, 영화무료다운, 무료영화, TV시리즈, 실시간감상.
http://www.zerodown.co.kr

블로그

최신영화순위 1월 셋째주 (개봉영화 박스오피스) 2010.01.18
최신영화순위 1월 셋째주 (개봉영화 박스오피스)2010년 1월 셋째주 **최신영화순위** 대망의 1위는 아직도! 아바타... 요괴'와 '임금님 귀 당나귀 귀' 2010년 1월 셋째주 **최신영화순위** 대망의 3위는 용서는 없다 가 차지했네요 설경구 류승범...
http://funcine.net/299 뻔씨네 | 블로그 내 검색

최신영화순위 1월 둘째주 (개봉영화 박스오피스) 2010.01.11
최신영화순위 1월 둘째주 (개봉영화 박스오피스)여러분 안녕하세요 대망의 2010년 새해가 밝았습니다. 뻔씨네도 변함없이 2010년에도 **최신영화순위** 정보와 개봉영화들의 다양한 정보들을 발빠르게 전달할 수 있도록 노력...
http://funcine.net/290 뻔씨네 | 블로그 내 검색

최신영화순위 12월 마지막주 (개봉영화 박스오피스) 2009.12.28
최신영화순위 12월 마지막주 (개봉영화 박스오피스) 2009년 12월 마지막주 **최신영화순위** 대망의 1위는 아바타 가 차지 했네요 역시 아바타네요 개봉 2주 연속으로 박스오피스 1위를 고수 하고 있네요 제임스 카메론이 8년 만에 들고...
http://funcine.net/277 뻔씨네 | 블로그 내 검색

[빼빼로데이]빼빼로 먹으면서 영화 즐기기!!_**최신영화순위** 2009.11.04 | 검색어표시
빼빼로데이 볼만한 **최신영화순위** 베스트 1위~20위 머지 않아 다가올 11월 11일 연인과 함께 볼만한 재미 있는 영화는 없을까? 점유율 기준 **최신영화순위** 1위~20위까지 뽑아보았다. 굿모닝 프레지던트가 압도적인 1위를 차지하고 있다....
http://blog.naver.com/ohgogo33/80094367598 GoMooSin's Life | 블로그 내 검색

네이버에서 최신영화순위라고 검색을 하고 블로그 영역의 검색결과들을 살펴보면 상위 3개의 콘텐츠는 동일한 패턴의 제목이고 뻔씨네라는 하나의 블로그의 최신영화순위 관련 콘텐츠들임을 알 수 있다. 뻔씨네는 필자가 운영하는 팀블로그이고 최신영화순위 포스트는 필자가 매주 정기적으로 작성하는 콘텐츠이다. 필자는 나름대로 연구한 블로그 검색엔진 최적화 기법을 적용해서 최대한 검색엔진에 최적화시켰기 때문에 최신영화순위라는 키워드에 대해서는 검색결과의 블로그 영역에 노출이되고 있는 것이다.

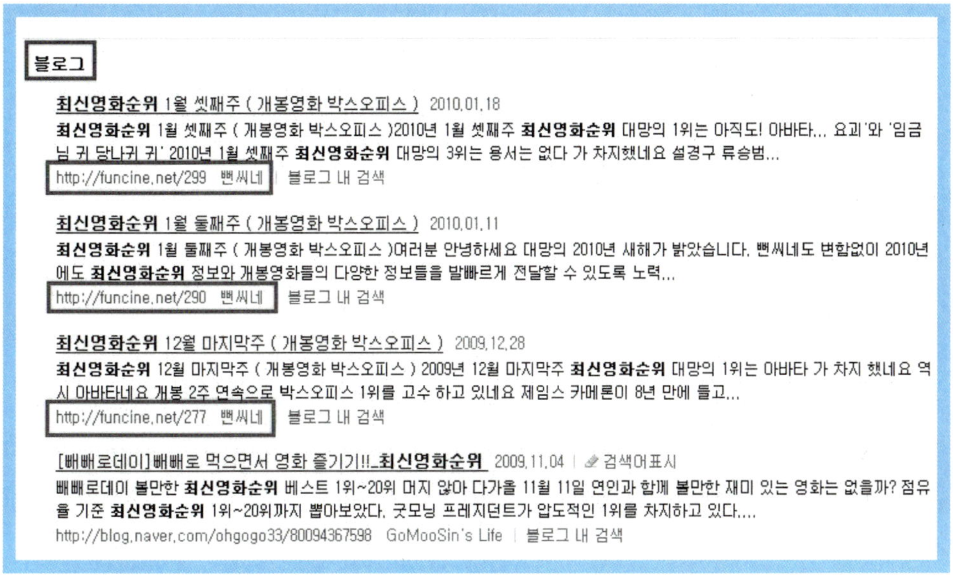

블로그

최신영화순위 1월 셋째주 (개봉영화 박스오피스) 2010.01.18

최신영화순위 1월 셋째주 (개봉영화 박스오피스)2010년 1월 셋째주 **최신영화순위** 대망의 1위는 아직도! 아바타... 요괴'와 '임금님 귀 당나귀 귀' 2010년 1월 셋째주 **최신영화순위** 대망의 3위는 용서는 없다 가 차지했네요 설경구 류승범...

http://funcine.net/299 뻔씨네 | 블로그 내 검색

최신영화순위 1월 둘째주 (개봉영화 박스오피스) 2010.01.11

최신영화순위 1월 둘째주 (개봉영화 박스오피스)여러분 안녕하세요 대망의 2010년 새해가 밝았습니다. 뻔씨네도 변함없이 2010년에도 **최신영화순위** 정보와 개봉영화들의 다양한 정보들을 발빠르게 전달할 수 있도록 노력...

http://funcine.net/290 뻔씨네 | 블로그 내 검색

최신영화순위 12월 마지막주 (개봉영화 박스오피스) 2009.12.28

최신영화순위 12월 마지막주 (개봉영화 박스오피스) 2009년 12월 마지막주 **최신영화순위** 대망의 1위는 아바타 가 차지 했네요 역시 아바타네요 개봉 2주 연속으로 박스오피스 1위를 고수 하고 있네요 제임스 카메론이 8년 만에 들고...

http://funcine.net/277 뻔씨네 | 블로그 내 검색

[빼빼로데이]빼빼로 먹으면서 영화 즐기기!!_**최신영화순위** 2009.11.04 | 검색어표시

빼빼로데이 볼만한 **최신영화순위** 베스트 1위~20위 머지 않아 다가올 11월 11일 연인과 함께 볼만한 재미 있는 영화는 없을까? 점유율 기준 **최신영화순위** 1위~20위까지 뽑아보았다. 굿모닝 프레지던트가 압도적인 1위를 차지하고 있다....

http://blog.naver.com/ohgogo33/80094367598 GoMooSin's Life | 블로그 내 검색

그렇다면 다른 국내검색엔진에서도 최신영화 순위를 검색 했을 때 검색결과 첫 페이지의 블로그 영역에 필자의 블로그 포스트가 노출되고 있는지 살펴보도록 하자.

국내 검색엔진 다음에서 최신영화순위라는 키워드를 검색해 봤더니 영화평점 순위 정보가 나오고 그 아래 바로 블로그 검색결과 영역이 나온다. 그리고 블로그 영역의 검색결과의 4개의 포스트중 상위 2개의 포스트는 동일한 패턴의 제목이고 필자가 운영하는 뻔씨네 블로그라고 되어 있는 것이 보일 것이다.

통합검색 | 최신영화순위 | 검색

통합검색 카페 블로그 지식 웹 뉴스 이미지 동영상 사전 쇼핑 지도 뮤직 더보기

관련검색어 최신영화 영화순위 최신영화순위100 영화순위100 개봉예정작 개봉영화인기순위

바로가기 인기순위 - Daum 영화 http://movie.daum.net/ranking/

영화 평점순위

현재상영영화 | 개봉예정영화 | 역대영화 2010.01.17 기준

평가기준 네티즌 남녀별 연령별 전문가

극장판 파워레..
참여 20명
9.4

더 코브: 슬픈..
참여 93명
9.3

똥파리
참여 682명
9.3

여행자
참여 46명
9.3

극장판 포켓몬..
참여 51명
9.3

에반게리온 :..
참여 113명
9.3

바람
참여 237명
9.3

다른 순위 보기 박스오피스 | 예매순위

블로그

최신영화순위 1월 셋째주 (개봉영화 박스오피스) 2010.01.18
최신영화순위 1월 셋째주 (개봉영화 박스오피스) 2010년 1월 셋째주 **최신영화순위** 대망의 1위는 아직도! 아바타 입니다 와우! 정말 대단하네요 헐리우드 영화가 우리나라에서 이렇게 흥행했던 적은 별로 없었던 일인데요 천만관객 돌파를...
http://funcine.net 뻔씨네
태그: 영화순위, **최신영화순위**, 개봉영화인기순위...

최신영화순위 1월 둘째주 (개봉영화 박스오피스) 2010.01.11
최신영화순위 1월 둘째주 (개봉영화 박스오피스) 여러분 안녕하세요 대망의 2010년 새해가 밝았습니다. 뻔씨네 도 변함없이 2010년에도 **최신영화순위** 정보와 개봉영화 들의 다양한 정보들을 발빠르게 전달할 수 있도록 노력 하겠습니다...
http://funcine.net 뻔씨네

최신영화순위,드라마순위,예능프로순위,미국드라마순위 정리 2010.01.18
자료출처 : http://blog.naver.com/tlsdhrsus60 **최신영화 순위** 아바타 (Avatar) 전우치 용서는 없다 셜록 홈즈 앨빈과슈퍼밴드2 더 로드 나 인 아빠가 여자를 좋아해 그 외 오감도 의형제 영화 기대작 (개봉예정작) 아이언 맨 2 하모니 ...
http://blog.daum.net/hh9320 영화무료보기
태그: **최신영화순위**, 드라마순위, 예능프로그램순위...

최신영화순위~~ 2010.01.01
최신영화순위 12월 마지막주 (개봉영화 박스오피스) 2009년 12월 마지막주 **최신영화순위** 대망의 1위는 아바타 가 차지했네요 역시 아바타네요 개봉 2주 연속으로 박스오피스 1위를 고수 하고 있네요 제임스 카메론이 8년 만에 들고 ...
http://blog.daum.net/alingot04 스타일링걸

이번에는 국내 검색엔진 중 네이트에서 최신영화순위라고 검색을 해봤다. 네이트 검색엔진에서는 광고링크 바로 아래에 블로그영역이 UCC 통합이라는 이름으로 블로그와 게시판, 미니홈피, 클럽 등의 글들을 모두 모아서 한꺼번에 UCC 통합 영역에서 보여주고 있다. 여기에서도 빨간 네모 박스로 표시된 2개의 콘텐츠는 필자가 운영하는 뻔씨네 블로그의 포스트가 바로 노출되어진 것이고, 나머지 파란색으로 표시된 3개의 콘텐츠 또한 필자의 블로그는 아니지만 필자의 뻔씨네 블로그에서 다른 블로그와 클럽 등

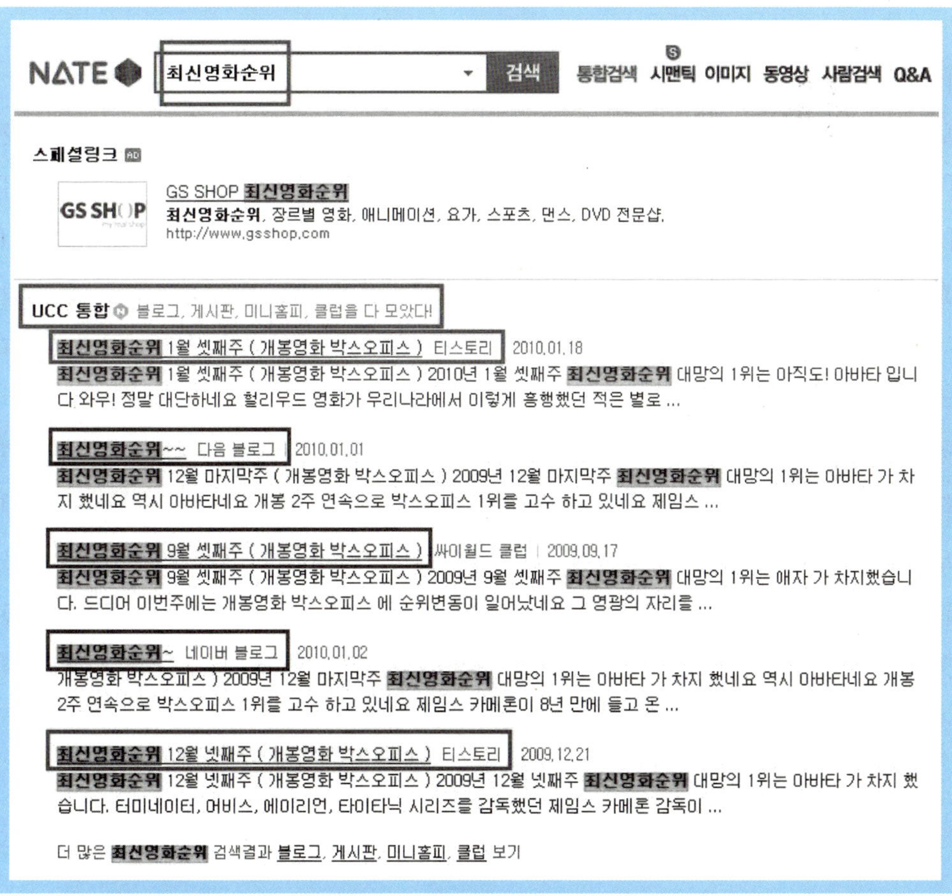

에서 퍼간 콘텐츠가 노출되어지고 있는 것을 확인할 수 있다. 따라서 네이트에서는 최신영화순위로 검색했을경우 UCC 통합 영역에 노출되고 있는 모든 콘텐츠가 필자가 직접 작성한 콘텐츠가 노출되어지고 있는 셈인 것이다.

국내 검색엔진 점유율에서 90% 이상을 차지하고 있는 대표적인 3개의 국내 검색엔진에서 최신영화순위라는 특정 키워드를 검색했을 때 모두 필자의 콘텐츠가 검색결과 첫 페이지와 상단에 노출되고 있는 것을 확인할 수 있었다. 이렇게 국내 3대 포털 검색엔진에 자신의 포스트를 노출시켜야 블로그 검색엔진 최적화에 성공했다고 할 수 있고 그만큼 효과를 볼 수 있게 되는 것이다.

:: 블로그마케팅을 위한 단계별 키워드 추출 방법

블로그마케팅을 하는 데 있어서 키워드는 핵심이라고 할 수 있다. 웹 1.0시대에만 해도 도메인이 중요시되는 시대였지만 갈수록 검색엔진의 기술이 발달하게 되면서 사람들은 도메인을 기억하기 보단 검색어를 입력해서 검색을 하는 것에 더욱 익숙해지고 있다.

점점 검색은 인터넷에 접속한 후 정보의 바다를 헤엄치기 위한 관문이 되어 가고 있다. 검색엔진이 작동하는 방식은 누군가 검색창에 찾고자 하는 단어를 입력하면 검색로봇이 미리 찾아 놓은 해당 검색어 관련 웹문서들을 전부 펼쳐 보여주는 방식이다.

하루에도 수십억 개의 문서가 새로 생성 되고 인터넷이라는 가상공간에 저장이 되고 있다. 이렇게 무수히 많은 웹문서들은 검색엔진에서 입력되는 키워드에 의해 호출되어지고 태그라는 꼬리표에 의해 분류되어 저장되어 진다.

이렇게 인터넷의 모든 영역에서 키워드의 중요성은 갈수록 높아지고 있다. 우리가 하고자 하는 블로그마케팅에서도 키워드는 콘텐츠의 출발점이며 핵심 기둥이 된다고 할 수 있다. 그래서 적어도 블로그마케팅을 하겠다고 마음 먹었다면 자신과 관련되 업종이나 서비스와 관련된 키워드를 수천 개는 추출해 봐야 하고 별도로 키워드 표를 작성해서 가지고 있어야 한다.

그렇다면 나의 비지니스와 연관된 키워드들을 어떻게 추출해 낼 수 있는지 알아보자.

먼저 자신의 업종이 화장품과 관련된 업종이라고 가정을 하고 키워드 추출을 해보도록 하겠다. 키워드는 총 3단계의 과정으로 추출한다. 가장 먼저 1단계 키워드는 가장 짧은 음절로 이루어져 있고 일반적으로 내가 종사하는 업종에서 보통 명사로 많이 쓰이는 단어들을 얘기한다. 그리고 1단계 키워드 들은 조회수가 가장 높은 키워드들이라고 보면 되고 보통 한 단어로 이루어져 있다고 생각하면 된다.

Tip

1단계 키워드 뽑는법

자신이 알고 있는 자신의 업종을 대표하는 키워드들을 먼저 나열한다.
화장품, 스킨, 파우더, 피부관리, 여드름, 비비크림, 아이크림, 모공 등 화장품과 연관된 키워드 들이 아주 많을 것이다. 대표 키워드들을 아는 대로 나열한 후 잘 기억이 나지 않을 경우에는 네이버의 키워드 스테이션에서 추가적으로 화장품관련 키워드를 입력해 추가적으로 1단계 키워드들을 최소 50개 정도 추출해낸다.
또 다른 방법으로 네이버 검색창에서 내가 적어놓은 1단계 키워드들을 입력한 후 추천비지니스 키워드에서 내가 미처 몰랐던 1단계 키워드들을 추가적으로 발굴해 낸다.

네이버 키워드 스테이션은 네이버에서 키워드 광고주들을 위해 키워드에 대한 통계자료를 제공하는 서비스이다. 키워드 스테이션을 활용하기 위해서는 먼저 네이버에 키워드 광고주 회원으로 가입해야 한다. 일단 네이버 검색창에서 '네이버 키워드 광고'라고 검색어를 입력한 후 검색 버튼을 클릭한다.

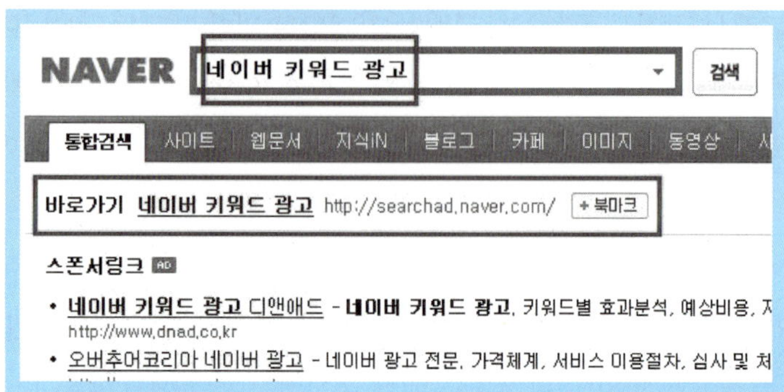

네이버 키워드 광고라고 검색을 하면 네이버 키워드광고 바로가기가 가장 상단에 검색 결과로 나온다. 이 네이버 키워드 광고 바로가기 주소를 클릭하면 네이버 키워드 광고홈 화면이 나온다. 화면상단의 메뉴바의 가장 우측에 보면 '키워드 스테이션'이라는 메뉴가 보일 것이다. 여길 클릭해 준다.

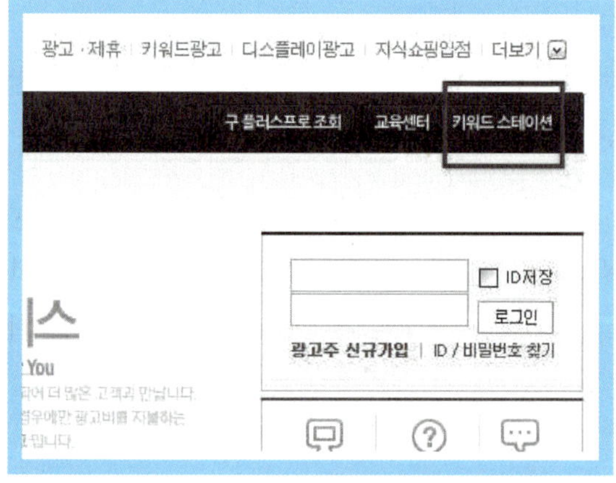

키워드 스테이션을 클릭하면 왼쪽에는 아래와 같은 광고주 로그인 화면이 나온다. 이미 네이버에 키워드 광고주 아이디가 있다면 자신의 아이디와 비밀번호를 입력해서

로그인 하면 된다. 네이버 키워드 광고주 아이디는 네이버의 아이디와는 틀리다. 따라서 네이버 아이디로는 로그인이 되지 않으므로 별도로 아이디를 만들지 않았던 사람들은 새롭게 네이버 키워드 광고주 아이디를 생성해야 한다.

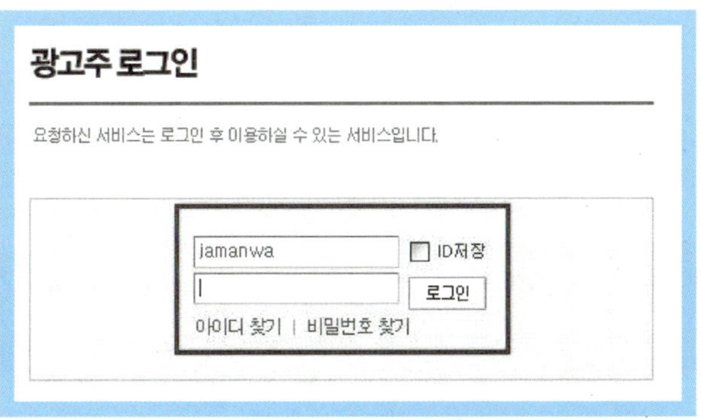

네이버에 키워드 광고주 아이디가 없는 사람들은 화면 우측에 광고주 신규가입 버튼을 눌러서 네이버 키워드 광고주 회원으로 가입하는 절차를 별도로 진행해 줘야 한다. 광고주 신규가입은 일반적으로 사이트에 회원가입하는 절차와 비슷하므로 여기에서는 생략하도록 하겠다.

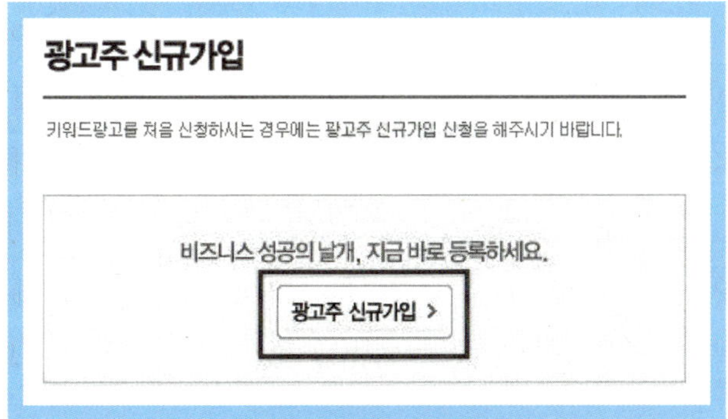

네이버 키워드 광고주 아이디가 생성됐으면 로그인을 한다. 로그인을 하면 아래와 같이 키워드 조회수를 검색해 볼 수 있는 화면이 나온다. 이 화면 중앙에 보이는 네이버 특유의 녹색 검색창에 자신이 궁금한 키워드를 검색해보면 연관 키워드들과 사람들이 한 달 동안 검색한 조회수가 나온다. 여기에 우리는 화장품이라는 키워드를 넣고 검색해 봤더니 다양한 연관 키워드들이 나오고 있고 조회수가 나오고 있다.

네이버의 키워드 스테이션은 1단계 키워드를 추출할 때 내가 서술한 1단계 키워드의 조회수가 궁금하거나 내가 잘 모르는 나의 업종과 관련된 키워드 들이 궁금할 때 활용하면된다.

다음으로 네이버 검색창에서 미리 적어놓은 1단계 키워드들을 입력해서 추천 비지니스 키워드들을 활용하는 방법이다. 먼저 네이버 검색창에서 화장품이라고 검색을 해보면 아래 그림과 같이 검색창 바로 아래에 추천비즈니스 키워드들이 나온다. 추천 비지니스 키워드들은 네이버에서 내가 검색한 화장품이라는 검색어와 관련된 비지니스 키워드들을 추천해주는 것이라고 보면 된다.

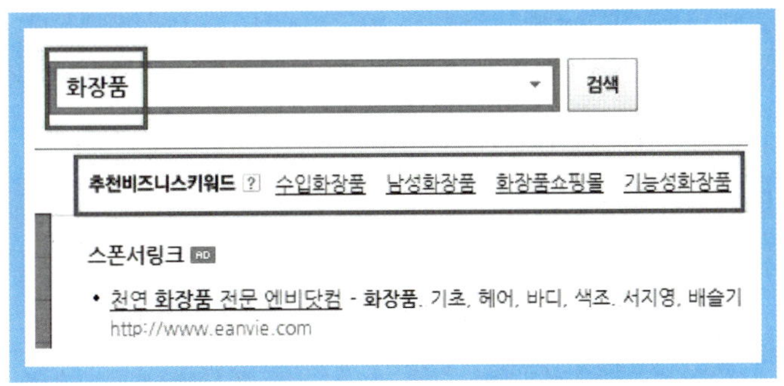

위의 키워드 조회 방법들을 활용해 화장품과 관련된 1단계 키워드들을 일단 위의 키워드 조회결과 화면을 기준으로 몇 개만 정해 보도록 하자.

Tip

화장품 관련 업종의 1단계 키워드

화장품, 스킨, 피부, 모공, 파우더, 여드름,

일단 필자는 위와 같이 예를 들기 위해 6개의 키워드만 뽑아서 제시했지만 여러분들은 1단계의 키워드를 최소한 50개 정도는 뽑아야 한다.

1단계 키워드가 정해졌으면 이제 2단계 키워드를 뽑는 방법에 대해 알아 보도록 하자. 2단계 키워드를 뽑는 방식은 아주 간단하다. 우리가 1단계 키워드로 뽑았던 단어들을 모두 하나 하나씩 다시 별도로 키워드 조회를 해서 1단계 키워드 하나당 연관된 키워드들을 모두 추출해 내는 것이다.

2단계 키워드 작업을 하기 위해서는 네이버 키워드 스테이션 보다는 '오버추어 키워드팩'이라는 사이트가 훨씬 유용하므로 이 사이트를 이용하길 권한다. 일단 네이버 검색창에 '키워드 팩'이라고 검색을 한다.

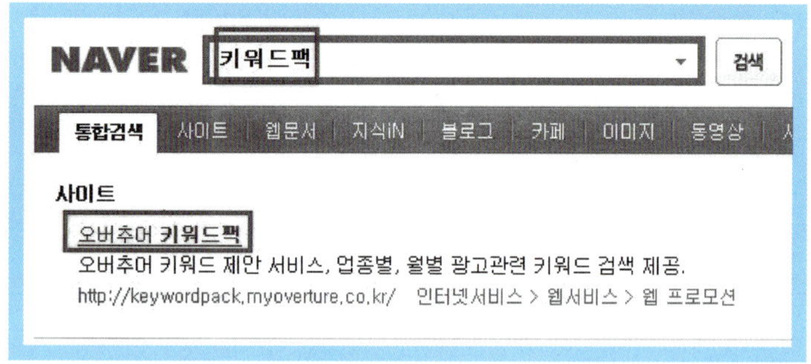

키워드팩이라고 검색을 하면 가장 상단에 오버추어 키워드팩이라는 검색결과가 나올 것이다. 여길 클릭해 주면 **키워드팩**(http://keywordpack.myoverture.co.kr) 사이트 메인페이지로 이동하게 된다.

키워드팩 메인화면으로 이동하게 되면 메인화면 상단에 있는 검색창에 이제 미리 추출해 놓은 1단계 키워드들을 하나씩 차례대로 입력해서 나오는 키워드들을 2단계 키워드로 추출해 내는 작업을 한다. 그럼 우리가 앞에서 뽑았던 1단계 키워드 중에서 '화장품'이라는 키워드를 먼저 입력해 보도록 하겠다.

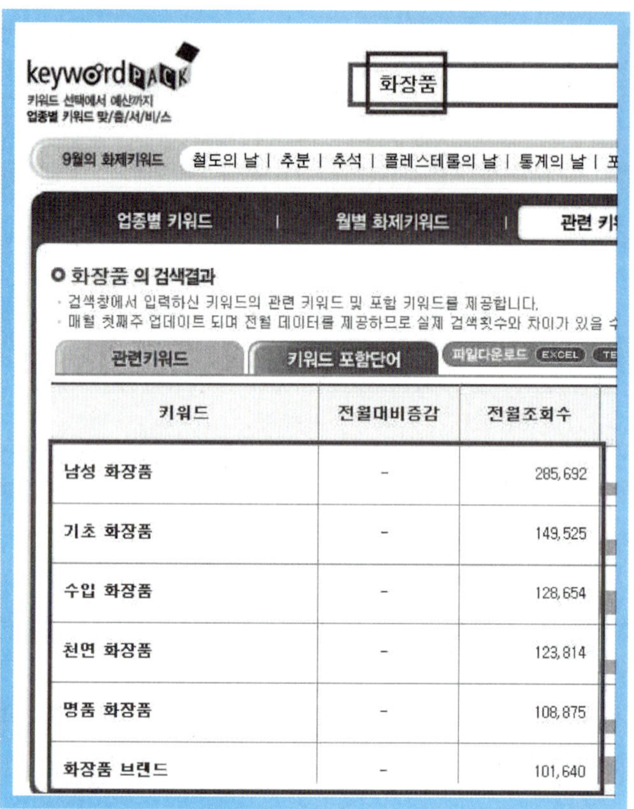

키워드	전월대비증감	전월조회수
남성 화장품	-	285,692
기초 화장품	-	149,525
수입 화장품	-	128,654
천연 화장품	-	123,814
명품 화장품	-	108,875
화장품 브랜드	-	101,640

화장품이라고 검색어를 입력해서 검색버튼을 누르면 위의 그림과 같이 화장품이라는 1단계 키워드가 포함된 확장키워드나 연관된 키워드들을 찾아준다. 이렇게 검색되어진 키워드들을 대부분 2단계 키워드들이라고 보면 된다. 2단계 키워드는 보통 두 개의 단어가 조합되어진 형태의 키워드라고 보면 무난할 것이다. 그럼 화장품이라는 1단계 키워드 아래에 확장키워드인 2단계 키워드가 50개에서 100개 정도가 나온다.

이 키워드들은 전부 화장품이라는 1단계 키워드 아래에 정리해 놓는다. 보통 2단계 키워드를 정리해 놓을 때는 조회수를 기준으로 정리를 한다. 조회수가 500 이하로 떨어지는 키워드들은 큰 의미가 없으니 500 이상의 조회수가 나오는 키워드들까지 키워드 추출의 기준이라고 생각하면 무난할 것이다. 그리고 500 이하여도 필요하다면 본인 스스로 판단해서 키워드 표에 정리해 놓길 권유한다.

그리고 화장품이라는 1단계 키워드를 입력했을 때 확장키워드로 나오는 결과를 엑셀 파일이나 텍스트 파일로 간단하게 받아 볼 수 있다. 키워드 조회수가 나오는 부분 바로 위에 메뉴에 보면 '파일다운로드 excel, text 라고 되어 있는 부분이 보일 것이다. 여기서 본인이 원하는 파일형태가 엑셀파일이면 excel 버튼을 텍스트 화면으로 보길 원하면 text 라고 되어 있는 부분을 클릭하면 된다.

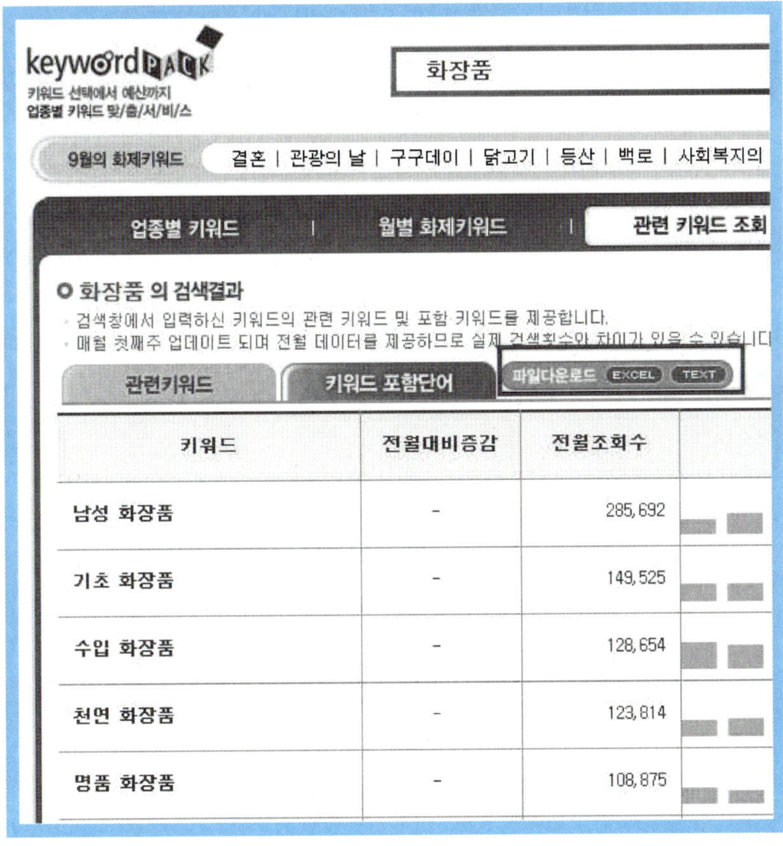

필자는 excel 버튼으로 클릭해 보니 아래와 같이 파일을 다운로드 받을 수 있는 창이 뜬다. 여기에서 저장 버튼을 누르고 내컴퓨터의 찾기 쉬운 곳에 파일을 저장하면 된다.

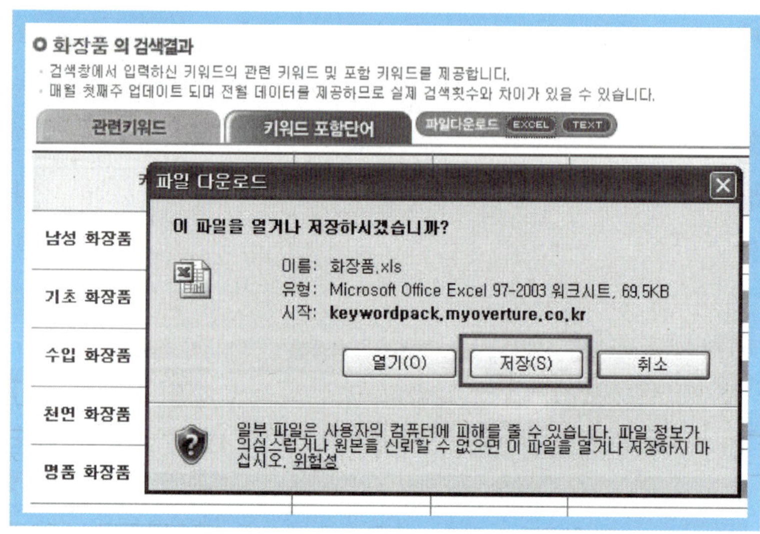

컴퓨터에 저장이 끝났으면 다시 내컴퓨터에서 저장한 폴더로 찾아 들어가 파일을 클릭해 보면 키워드가 조회수별로 일목요연하게 정리되어져서 제공되어지고 있는 것을 확인할 수 있다.

No.	키워드	검색횟수
1	남성 화장품	285,692
2	기초 화장품	149,525
3	수입 화장품	128,654
4	천연 화장품	123,814
5	명품 화장품	108,875
6	화장품 브랜드	101,640
7	화장품 샘플	93,310

8	기능성 화장품	93,177
9	화장품 쇼핑몰	87,719
10	여드름 화장품	77,662
11	샘플 화장품	59,489
12	한방 화장품	49,324
13	화장품 추천	45,690
14	일본 화장품	44,988
15	샤넬 화장품	42,335
16	화장품 세트	39,352
17	유기농 화장품	37,818
18	남자 화장품	37,652
19	기초 화장품 추천	37,643
20	오휘 화장품	36,680
21	화장품 가격 비교	30,225
22	화장품 선물	30,133
23	여자 화장품	29,472
24	여성 화장품	28,837
25	천연 화장품 만들기	27,345
26	맞춤 화장품	27,322
27	화장품 쇼핑	27,052
28	주름 개선 화장품	26,824
29	미백 화장품	25,899
30	콜라겐 화장품	24,818
31	화이트닝 화장품	24,297
32	시슬리 화장품	19,278
33	수입 화장품 쇼핑몰	19,213
34	설화수 화장품	18,878
35	방판 화장품	14,141
36	화장품 사이트	12,260
37	자연 화장품	10,610
38	보습 화장품	10,048
39	지성 피부 화장품	9,707

40	화장품 회사	8,828
41	알로에 화장품	7,987
42	해외 화장품	7,898
43	화장품 판매	6,928
44	모공 화장품	6,626
45	화장품 일반	6,585
46	화장품 종류	6,150
47	10대 화장품	5,241
48	뉴스킨 화장품	5,114
49	저가 화장품	4,677
50	화장품 싸게 파는 곳	4,129
51	sk 화장품	3,931
52	남자 화장품 세트	3,724
53	좋은 화장품	3,375
54	더후 화장품	3,058
55	화장품 할인	2,968
56	민감성 화장품	2,951
57	화장품 싼 곳	2,937
58	화장품 몰	2,540
59	비타민 화장품	2,500
60	20대 화장품	2,393
61	천연 화장품 추천	2,378
62	기능성 화장품 추천	2,335
63	화장품 선물 세트	2,250
64	웰빙 화장품	2,163
65	화장품 할인 매장	2,156
66	화장품 구매	2,131
67	천연 화장품 쇼핑몰	2,097
68	민감성 피부 화장품	2,067
69	화장품 전문 쇼핑몰	2,052
70	여드름에 좋은 화장품	1,922
71	화장품 전문 몰	1,857

72	추천 화장품	1,838
73	화장품 전문	1,774
74	화장품 싸게 파는곳	1,701
75	화장품 저렴 한곳	1,684
76	선물용 화장품	1,605
77	인터넷 화장품 쇼핑몰	1,603
78	여성 화장품 세트	1,522
79	고급 화장품	1,501
80	여드름 전용 화장품	1,402
81	오가닉 화장품	1,356
82	수입 화장품 판매	1,173
83	곡물 화장품	1,171
84	식물성 화장품	1,081
85	화장품 설화수	1,051
86	피부 관리 화장품	1,037
87	여드름 피부 화장품	1,006
88	화장품 무료 배송	634

이렇게 일목요연하게 정리된 화장품에 대한 확장 키워드 자료들을 가지고 화장품에 대한 2단계 키워드를 정리하면 된다.

화장품이라는 1단계 키워드 하나에 대한 2단계 키워드 추출작업이 끝났으면 그 다음 1단계 키워드인 '스킨'을 입력해서 검색해 보도록 하자.

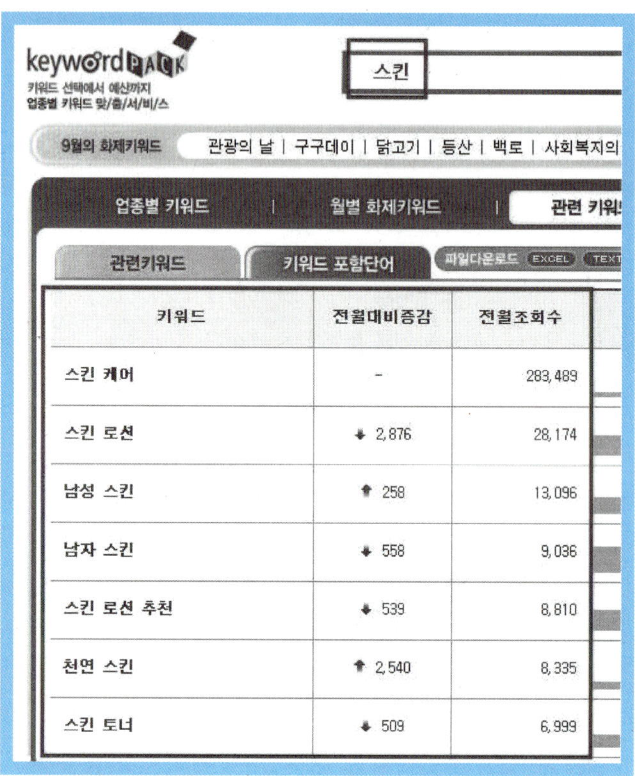

키워드	전월대비증감	전월조회수
스킨 케어	-	283,489
스킨 로션	↓ 2,876	28,174
남성 스킨	↑ 258	13,096
남자 스킨	↓ 558	9,036
스킨 로션 추천	↓ 539	8,810
천연 스킨	↑ 2,540	8,335
스킨 토너	↓ 509	6,999

'스킨' 또한 확장키워드가 많이 정렬 되어지는 것이 보일 것이다. 이러한 방식으로 1단계 키워드들을 모두 하나씩 검색해 봄으로써 2단계 키워드들을 추출해 내면 된다. 1단계 키워드가 50개 정도라고 가정했을 때 1단계 키워드 하나당 평균 50개 정도의 2단계 키워드가 나온다고 보면 벌써 2500 여개 정도의 2단계 키워드가 추출 되는 것이다.

2단계 키워드

화장품– 남성화장품, 기초화장품, 수입화장품, 천연화장품, 명품화장품, 화장품 샘플, 화장품 브랜드, 기능성 화장품, 화장품 쇼핑몰, 한방화장품, 화장품추천, 샤넬화장품, 일본화장품, 유기농 화장품

스킨– 스킨케어, 스킨 로션, 남성스킨, 남자스킨, 스킨로션추천, 천연스킨, 스킨토너

위와 같은 방법으로 2단계 키워드까지 정리가 되었다면 이제는 3단계 키워드를 추출할 차례다. 3단계 키워드도 기본적으로 2단계 키워드랑 추출하는 과정은 동일하다고 보면 된다. 2단계에서 추출한 키워드가 대략 2500개 정도 예상되어졌다. 그러면 이번에는 2500여개 정도의 2단계 키워드들을 전부 하나씩 다시 키워드팩에서 검색한다.

필자는 우리가 위에서 추출했던 화장품에 대한 2단계 키워드인 남성 화장품을 입력해서 검색해 보도록 하겠다.

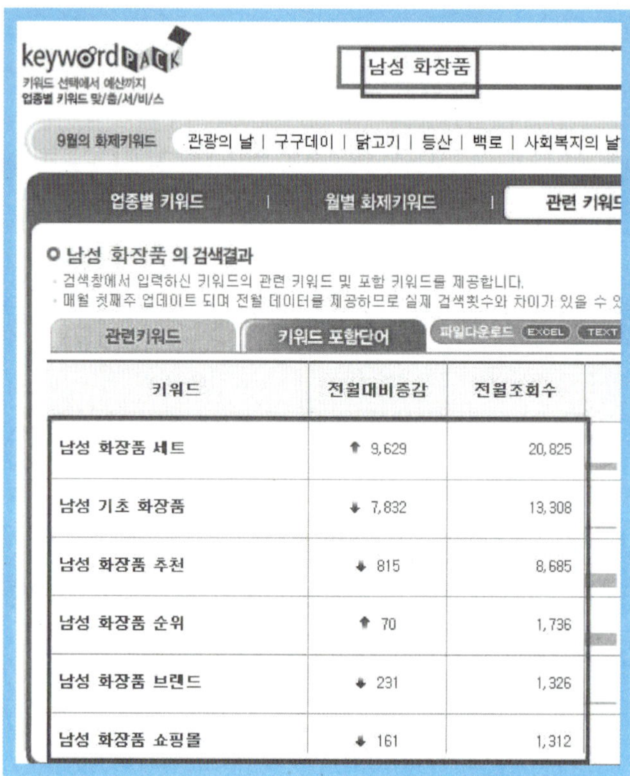

키워드	전월대비증감	전월조회수
남성 화장품 세트	↑ 9,629	20,825
남성 기초 화장품	↓ 7,832	13,308
남성 화장품 추천	↓ 815	8,685
남성 화장품 순위	↑ 70	1,736
남성 화장품 브랜드	↓ 231	1,326
남성 화장품 쇼핑몰	↓ 161	1,312

화장품에 대한 2단계 키워드인 남성 화장품을 입력했더니 남성 화장품이라는 2단계 키워드가 포함된 확장 키워드들이 검색결과로 나오는 것을 볼 수 있다. 3단계 키워드는 이렇게 보통 3단어 정도의 조합이라고 보면 무난할 것이다.

3단계까지 오면 보통 많은 수의 키워드가 검색결과로 나오지 않는다. 따라서 3단계 정도가 키워드를 추출해 내는 마지막 단계라고 보면 될 것이다. 3단계도 앞에서와 마찬가지로 각각의 2단계 키워드들을 전부 하나씩 검색해 봄으로써 각각의 2단계 키워드의 하위에 저장해 놓으면 된다.

3단계 키워드

남성 화장품– 남성 화장품 세트, 남성 기초 화장품, 남성 화장품 추천, 남성 화장품 순위, 남성 화장품 브랜드, 남성 화장품 쇼핑몰

지금까지 설명했던 키워드 추출 방법을 단계별로 마인드맵 도표로 보면 이러한 식의 트리구조가 된다.

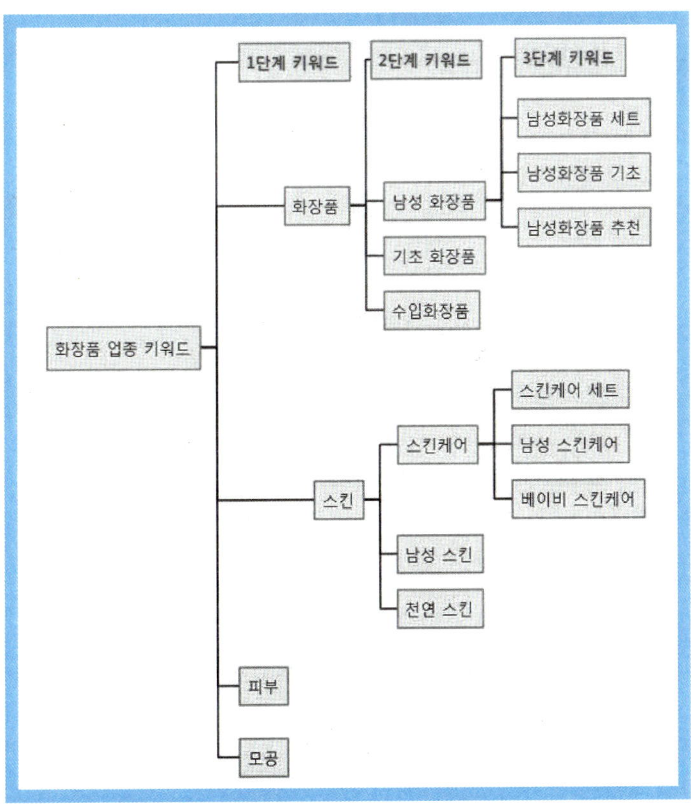

이렇게 키워드를 추출해 내는 방법 이 외에도 네이버나 각 검색엔진에서 키워드 자동완성 자료를 보고 추출할 수도 있다. 네이버나 다음 네이트 야후 등의 포털 검색사이트에서는 검색어를 입력하면 사용자들이 자주 검색하는 단어를 검색어 자동완성이라는 서비스로 미리보기로 제공해 준다.

자동완성으로 나오는 검색어들은 조회수가 높을 수 밖에 없으므로 키워드표에 함께 정리해두는 것이 좋다.

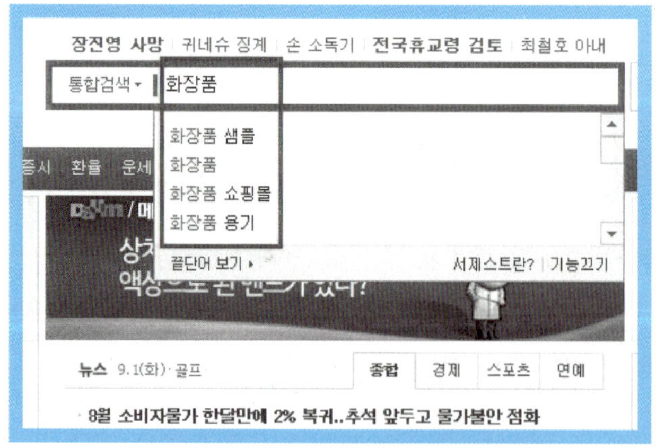

:: 블로그 검색엔진 최적화(blog seo) 방법

앞에서 우리는 블로그 검색엔진 최적화가 무엇인지 알아보았다. 이번 시간에는 내가 포스트에 글을 작성할 때 어떻게 작성해야 검색엔진에 최적화된 콘텐츠를 작성할 수 있는 그 방법에 대해서 알아보자.

검색엔진에 최적화된 콘텐츠를 작성하기 위해서는 검색엔진들이 어떠한 기준으로 블로그 포스트 문서를 평가하는지 어떤 요소들이 검색엔진 최적화 평가요소에 포함되어 있는 지를 알아야 한다. 물론 네이버든 구글이든 검색엔진들은 자신들만의 검색엔진 최적화 평가요소를 가지고 있다. 하지만 대부분 근본적인 차이는 많이 나지 않고 각각의 검색엔진 최적화 평가요소들 별로 점수의 차별화라든지 어떤 요소를 더욱 중시한다든지의 차이 정도가 난다고 할 수 있다.

그리고 각 검색엔진들마다 정확한 검색엔진 최적화 평가 요소들을 알아내기란 불가능하다. 검색엔진을 운영하는 포털업체에서도 이러한 정보는 기밀 사항에 해당하는 정보일 것이다. 따라서 우리는 오랜 경험을 통해 어느 정도 유사한 값이나 메커니즘 정도를 알아내서 이를 활용하는 정도에 만족할 수 밖에 없다.

하지만 일반적인 수준의 검색엔진 최적화 평가요소만 잘 활용해서 포스트를 작성하더라도 여러분들의 수준에서는 상당히 만족스러운 결과를 얻을 수 있게 될 것이다. 그래서 필자 나름대로 분석한 자료들을 토대로 여러분들이 쉽게 포스팅을 하면서 검색엔진에 최적화 된 포스팅을 할 수 있는 방안을 공식으로 만들어 봤다.

국내 검색엔진 최적화 공식

1. 제목, 본문, 태그에 반드시 노출시키고자 하는 핵심 키워드가 들어가야 한다.
2. 제목을 본문 첫 줄에 반복해 준다.
3. 본문에는 핵심 키워드가 최소 3회 이상 20회 이하의 횟수로 반복해 준다.
4. 본문 내의 핵심 키워드의 배치는 적절한 간격을 유지한다.
5. 본문 내의 핵심 키워드에는 볼드처리나 색상을 변화 시켜 준다.
6. 콘텐츠의 구성방식은 이미지 텍스트 이미지 텍스트 형식의 배열로 구성한다.
7. 본문에 배치될 이미지의 갯수는 최소 6개 이상 최대 20개 이하로 구성한다.
8. 이미지의 파일명도 핵심 키워드와 동일한 파일명으로 맞춰준다.
9. 댓글과 트랙백은 최소 1개 이상은 있으면 좋고 많을 수록 좋다.
10. 포스트 본문의 5분의 4지점에서 5분의 5지점 사이에 포스트의 내용과 연관된 동영상 파일을 업로드 해서 삽입한다.
11. 동영상 파일명 또한 핵심키워드와 일치시켜 준다.
12. 글을 발행한 초기에 해당 포스트의 조회수가 높을수록 유리하다.
13. 본문에는 자신의 이전글이나 동일한 주제의 다른 블로그의 글을 링크로 삽입하되 핵심 키워드가 포함되어 있으면 좋다.
14. 내가 작성한 글이 다른 블로그나 카페 커뮤니티 등으로 링크되면 좋다.
15. 블로그의 나이는 오래될수록 유리하다.
16. 꾸준한 포스팅을 통해 블로그 자체점수를 높여야 한다.
17. 내 블로그를 지명도가 높은 홈페이지나 블로그에서 링크시켜주면 좋다.
18. 카테고리 구성 또한 검색엔진을 고려해서 핵심 키워드들로 구성한다.
19. RSS 구독자가 많을수록 좋다.

여러분들이 쉽게 적용할 수 있는 요소들만 정리 했는데도 꽤많은 요소들이 나열 되었다. 이제 각 요소별로 상세하게 알아보도록 하자.

1. 제목, 본문, 태그에 반드시 노출시키고자 하는 핵심 키워드가 들어가야 한다.

제목, 본문, 태그에 반드시 핵심 키워드가 들어가야 한다는 것은 내가 지금 작성하는 글이 검색엔진에서 사람들이 어떤 키워드로 검색했을 때 노출시키고 싶은지에 따라서 선택한 키워드를 말한다. 예를 들어 여성의류 쇼핑몰을 운영하고 있는 업자가 자신의 블로그에 패션 관련 글을 작성할 경우 여성의류와 관련된 키워드 중 어떤 키워드를 사용할지를 정해서 해당 키워드를 제목, 본문, 태그에 삽입해 주는 것을 말한다.

예를 들어 "예쁜 원피스 파는 곳"이라는 키워드에 노출시키고 싶다면 제목에도 "예쁜원피스 파는 곳"이라는 키워드가 들어가야 되고 본문에도 "예쁜 원피스 파는 곳" 이라는 키워드가 들어가야 되며 태그에도 "예쁜 원피스 파는 곳" 이라는 키워드가 기본적으로 들어가야 된다는 것이다.

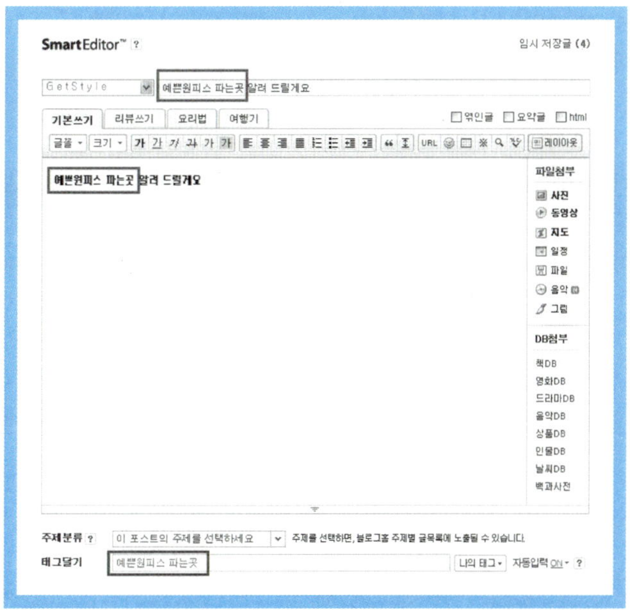

2. 제목을 본문 첫줄에 반복해 준다.

제목을 본문 첫줄에 반복해 주는 이유는 가장 자연스럽고 손쉽게 본문에 핵심 키워드를 1회 반복시켜 줄 수 있기 때문이다. 대부분의 파워 블로거들은 이러한 방식을 즐겨 사용하고 있다.

3. 본문에는 핵심 키워드가 최소 3회 이상 20회 이하의 횟수로 반복해 준다.

앞에서 제목을 본문 첫줄에 반복해 줌으로써 핵심 키워드를 본문에 기본적으로 1회 노출은 가능하게 만들었다. 하지만 검색엔진들은 본문에 얼마나 적절한 간격으로 핵심키워드가 자주 반복되는지에 따라서도 해당 포스트와 해당 키워드에 대한 연관성을 판단한다. 본문에 핵심 키워드를 무조건 많이 배치한다고 검색엔진에 잘 노출되는 것은 아니다. 이건 해당 키워드별로 최적의 값이 틀리기 때문에 해당키워드에 대해 여러번의 포스팅을 통해 경험적으로 최적의 반복횟수를 알아내야 한다.

그리고 한 문단 안에 너무 많은 핵심키워드를 배치하거나 핵심 키워드를 일렬로 붙여서 여러번 반복해서 나열하는 방식은 오히려 역효과를 불러 일으키므로 주의해야 한다. 따라서 한 문단 안에는 키워드는 되도록 4회 이상은 배치하지 않는 것이 좋고 1~3회 정도 배치해 주는 것이 좋다.

따라서 내 포스트에 핵심 키워드를 20회 가까이 배치하려면 자연적으로 문단이 많아질 수 밖에 없으므로 글의 길이는 아주 길어질 수 밖에 없고 이미지도 그만큼 많이 배치될 수 밖에 없다. 검색엔진최적화 조건 자체가 이렇게 설정되어져 있는 것으로 봐서 검색엔진들은 이미지가 많고 텍스트가 긴 장문의 글을 좋은 콘텐츠의 하나의 조건으로 설정해 놓은 것 같다.

4. 본문 내의 핵심 키워드의 배치는 적절한 간격을 유지한다.

핵심 키워드의 배치시 적절한 간격을 유지해야 하는 이유는 앞에서 설명한 바와 같이

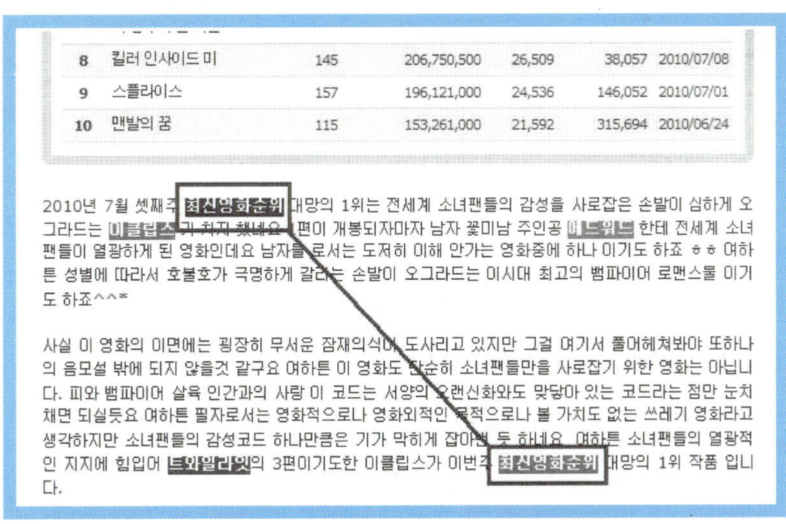

8	킬러 인사이드 미	145	206,750,500	26,509	38,057	2010/07/08
9	스플라이스	157	196,121,000	24,536	146,052	2010/07/01
10	맨발의 꿈	115	153,261,000	21,592	315,694	2010/06/24

2010년 7월 셋째주 최신영화순위 대망의 1위는 전세계 소녀팬들의 감성을 사로잡은 손발이 심하게 오그라드는 이클립스가 차지 했네요 1편이 개봉되자마자 남자 꽃미남 주인공 에드워드 한테 전세계 소녀팬들이 열광하게 된 영화인데요 남자들로서는 도저히 이해 안가는 영화중에 하나 이기도 하죠 ㅎㅎ 여하튼 성별에 따라서 호불호가 극명하게 갈리는 손발이 오그라드는 이시대 최고의 뱀파이어 로맨스물 이기도 하죠^^*

사실 이 영화의 이면에는 굉장히 무서운 잠재의식이 도사리고 있지만 그걸 여기서 풀어헤쳐봐야 또하나의 음모설 밖에 되지 않을것 같구요 여하튼 이 영화도 단순히 소녀팬들만을 사로잡기 위한 영화는 아닙니다. 피와 뱀파이어 살육 인간과의 사랑 이 코드는 서양의 오랜신화와도 맞닿아 있는 코드라는 점만 눈치채면 되실듯요 여하튼 필자로서는 영화적으로나 영화외적인 목적으로나 볼 가치도 없는 쓰레기 영화라고 생각하지만 소녀팬들의 감성코드 하나만큼은 기가 막히게 잡아낸 듯 하네요. 여하튼 소녀팬들의 열광적인 지지에 힘입어 트와일라잇의 3편이기도한 이클립스가 이번주 최신영화순위 대망의 1위 작품 입니다.

한 문단에 너무 자주 반복되거나 붙여서 배열할 경우 오히려 역효과가 나기 때문이다. 적절한 간격은 한 문단에 배치하는 키워드의 횟수도 중요하지만 얼마나 문맥에 어울리도록 적절한 줄간격에 맞춰서 배치되는 것 또한 중요하다.

5. 본문 내의 핵심 키워드에는 볼드처리나 색상을 변화시켜 준다.

본문에는 핵심 키워드를 적절한 간격으로 배치하라고 했다. 이번에는 핵심 키워드를 검색엔진이 쉽게 알아볼 수 있도록 핵심 키워드만 볼드처리 즉 글씨를 진하게 해주고 색상을 변화시켜 주는 것이다. 글 전체를 이렇게 효과를 주는 것은 의미가 없고 핵심 키워드만 특별하게 이렇게 효과를 주면 검색 엔진 로봇들은 해당 키워드를 훨씬 쉽게 인식한다.

아래 이미지는 필자가 뻔씨네 블로그에서 최신영화순위 관련 포스팅을 하면서 핵심 키워드들을 볼드처리하고 색상을 변화시켜준 사례이다.

2010년 1월 넷째주 **최신영화순위** 대망의 1위는 허거걱! 아직도 **"아바타"** 네요 와우! 도대체 몇주 연속 1위인지 모르겠네요 국내개봉 헐리웃 영화중 가장 빠른 흥행신기록 행진이 아닌가 싶네요 하긴 그럴만도 한게 저도 한번 더 보고 싶다는 생각이 들더군요 **제임스 카메론** 감독이 정말 대단한 한건을 해낸것 같네요 이제는 뭐 아바타에 대해서는 더이상의 수식어가 필요 없겠죠 외화 사상 첫 국민영화가 되어 버린 아바타 언제쯤 1위에서 내려올지가 초미의 관심사 일 뿐이네요 여하튼 환상적인 판도라 행성과 거대한 스펙타클을 아직도 만나보지 못하신분들은 극장에서 내려오기 전에 후딱 가서 보시길 강추 드립니다.

2009/12/11 - [최신영화리뷰] - <아바타>제임스 카메론,왕이 아닌 신의 영역에 진입해 버렸다
2009/12/27 - [최신영화리뷰] - 아바타(2009) - 과거와 미래의 중간지점
2009/11/30 - [지난영화 리뷰] - <아바타 20분 최초시사회>당신은 행성 판도라로 떠날 준비가 되었는가?
아바타 제임스 카메론 진정한 왕의 귀환
제임스 카메룬의 또 하나의 영상혁명 영화 아바타
아바타 - 신세계를 경험할 준비가 되었는가?
'아바타' 영화사 새 시대 연 영상기술혁명
<아바타> - 경이로운 세계로의 초대
진중하고, 경이롭다!! 그리고 참으로 황홀하다!!
아바타(2009) - 네트워크의 힘

6. 콘텐츠의 구성방식은 이미지 텍스트 이미지 텍스트 형식의 배열로 구성한다.

콘텐츠의 구성방식은 일종의 콘텐츠의 레이아웃이라고 보면 된다. 이미지와 텍스트 문단이 번갈아 가면서 반복되는 형태로 구성하라고 권유 드린 이유는 특히나 네이버 검색엔진에서는 이러한 형식의 콘텐츠를 선호하기 때문이다. 다음이나 네이트의 경우 굳이 이러한 레이아웃 방식을 하지 않아도 노출이 잘 되는 편이지만 네이버는 이미지가 많은 콘텐츠를 선호하기 때문이다.

이러한 콘텐츠 구성방식은 어쩌면 네이버에만 유리할 수도 있다. 하지만 갈수록 사람들은 텍스트가 많은 콘텐츠보다 이미지와 동영상과 같이 시각적으로 볼거리가 많은 콘텐츠를 선호하고 있는 것은 사실이다. 그리고 이미지 사이에 들어가는 텍스트 문단은 최소 5줄 이상 20줄이 넘지는 않는 정도의 길이로 구성하는 것이 적합하다.

호감도 높일 때, 여자의 필수 여름코디법은?

날이 더워질 수록 여자들의 패션은 더욱 과감해진다.
올여름 그 후끈하고 과감함 속에 어떤 패션이 유행할까 하니.
쇼트팬츠와 같은 과감한 스타일과 청정색 같은 복고풍이 대세를 이루고 그와 더불어 레이스와 플라워 같은 로맨틱 스타일도 유행의 흐름을 이어나가고 있다.

▷ 몰저샵

로맨틱 무드의 절정을 향해 달리는 레이스와 컬러 리본 장식으로 화려함을 더한 여름 스타일. 올여름 여자들의 옷깃을 더욱 로맨틱하게 만드는 스타일 어떤 것들이 있는지 알아봤다 아직 어린아이의 틀에서 채 벗어나지 못한 유아기를 보내는 유치한 여자의 전유물로 여겨질 수 있지만 어떻게 입느냐에 따라서 로맨틱과 우아함의 극을 달리는 것이 바로 러플 원피스다.

▷ 부빅

올봄과 여름 주목해야 할 러플 원피스의 테마는 바로, 로맨틱
사랑스러운 느낌은 가지고 가되 색상이나 디자인에서 시크한 매력이 드러난다.

▷ 봉자샵

강렬한 비비드톤을 사용하면서도 시크하고 빈티지한 매력에다 원피스의 길이를 미니로 선택해 도시적인 느낌을 강조하는 것이 특징이다.

7. 본문에 배치될 이미지의 갯수는 최소 6개 이상 최대 20개 이하로 구성한다.

본문에 배치되는 이미지의 갯수가 뭐가 그리 중요하겠냐 라고 생각 할 수 있겠지만 필자의 경험상 최소 6개 이상의 이미지를 배치했을 때 검색엔진에 훨씬 더 잘 노출되는 결과를 얻었다. 물론 이미지를 4개만 넣는다고 해서 검색엔진에 노출이 되지 않는 것은 아니다. 하지만 수많은 포스팅을 해본 경험으로는 최소 6개 이상의 이미지를 배치했을 때 안정적인 노출 결과를 얻을 수 있었다.

그리고 특히 네이버 검색엔진은 이미지가 많은 콘텐츠를 선호한다는 것을 알 수 있었다. 따라서 네이버 검색엔진에 노출시키고 싶다면 이미지는 최소 6개 이상은 배치하는 것이 좋고 파워 블로그들이나 검색엔진에 잘 노출 되어져 있는 콘텐츠들을 역으로 추적해서 확인해 보면 이미지가 20개 정도로 아주 많이 배치 되어 있는 콘텐츠들을 흔히 발견할 수 있을 것이다. 다음이나 네이트 검색엔진의 경우에는 이미지의 숫자가 그렇게 중요한 요소는 아니었고 텍스트가 조금 더 중요시 됨을 느낄 수 있었다.

8. 이미지의 파일명도 핵심 키워드와 동일한 파일명으로 맞춰준다.

사실 이미지의 파일명까지 키워드와 일치시켜 주는 건 의견이 분분하다. 어떤 블로거들은 그다지 큰 효과가 없다는 블로거가 있는 반면에 또 다른 블로거는 검색엔진이 이미지의 파일명도 인식하므로 효과가 있다고 주장한다. 누구의 말이 정답인지 확인할 길은 없으나 필자는 이미지 파일명도 핵심키워드와 동일하게 만들어 주는 것이 효과가 있다고 생각한다.

물론 검색로봇들이 이미지에 대해 판단할 때는 그 이미지가 속해 있는 글의 카테고리나 태그 제목 등을 분석해서 종합적으로 판단한다고 한다. 하지만 파일명 또한 해당 이미지를 식별하는데 가장 직접적인 역할을 하므로 검색엔진이 올바르게 인식할 수 있도록 이미지를 컴퓨터에 저장할 때 아예 이미지명을 키워드와 일체화시켜 주는 것이다. 이때 주의할 점은 이미지가 여러장일 경우에는 반드시 한칸 띄우고 식별 번호를 붙여줘야 한다. 그렇지 않으면 검색엔진은 뒤쪽의 식별번호까지 하나의 키워드로 인식해 버리기 때문이다.

예를 들어 이미지 명이 아이폰이라고 한다면 다음 이미지 명은 아이폰 01 그리고 그 다음 이미지 명은 아이폰 02 이런 식으로 핵심키워드는 띄워쓰기로 구분해 줘서 검색엔진 로봇이 명확하게 인식할 수 있도록 해 주는게 좋다.

9. 댓글과 트랙백은 최소 1개 이상은 있으면 좋고, 많을수록 좋다.

검색엔진 로봇들은 댓글과 트랙백이 많은 문서를 높은 가치가 있는 웹문서라고 인식한다. 따라서 댓글은 많이 달릴수록 유리하며 트랙백은 일종의 링크와 유사하다. 다른 블로거가 나의 글에 트랙백을 보내게 되면 일종의 글의 링크가 엮이게 되는 것이다. 따라서 내 포스트의 가치는 그만큼 높아지게 되어 있다. 트랙백은 특히나 검색엔진 최적화에 있어서는 많은 가산점을 받을 수 있다.

따라서 글을 적고 난 후에는 내가 먼저 다른 블로거들에게 트랙백을 보냄으로써 상대방에게서 답 트랙백을 많이 받을 수 있도록 노력해야 한다.

4 Trackback | 20 Comment

TRACKBACK :: http://funcine.net/trackback/420 복사 관련글 쓰기 >

Subject: 서스펜스 없는 스릴러-<하녀> 리뷰 DEL
Tracked from 늑대가 된다는 것의 대가는 외로움이다

한국영화사의 문제적 감독 김기영이 1960년에 만들었던 원작을 당대의 '문제 제기적' 감독 임상수가 50년 만에 리메이크했다. 곧 개막될 깐느 영화제 공식경쟁부문에 초청되었을 뿐 아니라 전도연과 이정재, 서..

2010/05/16 02:35

Subject: 하녀 : 엔딩의 충격적인 전도연은 모습.. DEL
Tracked from 여울이의 세상 구경

<하녀 공식 블로그 기자단 작성글> 1. <하녀> 기대평 : 칸의 여왕 전도연이 벗는다. 2. <하녀> 캐릭터평 : 이 짓을 좋아하는 전도연 3. <하녀> 관람후기 : 엔딩의 충격적인 전도연의 모습.. 4. <하녀> 관전포인트 : 영화속 꼭 지켜 봐야할 관전포인트 ▶ 서두 : 블로그 기자단으로, <하녀>블로그 기자단으로 선정되어, 언론시사회로 감상하게된 영화 <하녀> 평상시와는 다르게 나름 사명감을 가지고 집중하여 본 영화이다. 기자단이라고 단소리만..

2010/05/18 16:45

Subject: '하녀'·'시', 박스오피스 석권...칸 훈풍 부나? DEL
Tracked from 당신의 소중한 얼굴 원페이스 www.oneface.co.kr

'하녀' '시' 등 칸국제영화제의 화제작들이 국내 박스오피스 상위권을 차지해 눈길을 끈다.15일 영화진흥위원회 영화관입장권통합전산망에 따르면 '하녀' '로빈후드' '시' 등은 각각 국내 박스오피스 1위, 2위, 5위를 기록했다. 이들 세 작품은 제63회 칸국제영화제에서 화제를 모은 작품. '하녀'와 '시'는 경쟁 부문에 초청됐고 '로빈후드'는 개막작이다

2010/05/19 18:39

Subject: [영화] 하녀 (2010, 임상수)_지독한 냉소, 지킬 능력이 없으면 '순수'는 '무능함'이라는 DEL
Tracked from Shinsee's Salon

하녀 - 임상수 이혼 후 식당 일을 하면서도 해맑게 살아가던 '은이(전도연)', 유아교육과를 다닌 이력으로 자신에게는 까마득하게 높은 상류층 대저택의 하녀로 들어간다. 완벽해 보이는 주인집 남자 '훈(이정재)', 쌍둥이를 임신 중인 세련된 안주인 '해라(서우)', 자신을 엄마처럼 따르는 여섯 살 난 '나미', 그리고 집안 일을 총괄하는 나이든 하녀 '병식(윤여정)'과의 생활은 낯설지만 즐겁다. 어느 날, 주인 집 가족의 별장 여행에 동행하게 된 '은..

2010/05/24 01:29

GOLDMUNT ADD M/D REPLY

어제 시사회에 다녀오셨나봐요 저도 다녀왔는데, 이 글을 읽고나니 원작이 더 궁금해지네요. 위에서 말씀하신대로 처음 30분간은 살짝 실망감이 들기도 했습니다. 무의식적으로 무언가 굉장히 파격적이고 격정적인 진행을 기대하고 있었나봐요. 정말 그 고요함이 영화에 허전함을 더했는지... 저는 오히려 여운이 좀 남더라구요. 여자로써의 삶의 서글픔에 대해 생각해보게 되기도 하구요. 글 잘 읽었습니다~! (혹시 원작을 공유해주실수있다면 부탁드릴께요ㅠ)

2010/05/04 10:06

↳ **haku** ADD M/D

임상수 감독은 자기가 하고 싶은 풍자와 조롱은 충분히 했었다고 생각합니다. 다만 예고편이 본편과 너무 다른 분위기로 진행되어서 당황스럽더군요. 그 예고편 만든 사람, 올해 최고의 예고편 편집이라고 평가해주고 싶습니다.

원작은 dvd를 빌려 본 거라 어떻게 드릴 방법은 없네요.

2010/05/04 10:13

Lim ADD M/D REPLY

고 김기영 감독의 원작 하녀는 www.theauteurs.com 에서 무료로 보실 수 있습니다.
외국사이트인데 이 작품이 가장 많이 본 영화 2위에 랭크되어있더라구요.

쓰고보니 꼭 광고글 같네요. 광고는 아니구요 제가 평소에 자주 찾는 영화관련 웹싸이트입니다.

2010/05/04 12:00

10. 포스트 본문의 5분의 4지점에서 5분의 5지점 사이에 포스트의 내용과 연관된 동영상 파일을 업로드해서 삽입한다.

필자가 앞에서도 동영상 콘텐츠를 제작해야 하는 이유에 대해 언급 했듯이 구독자들 입장에서 가장 보기 좋고 감동을 받을 수 있는 콘텐츠는 읽고 보고 감상하기 형태의 콘텐츠다. 글의 서두에서부터 동영상이 나오는 것보다는 콘텐츠의 흐름상 마지막 부분에 글 전체를 종합해서 정리해 준다는 느낌으로 동영상이 배치되는 것이 좋다. 물론 동영상을 중간이나 글의 서두에 삽입해도 상관은 없다. 하지만 실제로 검색엔진은 동영상이 글의 하단부에 배치되어 있는 것에 좀 더 후한 점수를 준다는 걸 느낄 수 있었다.

그리고 동영상은 각 블로그별로 글쓰기 모드에서 제공하는 툴을 이용해 바로 블로그상에서 업로드시켜서 삽입하는 방식을 취하는 것이 좋다. 동영상도 퍼오느냐 내가 직접 올리느냐에 따라 점수 차이가 상당하다. 검색엔진도 블로거가 직접 동영상 파일을 업로드하는 행위를 블로거가 동영상을 제작해서 올리는구나라고 판단을 하도록 프로그래밍해 놓은 것 같아 보인다.

11. 동영상 파일명 또한 핵심키워드와 일치시켜 준다.

동영상 또한 업로드할 때 파일명 자체를 키워드와 일체화 시켜주는 것이 좋다. 검색엔진들은 동영상 영역의 검색결과를 별도로 보여주기 때문이다.

12. 글을 발행한 초기에 해당 포스트의 조회수가 높을수록 유리하다.

글을 발행한 초기에는 최선을 다해서 해당 콘텐츠를 홍보할 필요성이 있다. 검색엔진들은 글을 발행한 초기에 조회수가 많은 콘텐츠를 가치가 있는 콘텐츠라고 인식하기 때문이다.

13. 본문에는 자신의 이전글이나 동일한 주제의 다른 블로그의 글을 링크로 삽입하되 핵심 키워드가 포함되어 있으면 좋다.

글의 본문 내에는 비슷한 주제를 다룬 나의 이전글이나 다른 블로거의 글을 링크로 삽입해 주는 것이 좋다. 링크로 삽입할 때는 단순히 해당글의 주소를 삽입하는 것보단 해당글의 제목을 삽입해주고 글제목 속에 해당글의 주소를 링크로 삽입해 주는 것이 좋다. 그리고 글제목 속에는 핵심 키워드가 포함되어 있어야 한다. 다시 말해 문장형식의 링크를 삽입하되 문장속에 노출시키고자 하는 핵심 키워드가 포함되어 있어야 한다는 것이다.

이렇게 핵심 키워드가 포함된 텍스트형태의 링크가 포함된 포스트에 검색엔진들은 점수를 많이 준다.

티스토리 블로그에서는 이미 이러한 기능을 플러그인 형태로 제공하고 있다. 티스토리 블로그 글쓰기 모드에서 오른쪽에 플러그인 영역에 이전글 넣기라는 기능을 활용하면 손쉽게 나의 이전글을 간단하게 텍스트 제목형태의 링크로 삽입할 수가 있다. 네이버 블로그를 이용하는 경우 링크는 일일이 수동으로 작업을 해 줘야 한다.

아래 그림은 티스토리의 이전글 넣기 플러그인을 활용해 이전글 텍스트링크를 삽입한 예이다. 그림을 보면 알겠지만 텍스트 링크에 핵심 키워드가 포함되어 있는 것을 볼 수 있다.

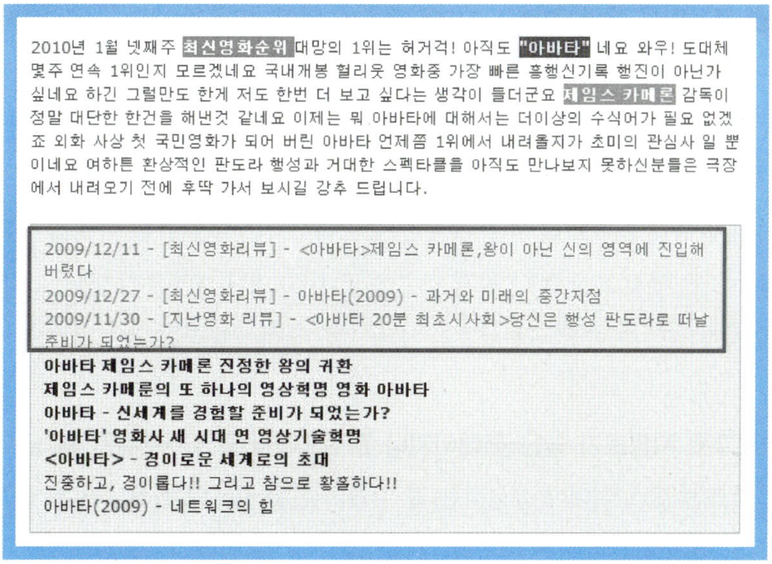

2010년 1월 넷째주 **최신영화순위** 대망의 1위는 허거걱! 아직도 **"아바타"** 네요 와우! 도대체 몇주 연속 1위인지 모르겠네요 국내개봉 헐리웃 영화중 가장 빠른 흥행신기록 행진이 아닌가 싶네요 하긴 그럴만도 한게 저도 한번 더 보고 싶다는 생각이 들더군요 **제임스 카메론** 감독이 정말 대단한 한건을 해낸것 같네요 이제는 뭐 아바타에 대해서는 더이상의 수식어가 필요 없겠죠 외화 사상 첫 국민영화가 되어 버린 아바타 언제쯤 1위에서 내려올지가 초미의 관심사 일 뿐이네요 여하튼 환상적인 판도라 행성과 거대한 스펙타클을 아직도 만나보지 못하신분들은 극장에서 내려오기 전에 후딱 가서 보시길 강추 드립니다.

2009/12/11 - [최신영화리뷰] - <아바타>제임스 카메론,왕이 아닌 신의 영역에 진입해 버렸다
2009/12/27 - [최신영화리뷰] - 아바타(2009) - 과거와 미래의 중간지점
2009/11/30 - [지난영화 리뷰] - <아바타 20분 최초시사회>당신은 행성 판도라로 떠날 준비가 되었는가?

아바타 제임스 카메론 진정한 왕의 귀환
제임스 카메룬의 또 하나의 영상혁명 영화 아바타
아바타 - 신세계를 경험할 준비가 되었는가?
'아바타' 영화사 새 시대 연 영상기술혁명
<아바타> - 경이로운 세계로의 초대
진중하고, 경이롭다!! 그리고 참으로 황홀하다!!
아바타(2009) - 네트워크의 힘

14. 내가 작성한 글이 다른 블로그나 카페 커뮤니티 등으로 링크되면 좋다.

내가 작성한 글이 다른 카페나 커뮤니티 게시판 등에 링크 되는 것은 그만큼 나의 글이 가치가 있기 때문에 다른 커뮤니티 등으로 누군가가 링크를 걸었다고 검색엔진은 인식하기 때문에 내 글의 링크가 여러곳으로 퍼질수록 해당 글의 가치는 높아지고 검색엔진에 노출될 확률이 높아진다.

15. 블로그의 나이는 오래될수록 유리하다.

블로그는 개설시점이나 블로그의 나이 또한 오래될수록 좋다. 블로그를 운영하다 보면 느끼겠지만 어느 정도 꾸준히 블로그깅을 해오던 블로그와 이제 갓 개설된 블로그가 동일한 대접을 받는다는 건 상식적으로도 형평성에서 어긋난다. 그래서 블로그는 오래 운영할수록 그 가치가 높아지고 검색엔진에 자신의 글을 노출시킬 확률도 더욱 높아진다.

16. 꾸준한 포스팅을 통해 블로그 자체점수를 높여야 한다.

블로그는 오래 운영하는 것도 중요하지만 얼마나 꾸준히 포스팅 하느냐도 중요하다. 불규칙적으로 오늘 하나의 글을 적고 일주일 후에 또 하나의 글을 올린다면 일정 수준에서 더 이상 나아지질 않는다. 최소한 1~2일에 한개 정도의 포스팅은 꾸준히 하는 것 또한 블로그 자체의 점수를 높이는데 아주 중요한 요소이고 검색엔진들은 이렇게 꾸준하게 자주 포스팅을 하는 블로그를 좀 더 높은 점수를 준다. 그래서 대부분의 파워블로그들을 살펴보면 매일 거의 한개 이상의 콘텐츠들이 꾸준히 업데이트 되는 것이 공통점이다.

17. 내 블로그를 지명도가 높은 홈페이지나 블로그에서 링크시켜주면 좋다.

여기서의 링크는 포스트 내에 삽입하는 글 링크가 아닌 블로그 간에 서로를 링크해 주는 것을 말한다. 네이버로 따지면 이웃의 개념이라고 할 수 있다. 티스토리는 내 블로그 사이드바에 알고 지내는 친한 블로그들을 텍스트 링크로 표시할 수 있다. 내 블로그를 다른 이웃 블로그들이 자신의 블로그에 링크로 걸어주면 그만큼 내 블로그의 가치는 올라간다.

그리고 검색엔진 또한 이렇게 다른 블로그들에게 많이 링크 되어 있는 블로그를 인기 블로그로 인식하고 해당 블로그에게 좀 더 많은 점수를 준다. 그래서 대부분의 파워블로그들은 사이드바 한쪽에 친한 이웃 블로그들의 링크를 잔뜩 올려 놓는다.

18. 카테고리 구성또한 검색엔진을 고려해서 핵심 키워드들로 구성한다.

카테고리와 태그는 둘 다 동일선상의 개념이라고 할 수 있고 일종의 분류체계이다. 카테고리는 대분류 체계라면 태그는 상세분류 체계라고 할 수 있다. 하지만 검색엔진은 기본적으로 카테고리와 태그 양쪽에 중복되는 키워드가 있어도 둘 중 한곳의 키워드만 인식한다.

만약 필자가 최신영화순위라는 카테고리에 최신영화순위와 관련된 글을 적고 하단에 태그 입력란에는 태그를 달아줬다면 검색엔진은 카테고리에 있는 최신영화순위 키워드나 태그에 있는 최신영화순위 키워드를 각각 2번 인식하는 것이 아니고 둘 중 아무거나 하나만 인식한다. 주로 카테고리가 상단에 있기 때문에 카테고리의 키워드를 인식하는 경우가 많다.

따라서 카테고리 또한 구성단계에서 부터 노출 시키고 싶은 핵심 키워드를 사용해서 구성하는 것이 유리하다.

19. RSS 구독자가 많을수록 좋다

블로그의 RSS 구독자가 많다는 것은 내 블로그를 구독하고 있는 사람이 많다는 얘기이다. 내 블로그를 구독하고 있는 사람들이 많다는 것은 내 블로그의 글들이 그만큼 질이 좋고 가치가 있다는 뜻이기도 하다. 검색엔진 또한 RSS구독자 수가 많은 블로그는 그만큼 콘텐츠가 좋기 때문에 사람들이 많이 구독했을 거라는 판단으로 검색엔진 최적화에서도 훨씬 후한 점수를 준다.

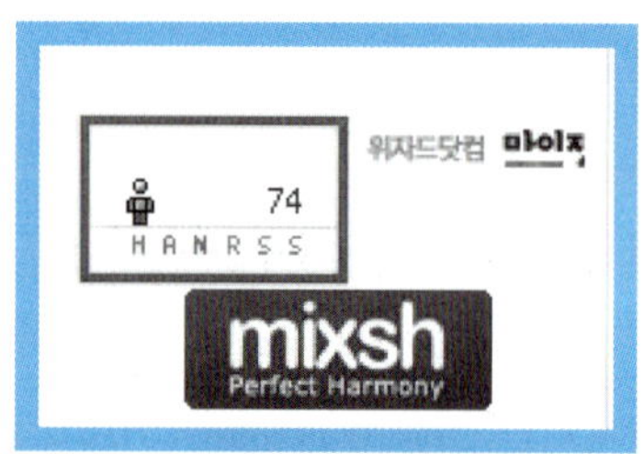

:: 지식in 질문 검색엔진 최적화 방법

우리는 앞에서 블로그검색엔진 최적화 방법에 대해서 알아봤다. 내가 노출시키고자 하는 핵심 키워드를 선정해서 블로그포스팅을 쓰는 단계에서부터 검색엔진 최적화를 하는 과정을 알아본 것이다. 이번에는 지식in 질문을 통째로 키워드로 활용해서 검색엔진 최적화를 하는 방법에 대해서 알아보도록 하겠다.

필자가 붙인 지식in 질문 검색엔진 최적화 방법이란 자주 반복될만한 지식in 질문을 찾아서 문장 전체를 하나의 키워드로 보고 검색엔진 최적화를 시키는 기법을 말한다. 여기서 의문이 생길 것이다. 그렇다면 왜 지식in의 질문을 하나의 키워드로 사용해서 검색엔진을 최적화를 시켜야 하는지? 그 해답은 단순하다. 대부분의 일반 유저들은 멋모르고 지식in 검색영역에 들어가서 마케팅 활동을 펼치다가 이내 퇴출당하기 마련이기 때문이다. 지식in은 답변을 많이 달아도 한 두개 정도 채택될 확률도 그리 높지 않기 때문이다.

하지만 우리나라의 검색엔진들은 필자가 앞에서도 강조했지만 멀티 정보제공형으로 구성되어 있다. 만약 필자가 네이버 검색에서 여자친구 100일 기념 선물 특이한거 있나요라는 문장으로 검색을 했다고 가정했을 때 대부분의 유저들은 문장형으로 검색을 할 경우에는 지식in에만 해당된다고 생각할 지 모르겠지만 네이버 검색엔진에서는 해당 키워드에 대해 지식in 뿐만 아니라 카페 블로그 뉴스 이미지 동영상 등 멀티형의 검색 결과 정보를 제공한다.

따라서 여자친구 100일 기념 선물 특이한거 있나요? 라는 문장을 내 블로그의 포스팅 제목으로 사용하게 되면 일반 유저들이 여자친구 100일 기념 선물 특이한거 있나요? 라는 질문을 검색창에 입력할때 마다 내 블로그의 포스팅이 블로그 검색결과에서는 가장 1순위로 노출 될 수 밖에 없다는 것이다. 게다가 네이버와 같이 멀티형으로 정보를 제공해 주는 검색엔진들은 질문자의 검색어와 내 포스트의 제목의 일치율이 높을 경우에는 지식in 보다도 상단에 그 결과를 제공해 준다.

NAVER 여자친구 100일 기념 선물 특이한거 있나요 검색

통합검색 | 사이트 | 웹문서 | 지식iN | 블로그 | 카페 | 이미지 | 동영상 | 사전 | 뉴스 | 더보기

블로그

여자친구 100일 기념 선물 특이한거 있나요? 2009.12.04
여자친구 100일 기념 선물 특이한거 있나요?특별한 100일선물로 사랑의 행진은 계속된다~^^*100일선물은... ^^* 글 이미지 출처 : 페퍼로즈**여자친구 100일 기념 선물 특이한거 있나요?** 이올린에 북마크하기(0) 이올린에...
http://paperosecokr.tistory.com/1094 15초에 종이장미 한송이를 만드는 남자 | 블로그 내 검색

100일엔 뭐하나요? 좋은 **100일선물**은요..??? 2009.12.10
싶은 선물 베스트 1위입니다. (0) 2009/12/08장미꽃200송이가 200일선물로 아주 좋겠어요... (0) 2009/12/07**여자친구 100일 기념 선물 특이한거 있나요?** (0) 2009/12/04좋아하는 여자에게 고백하기에 좋은 선물은??? (0) 2009/12/03
http://paperosecokr.tistory.com/1098 15초에 종이장미 한송이를 만드는 남자 | 블로그 내 검색

100일기념선물로 100가지**선물**! 싸고 특별한**선물** 아이디어 좀 내주세요~ 2009.04.07
100일기념선물로 100가지**선물**! 싸고 특별한**선물** 아이디어 좀 내주세요~ 예비 시어머님께서 많이... 그런 특별한 그런 **선물** 어떤게 **있나요?** (0) 2009/04/03급해서 그러는데요.. **여자 친구**생일**선물** 추천 좀 부탁드립니다. (2)...
http://paperosecokr.tistory.com/343 15초에 종이장미 한송이를 만드는 남자 | 블로그 내 검색

20대 **여자**들이 받고 싶은 **선물** 베스트 1위입니다. 2009.12.08
선물 베스트 1위입니다. (0) 00:30:00장미꽃200송이가 200일선물로 아주 좋겠어요... (0) 2009/12/07**여자친구 100일 기념 선물 특이한거 있나요?** (0) 2009/12/04좋아하는 여자에게 고백하기에 좋은 선물은??? (0) 2009/12/03고백받을때...
http://paperosecokr.tistory.com/1096 15초에 종이장미 한송이를 만드는 남자 | 블로그 내 검색

지식iN

여자친구와의 **100일** 이벤트 **선물**~ 2008.08.09 | 검색어표시
ㅠㅠ 어케요 이중에 **기념**일이 하나면... 해야되고 생일땐 어떤**선물**과 어떻게... -커플신발: 둘이서 **특이한**신발을신으면 왠지... 일은 아직도 60년이나남았어요 **100일**과 **여자친구** 생일은 꼭 챙기세요....
학교생활 | 답변수 3 · 추천수 1 · 조회수 2833

여자친구100일선물 2006.09.18 | 검색어표시
내용이 많기때문에... 특히나, 뭐 **여자**애들은 남자**친구**가 뭐 **선물**줬다 하는 식의 재미로 연예를 하는 경우도 많다고도 하고... 무튼 이러쿵 저러쿵 해서 **100일 기념**으로 **선물** 하나 해주려... 뭐 줄만한**거 있나요?** 참고로 오히려 상대가...
학교생활 | 답변수 4 · 추천수 4 · 조회수 5488

친구랑 **친구**의남자**친구100일 선물**을 해줘야 하는데 뭘 해주죠? 내공걸어요 2005.10.24 | 검색어표시
100일 선물을 해줘야... 같은거 할 필요 **있나요?** 몇살이신지는... 알포장 **선물**케이스라는 것을 추천합니다. 저는 **여자친구**에게 일주년 **기념 선물**을 무엇을 줄까 하다가,, **특이**하고 감동적인것을 찾아보려고 인터넷도 뒤지고...
사람과 그룹 | 답변수 4 · 추천수 0 · 조회수 2230

여자친구 100일 선물 2006.08.13 | 검색어표시
여자친구가 생겼습니다. 감동적이며 **특이한 선물**을 해주고 싶은데 모..좋은 것이 없을까요?? 답변 부탁드립니다. 내공 많이 드려요.. 유니크한 시계**선물**은 어떨까요 전 니체중에서 몇가지 추천합니다 돈이.. 얼마나 **있나요** ?? 음....
쇼핑 | 답변수 2 · 추천수 0 · 조회수 587

그리고 또 한 가지 장점은 지식in 질문을 하나의 키워드로 사용할 경우 그 문장 속에 세부 키워드들 또한 별도로 노출될 확률이 높다는 것이다. 예를 들어 여자친구 100일 기념 선물 특이한거 있나요? 라는 제목으로 글을 하나 포스팅 한 상태에서 일반 유저들이 검색어로 정확하게 여자친구 100일 기념 선물 특이한거 있나요? 를 입력하지 않더라도 100일 기념 선물이라는 키워드에서도 노출될 확률이 높아지고, 선물 특이한 거라는 키워드를 입력해도 노출이 가능해 진다. 따라서 지식in 질문을 활용한 문장형 키워드를 사용하면 정확하게 일반유저들의 질문에서도 노출이 되고 세부 키워드에서도 노출이 되는 일석이조의 효과를 거둘 수 있게 되는 것이다.

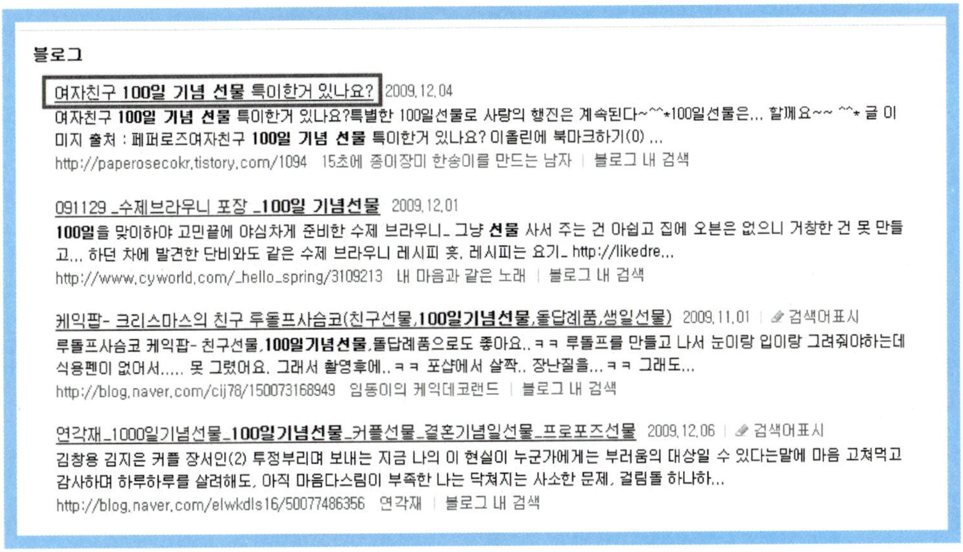
블로그

여자친구 **100일 기념 선물** 특이한거 있나요? 2009.12.04
여자친구 **100일 기념 선물** 특이한거 있나요?특별한 100일선물로 사랑의 행진은 계속된다~^^*100일선물은... 할께요~~ ^^* 글 이미지 출처 : 페퍼로즈여자친구 **100일 기념 선물** 특이한거 있나요? 이올린에 북마크하기(0) ...
http://paperosecokr.tistory.com/1094 15초에 종이장미 한송이를 만드는 남자 | 블로그 내 검색

091129 _수제브라우니 포장 _**100일 기념선물** 2009.12.01
100일을 맞이하야 고민끝에 야심차게 준비한 수제 브라우니_ 그냥 **선물** 사서 주는 건 아쉽고 집에 오븐은 없으니 거창한 건 못 만들고... 하던 차에 발견한 단비와도 같은 수제 브라우니 레시피 훗. 레시피는 요기_ http://likedre...
http://www.cyworld.com/_hello_spring/3109213 내 마음과 같은 노래 | 블로그 내 검색

케익팝- 크리스마스의 친구 루돌프사슴쿄(친구선물,**100일기념선물**,돌답례품,생일선물) 2009.11.01 | 검색어표시
루돌프사슴쿄 케익팝- 친구선물,**100일기념선물**,돌답례품으로도 좋아요.. ㅋㅋ 루돌프를 만들고 나서 눈이랑 입이랑 그려줘야하는데 식용펜이 없어서..... 못 그렸어요. 그래서 촬영후에.. ㅋㅋ 포샵에서 살짝.. 장난질을... ㅋㅋ 그래도...
http://blog.naver.com/cij78/150073168949 임동이의 케익데코랜드 | 블로그 내 검색

연각재_1000일기념선물_**100일기념선물**_커플선물_결혼기념일선물_프로포즈선물 2009.12.06 | 검색어표시
김창용 김지은 커플 장서인(2) 투정부리며 보내는 지금 나의 이 현실이 누군가에게는 부러움의 대상일 수 있다는말에 마음 고쳐먹고 감사하며 하루하루를 살려해도, 아직 마음다스림이 부족한 나는 닥쳐지는 사소한 문제, 걸림돌 하나하...
http://blog.naver.com/elwkdls16/50077486356 연각재 | 블로그 내 검색

100일 기념선물 을 네이버에서 검색한 결과 화면

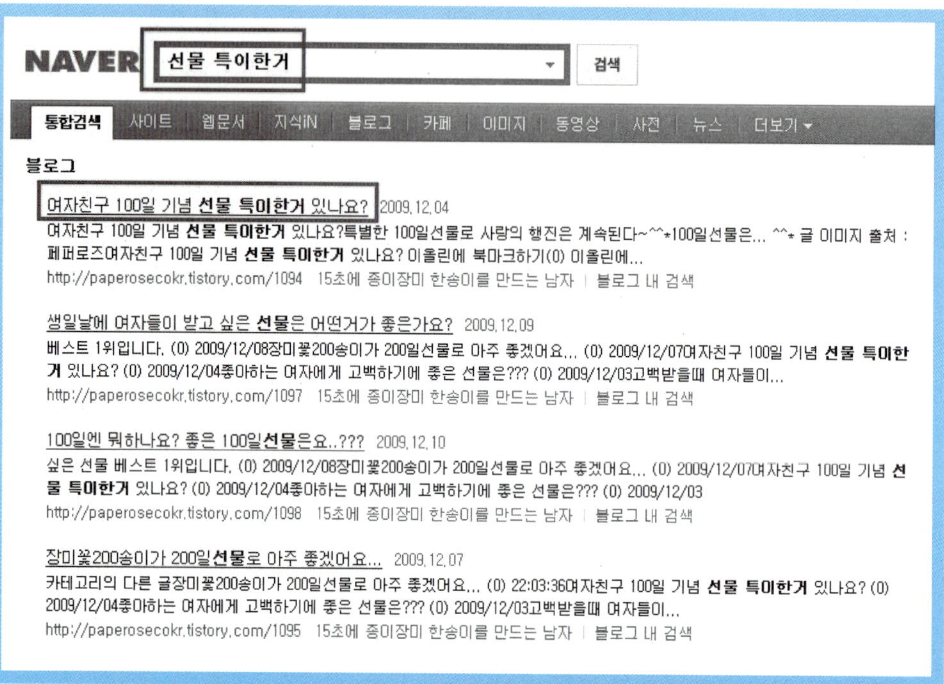

선물 특이한거라는 키워드를 네이버에서 검색한 결과 화면

그리고 지식in 질문 검색엔진 최적화 기법을 사용하기 위해서 어떤 문장을 키워드로 사용해야 될지도 고민할 필요가 없다. 왜냐하면 핵심 키워드만 한번 검색해 보면 이미 지식in에 많은 일반 유저들이 다양한 질문을 올려 놨기 때문이다. 여기에서 자신이 판단하기에도 이 질문은 일반 유저들이 많이 검색할 것 같다고 여겨지는 질문만 사용해서 사용하면 된다.

예를 들어 100일 선물이라고 먼저 네이버에서 검색을 하게 되면 지식in 영역의 결과 화면이 보일 것이다. 여기에서 마음에드는 지식in 질문을 하나 선택한다. 필자는 남자친구 100일 선물이라는 질문을 키워드로 선택했다.

지식iN

남자친구 **100일** 겸 크리스마스 **선물** 2009.12.25 | 검색어표시
안녕하세요. 저는**100일** 겸 크리스마스 **선물**을 뭐로 줘야할지 고민하고 있는 한 여학생입니다. 나이는 13살 이구요. 곧 있으면 14살이 됩니다!! **100일** 겸 크리스마스 **선물**을 고민하고 있는데요. 사실은 크리스마스와 **100일**이 가깝지도...
연애, 결혼 | 답변수 3 · 추천수 0 · 조회수 3673

남자친구**100일선물** 2010.01.13 | 검색어표시
1.선물을좀더해줘야하나요?(100일때는남자친구가선물해줘야된다는말은NO!) 제가 보기에는 선물이... 3.이건1번답과 같습니다!! 채택 부탁드려용~~ **100일 선물**에는.....<하트모양 상자가 좋아염>=상자에 커플 핸드폰 고리...
생활 | 답변수 3 · 추천수 1 · 조회수 4462

남친에게 **100일선물**을 주려고합니다 2010.01.27 | 검색어표시
제가 조금만 있으면 100일인데용 근데 **100일선물**이 마땅치 않아서 ,,, 제가 오르골을 주려고 했는데 가격도 비싸고... ,,, 질문들어갈께요 1. 남자애들이 여친한테 **100일선물**로 인형 받으면 좋아할까요 ? (여자인형말고) 2. 인형말고도...
연애, 결혼 | 답변수 3 · 추천수 0 · 조회수 539

(남자친구)**100일**겸크리스마스**선물** 2009.12.14 | 검색어표시
ㅎㅎ>_< 오늘이90일이죠...ㅎㅎ 근데..크리스마스선물겸**100일선물**줄려구하는ㄷㅔ요ㅠㅠ추천좀해주세요..... 인터넷 참조 하셔서 참고하시는것도 좋아요. 그리구 **100일 선물** 은 요즘 남자들도 미용에 신경쓰시니깐 미샤나 스킨푸드....
네이버사용법 | 답변수 1 · 추천수 6 · 조회수 21756

남자 친구 **100일 선물** 2009.12.21 | 검색어표시
선물.. 선물말이얌;; 곧100일이라면크리스마스겸**100일선물**하면데겟넹!!크리스마스케잌같은거만들어주던가..음.... 하면안데고적당이^^그림도약간씩넣어주고? 사실나두**100일선물**머해야델지모르게써흑 2.편지지는 어떤것 줄까요?(제가...
네이버사용법 | 답변수 1 · 추천수 1 · 조회수 3673

남자친구 100일 선물이라는 지식in 질문을 선택했으면 이제 이 문장형 키워드를 이용해 내블로그 포스트 제목을 만들면 된다. 남자친구 100일 선물로 어떤 게 좋을까요? 이런 식의 문장형 키워드를 남자친구 100일 선물이라는 지식in 질문을 이용해서 만들어 낼 수가 있는 것이다.

그리고 지식in 질문 검색엔진 최적화 방법은 기본적으로 블로그 검색엔진 최적화 방법과 동일하다. 다만 키워드 자체가 문장형이다 보니 본문이나 태그에도 하나의 문장이 키워드로 반복해서 노출되어야 한다는 부분만 약간 다른 점일 뿐인 것이다.

실제로 필자에게 교육 받았던 페퍼로즈 선물 업체에서 운영하는 15초에 종이 장미 한 송이를 만드는 남자 블로그에서는 이러한 지식in 질문 검색엔진 최적화 기법을 아주 잘 활용하고 있는 대표적인 사례이다.

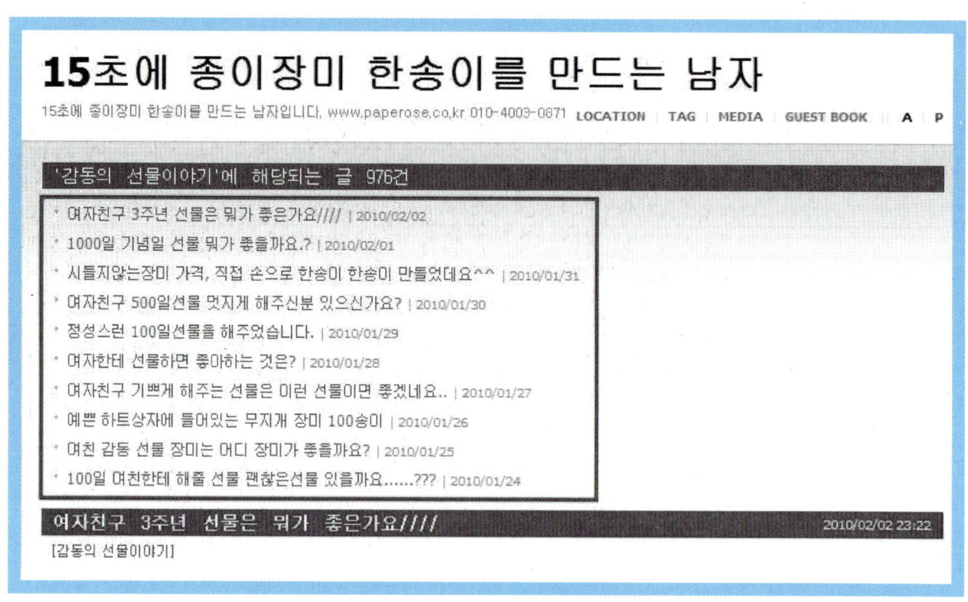

http://paperosecokr.tistory.com/

위의 그림을 보면 알 수 있겠지만 페퍼로즈 블로그에서는 대부분의 포스팅을 지식in 질문 검색엔진 최적화 기법을 활용한 문장형 키워드로 되어 있는 것을 알 수 있다. 그리고 이렇게 지식in 질문을 사용하는 기법은 콘텐츠가 쌓이면 쌓일 수록 그 효과는 기하급수적으로 늘어나게 된다.

수많은 질문들을 미리 제목으로 사용해서 포스팅 해 놓는다면 왠만한 질문을 했을 때는 대부분 노출 될 수 있기 때문이다. 그리고 지식in 질문 검색엔진 최적화 기법의 문장형 키워드는 경쟁자들도 극히 드물다. 워낙 키워드가 길고 다양하기 때문에 경쟁자들과 겹칠 확률도 아주 적고 100% 노출이 보장된다는 점이 가장 큰 장점이라고 할 수 있다.

그리고 또 하나의 큰 장점은 검색창에 문장형으로 검색어를 입력해서 검색을 하는 유저들의 심리상태는 두 가지 경우라는 것이다. 하나는 시간이 얼마 남지않아 급할 때

이고, 또 하나는 조금 더 세밀하고 정확한 내용을 검색하고자 할 때 문장으로 검색을 한다는 것이다. 따라서 지식in 질문 최적화 기법은 이 두 가지 심리상태를 모두 만족시켜 주는 기법이라고 할 수 있으며 이러한 이유로 인해 구매 전환율이 높을 수 밖에 없는 것이다.

CHAPTER 03

메타블로그 활용법

BLOG MARKETING

:: 블로그 포스트 하단에 다음뷰 인기뉴스 위젯 삽입하는 방법

다음뷰 인기뉴스 위젯의 효용성은 이미 앞에서 언급한 바 있다. 앞에서는 다음뷰 인기뉴스 위젯을 사이드 바에 삽입했지만 포스트 하단에도 삽입할 수가 있다. 굳이 다음뷰 인기뉴스 위젯을 포스트 하단에 삽입하는 이유는 방문자들이 내 블로그에서 글을 읽고 추가적으로 나의 다른 글을 읽을 수 있도록 유도하기 위함이다.

인기뉴스는 한번 검증이 된 글들이기 때문에 방문자들이 내 포스트를 읽고 인기뉴스 위젯에 있는 인기글을 추가로 클릭할 가능성이 높아지는 것이다.

다음뷰 인기뉴스 위젯을 티스토리 블로그에 삽입하는 방법으로 알아보자. 네이버와 이글루스 같이 iframe을 지원하지 않는 블로그에는 삽입이 불가능하다.

티스토리로 가서 다음뷰 인기뉴스 위젯을 삽입할 블로그 포스트를 열어 상단의 수정이나 수정(창으로)를 클릭해 준다. 수정 버튼을 누르면 글의 관리자 모드에서 수정모드로 접속을하고 수정(창으로) 버튼을 누르면 별도의 창으로 글을 수정할 수 있는 화면이 나온다. 둘 중 편한 걸로 선택하면 된다. 필자는 수정 버튼을 클릭해 보겠다.

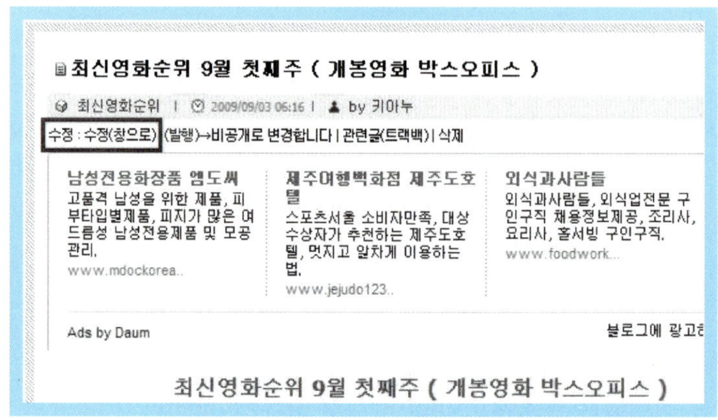

수정 버튼을 클릭하면 아래 그림과 같이 티스토리 관리자 모드에서 글을 수정하는 화면이 나온다.

여기까지 진행한 후 다음뷰로 이동해서 다음뷰의 내 글관리 모드로 이동한다. 내 글관리 모드에서 다음뷰 인기뉴스 위젯 소스를 퍼갈 수 있는 my글 퍼가기 모드로 접속한다 이미 앞에서 다음뷰 인기뉴스 위젯 다는법이라는 글을 통해 my글 퍼가기 모드로 접속하는 방법은 쉽게 알 수 있으므로 여기서는 생략하겠다.

my글 퍼가기 모드로 접속한 후 중앙에 인기뉴스 옵션을 체크해 주고 하단에 소스를 전부 복사한다.

다음뷰 인기뉴스 위젯 소스를 복사했으면 다시 티스토리 블로그로 돌아와서 글쓰는 본문영역 위에 글쓰기 도구 메뉴들이 있는 곳 오른쪽 맨끝에 보면 html 옵션 체크 박스가 있다. 이 html 옵션을 체크해 주면 html 모드로 본문영역이 바뀐다. 그러면 본문 가장 하단에 미리 복사해 놓은 다음뷰 인기뉴스 위젯 소스를 삽입해 주고 다시 글을 저장하기 버튼을 눌러주면 된다.

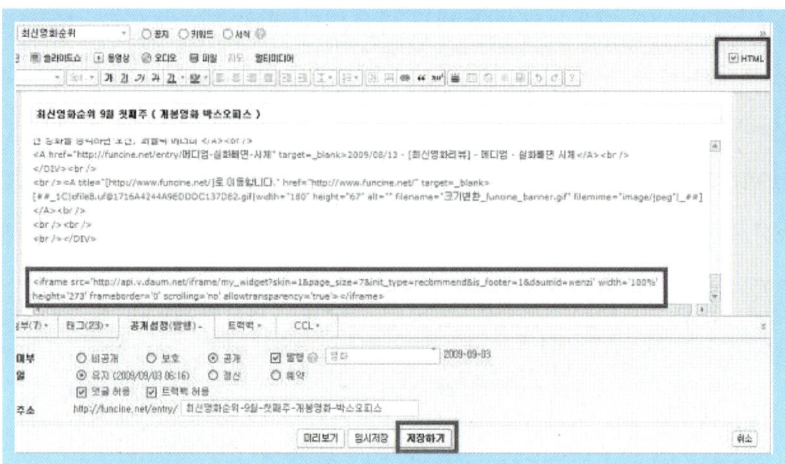

최종적으로 글 저장하기 버튼을 눌렀다면 블로그 메인으로 가서 방금 저장한 글에 다음 뷰 인기뉴스가 포스트하단에 제대로 삽입 되었는지 확인 해 주면 된다. 다음뷰의 인기뉴스 위젯은 소스를 삽입하는 위치에 따라 자동적으로 사이즈가 조정되니 사이즈 조정은 별도로 해 줄 필요가 없다.

CHAPTER 04

트랙백 활용법

BLOG MARKETING

:: 트랙백 대상 검색하는 방법

우리는 앞에서 트랙백을 전송하는 방법에 대해서 알아봤다. 트랙백을 전송하기 위해서는 반드시 전송할 대상이 필요하다. 다른 블로거들의 아무 글에나 트랙백을 보낼 수는 없기 때문이다. 만약 무작위로 트랙백을 대량으로 전송하게 되면 블로그사회에서 금방 스패머 블로그로 낙인이 찍히게 될 것이고 신뢰를 상실하게 될 것이다.

신뢰쌓기는 힘들지만 무너지는 건 한순간임을 잊지 말기를 바란다. 블로그에 글을 작성하고 나서 내 글을 조금 더 많은 사람들과 공유하고 알리는데 트랙백은 아주 유용한 기술이다. 이러한 트랙백도 활용하기에 따라서 그 효과는 천차만별이라고 할 수 있다.

트랙백을 활용하는데 있어서 가장 핵심은 어떤 글에 트랙백을 거느냐다. 상점도 사람들이 많이 지나다니는 길목을 제 1순위로 따지듯이 블로그도 사람들이 많이 지나다니는 길목을 찾아서 그 곳에 내글이 눈에 뛰도록 트랙백을 걸어 놔야 한다.

1. 내가 작성한 콘텐츠의 핵심 주제가 되는 한 단어의 키워드를 각 검색엔진에서 검색한 후 트랙백을 전송한다.

대부분의 블로그 글들은 핵심 주제가 되는 키워드가 있기 마련이다. 예를 들어 필자가 쓴 글의 핵심 키워드가 블로그 꾸미기일 경우 각 검색엔진에서 블로그꾸미기를 검색한다.

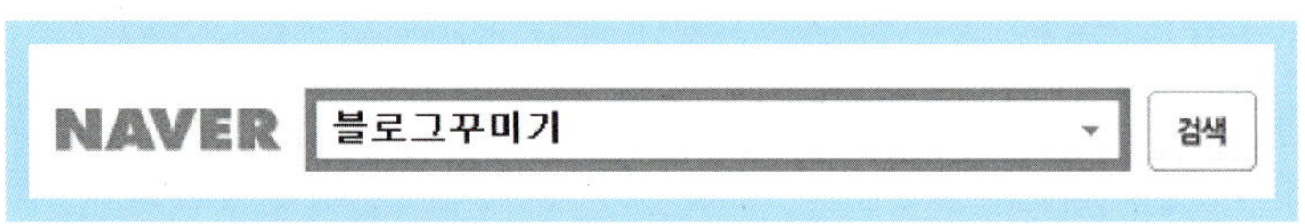

블로그꾸미기를 검색하면 검색결과 중에서 블로그 검색결과 첫 페이지에 검색되어져 나오는 4개의 글에 우선적으로 트랙백을 전송한다.

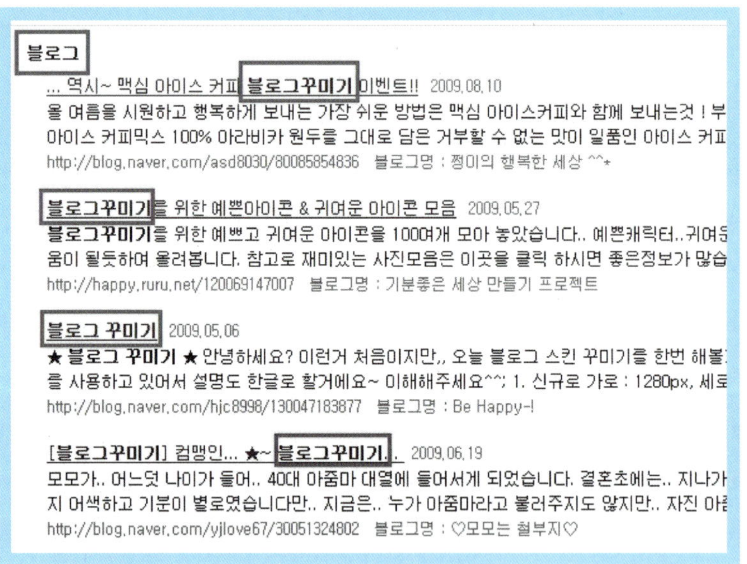

이러한 방식으로 우리나라의 대표적인 검색엔진들인 네이버, 다음, 네이트, 야후, 파란 등의 5개의 검색엔진 정도에서는 기본적으로 검색을 해서 트랙백을 전송해 주는 것

이 좋다. 이렇게 각 검색엔진 별로 첫 페이지에 검색 되어져 나오는 글에 트랙백을 전송해 놓으면 다른 사람들도 일반적으로 해당 키워드를 검색했을 때 첫 페이지에 검색되어져 나오는 블로그 콘텐츠들을 많이 읽어 보기 때문에 하단에 달려있는 내 글의 트랙백을 보고 내 블로그로 유입될 가능성이 높아지게 되는 것이다.

2. 메타블로그의 인기글에 트랙백을 전송하라.

대부분의 메타블로그들은 최신글과 인기글로 구분이 되어 있다. 최신글은 그야말로 각 카테고리별로 실시간으로 블로그에서 업데이트 되는 글들을 보여주는 목록이고 인기글은 주로 추천을 많이 받은 글들이 인기글로 선정되고 대부분의 메타블로그가 별도의 리스트로 보여 주고 있다.

메타블로그의 인기글들은 검색엔진보다도 훨씬 많은 사람들에게 읽혀지므로 오히려 순간적인 효과는 메타블로그가 훨씬 높다고 보면 된다. 메타블로그에서 트랙백 대상을 검색하는 방법도 기본적으로는 검색엔진과 비슷하다고 보면 된다.

그럼 각 메타블로그 별로 인기글을 검색하는 방법에 대해 알아보도록 하자.

● 올블로그(http://www.allblog.net)

올블로그에서 트랙백 대상을 검색하는 방법은 핵심 키워드를 검색해 보는 방법이 가장 유리하다. 올블로그는 분류별로 인기글을 보여주는 별도의 메뉴가 없기 때문에 자신의 관심분야에 대한 키워드를 입력해서 검색해야지 해당분야의 인기글들을 볼 수가 있다.

하지만 요즘 올블로그를 사용하는 유저들의 추천 참여가 저조해서 키워드 별로 검색되어지는 결과가 최신글 위주로 검색되어지고 있다. 그래도 상단에 별도로 해당 키워드에 대한 인기글들을 보여 주므로 아주 쓸모없지는 않을 것이다.

올블로그 메인화면의 검색창에 블로그 꾸미기를 입력한 후 검색버튼을 누른다. 그러면 아래와 같은 결과 화면이 나온다. 상단에 네모박스 안에 들어가 있는 글들은 올블로그에서 해당 키워드에 대해 추천하는 인기글이다. 그리고 아래쪽에 보면 추천글과 최신글이라는 두 가지 메뉴 탭이 보일 것이다. 여기에서 추천글 탭의 글들이 인기글이라고 보면 된다.

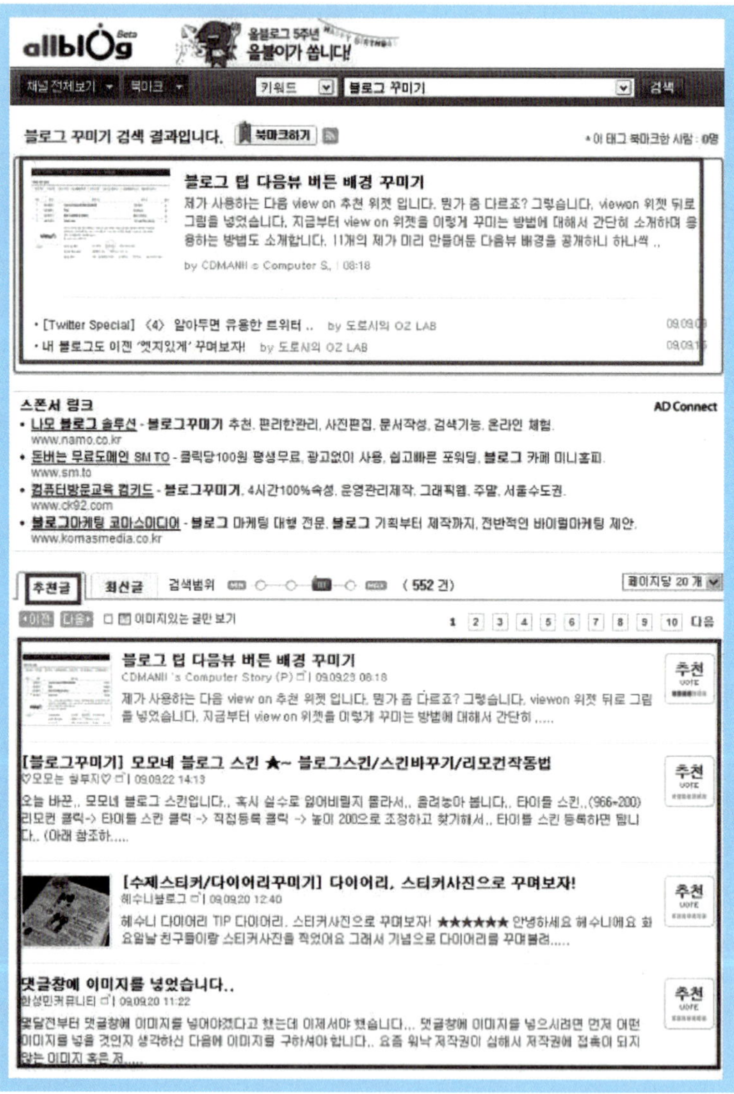

1차적으로 네모박스 안에 있는 글들에는 반드시 트랙백을 걸어주는게 좋고 그 아래 추천글 탭에 있는 글들은 최신글과 결과가 크게 다르지는 않으니 트랙백을 보내도 될만한 글인지 잘 살펴보고 선별해서 트랙백을 전송하면 된다.

그리고 올블로그의 오른쪽에 보면 가장 많이 추천받은 글 목록이 보일 것이다. 이 메뉴에서는 올블로그에서 현재 실시간으로 가장 많이 추천 받은 인기글들이 보여지는 영역이다. 물론 이 영역도 카테고리별로 구성이 되어 있진 않지만 자신의 글과 주제가 비슷한 글에 대해서는 트랙백을 걸어 놓는 것이 좋다. 다만 24시간을 기준으로 갱신 되기 때문에 아침에 체크한 후 걸어 놓는 것이 유리하다. 그리고 올블로그에 방문하지 않고도 가장 많이 추천받은 글의 RSS를 구독하게 되면 실시간으로 어떤 글이 올라오는지 관찰 할 수 있다. 이부분에 대해서는 뒤에서 별도로 다루도록 하겠다.

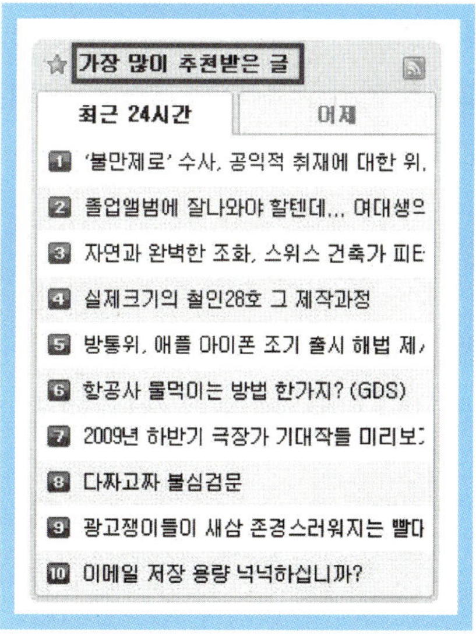

● **다음뷰(http://v.daum.net)**

다음뷰는 국내 최대의 메타블로그 서비스라고 할 수 있다. 블로거들 사이에는 다음뷰에서 자신의 글이 베스트에 선정되는 날은 트래픽 폭탄을 맞는 날이라는 우스개 소리가 있을 정도로 거대 메타블로그 서비스라고 할 수 있다. 다음뷰는 트랙백 대상을 검색할 때 항상 1순위로 고려해야 되는 곳이라고 생각을 해야 한다.

다음뷰로 접속하면 상단에는 올블로그와 마찬가지로 그날의 이슈가 되는 키워드들을 중심으로한 글들이 네모박스에 선정되서 보이고 있고 그 아래 중앙에는 시사, 사는 이야기, 문화 연예 등의 주요 카테고리 메뉴들로 구성이 되어 있다.

일단 가장 처음으로 상단의 그날 이슈 키워드가 되는 글들을 모아놓은 박스 글들을 살펴보는 것이다. 매일 이슈가 되는 키워드가 틀리기 때문에 자신의 글과 연관성이 있는 이슈가 올라오는지 오전에 잘 살펴야 한다. 그 다음으로는 아래쪽에 카테고리별로 인기글 최신글을 모아놓은 목록이다.

대 카테고리는 my view, 시사, 라이프, 문화연예, IT과학, 스포츠, 경제 등으로 큰 분류로 나눠 놓은 것이 보일 것이다. 1차적으로 트랙백을 전송할 내글과 맞는 대 카테고리를 클릭하면 해당카테고리의 인기글 목록이 아래쪽에 보여진다. 가장 최근에 올라온 글 부터 순차적으로 보여준다. 일단은 1차적으로 이렇게 대 카테고리 분류의 인기글에서 트랙백 대상을 검색한다.

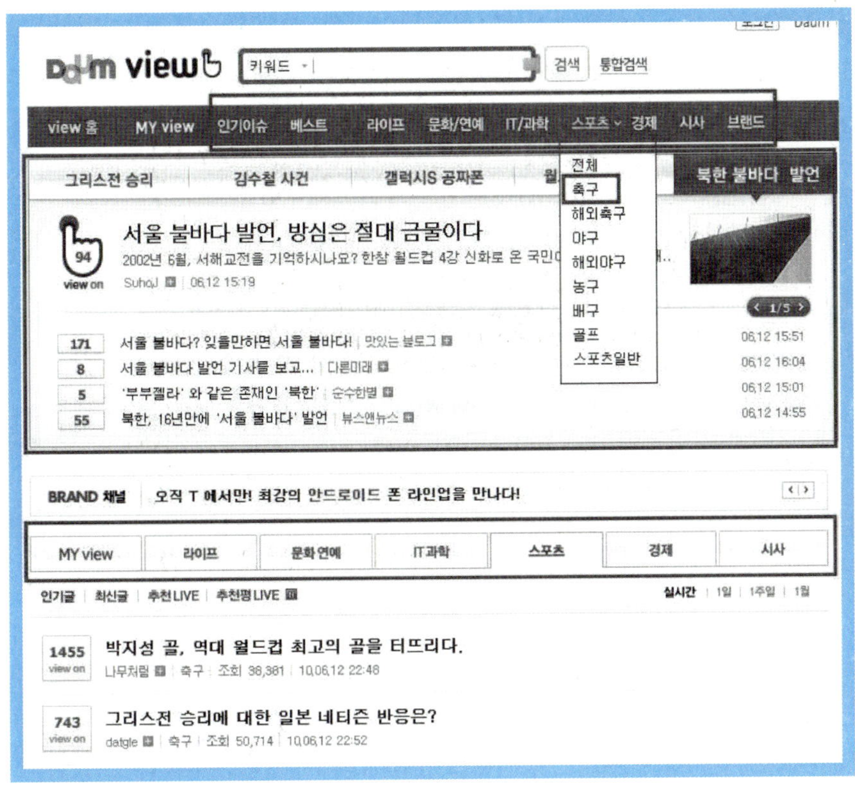

2차적으로는 대카테고리에 있는 세부 분류를 참고하는 것이다. 상단의 파란색의 대카테고리 중에 하나의 카테고리에 마우스를 갖다대면 해당카테고리의 하위카테고리 메뉴가 아래로 펼쳐진다. 여기에서 내 글에 맞는 분류 키워드를 클릭하면 된다.

이번에는 3차적인 방법으로 트랙백을 전송할 내 글의 핵심 키워드를 다음뷰에서 검색한 후 트래백 대상을 찾는 방법이다. 먼저 다음뷰 메인화면에서 앞에서 필자가 사용했던 핵심키워드인 블로그 꾸미기를 검색한다. 그러면 상단에 블로그 꾸미기라는 검색어에 대한 추천 이슈가 나오고 그 하단에는 인기글과 최신글 목록이 나올 것이다.

인기글과 최신글 목록을 살펴보면 인기글 최신글 탭메뉴 오른쪽 끝부분에 보면 RSS

구독하기 메뉴가 있고 그 아래에 보면 1일, 1주일, 1월, 전체 메뉴가 보일 것이다.

이 메뉴는 블로그 꾸미기에 대한 검색결과를 보여줄 기간을 설정해 주는 것이다. 1주일을 클릭하면 1주일치의 블로그 꾸미기 관련 글들을 보여주는 것이고 전체를 클릭하면 블로그 꾸미기 관련 다음뷰의 모든 글들을 보여준다. 기간은 각자가 알아서 설정한 후 트랙백을 전송할 대상글을 파악한 후 트랙백을 전송하면 된다.

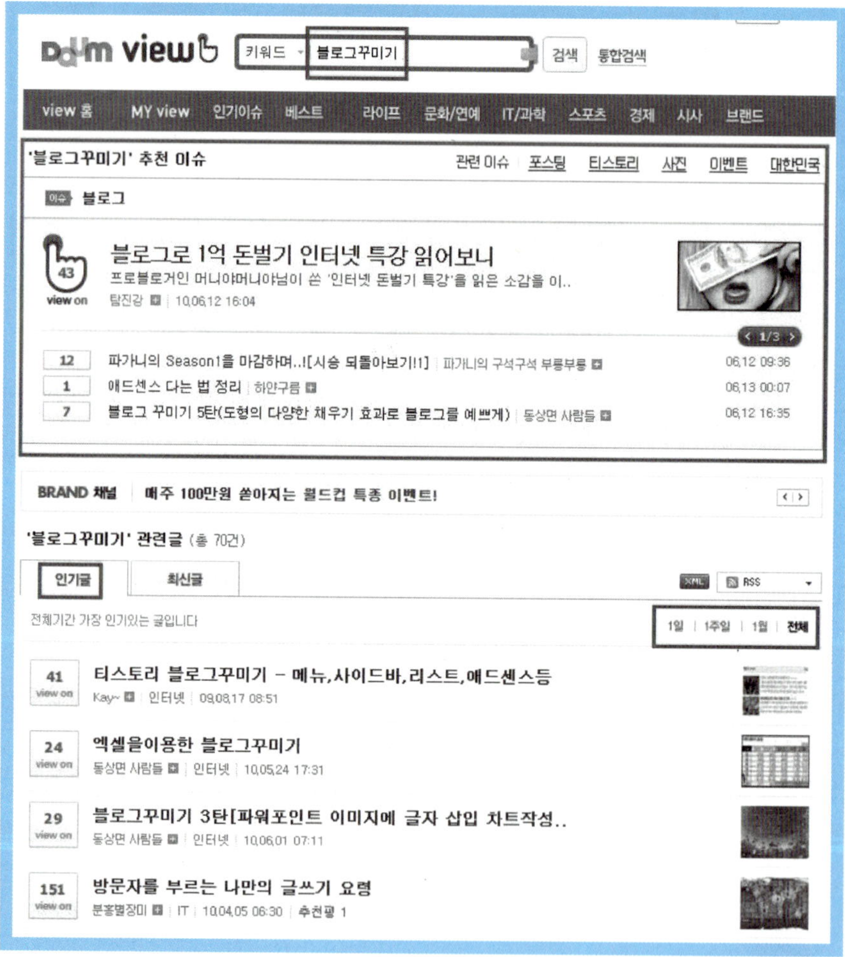

블로그 꾸미기로 다음뷰에서 검색한 후 오른쪽 사이드 영역에 보면 블로그 꾸미기 베스트라는 글목록을 다음뷰에서는 별도로 제공해 주고 있다. 베스트글은 다음뷰에서 베스트로 선정되었던 글들을 모아서 보여주는 것이므로 좀전에 우리가 블로그 꾸미기를 검색해서 인기글 탭에서 본 글목록하고는 틀리다. 왜냐하면 인기글이 모두 다음뷰의 베스트 글은 아니기 때문이다. 따라서 블로그 꾸미기 베스트 글목록은 블로그 꾸미기 라는 키워드와 좀더 연관성 밀도가 높은 글이라고 보면 된다.

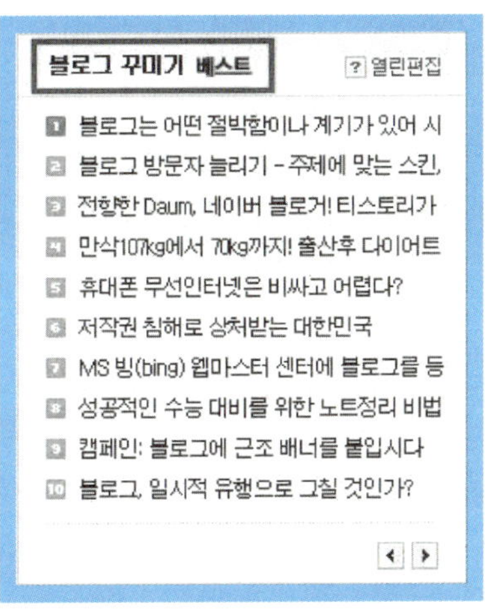

그리고 다음뷰 메인화면에서 우측에 사이드 영역에 보면 View 베스트 글목록이 보일 것이다. 이 영역은 그날의 다음 뷰에서 이슈가 되고 있는 베스트 글들을 보여준다. 분류는 종합, 문화 연예, IT 스포츠의 세가지 분류로 나눠서 보여주는데 View 베스트 목록에 올라오는 글들은 그야말로 트래픽 폭탄을 맞는 글들이라고 보면 된다. 따라서 수시로 확인해서 자신의 글과 연관성이 있는 글에는 트랙백을 전송해 준다.

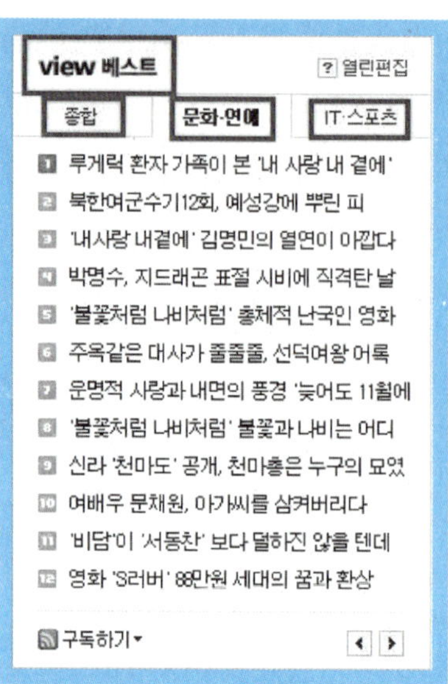

● **블로그코리아**(http://www.blogkorea.net)

블로그코리아도 다른 메타블로그와 마찬가지로 1차적으로 블로그코리아 자체적으로 제공하는 카테고리별 인기글을 찾을 수가 있다. 먼저 블로그코리아로 접속하면 상단에 첫 번째 메뉴에 실시간 인기글이라는 메뉴가 있다. 여길 클릭해 준다.

실시간 인기글을 클릭해 주면 실시간 인기글 화면으로 이동하는데 여기서 좌측편에 보면 아래 그림과 같은 카테고리 영역이 보일 것이다. 여기서 자신의 글의 주제와 어울리는 카테고리를 선택해 준다. 필자는 IT/게임 카테고리를 선택해 보도록 하겠다.

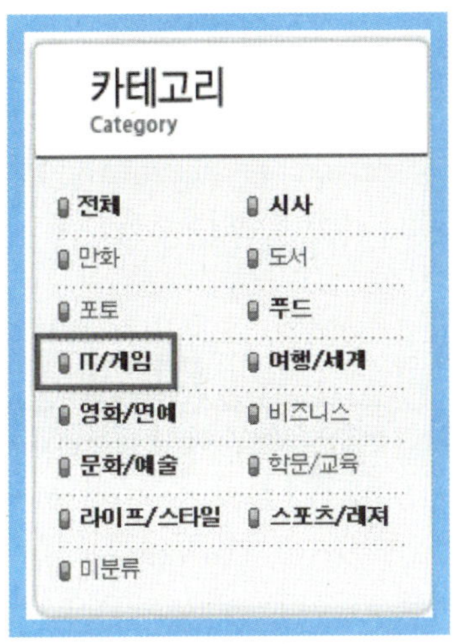

세부 카테고리인 IT/게임을 선택해 주면 해당카테고리의 인기글과 최신글 목록이 중앙 하단 영역에 나온다. 여기서 자신의 글과 비슷한 주제의 글을 찾아서 트랙백을 전송하면 된다.

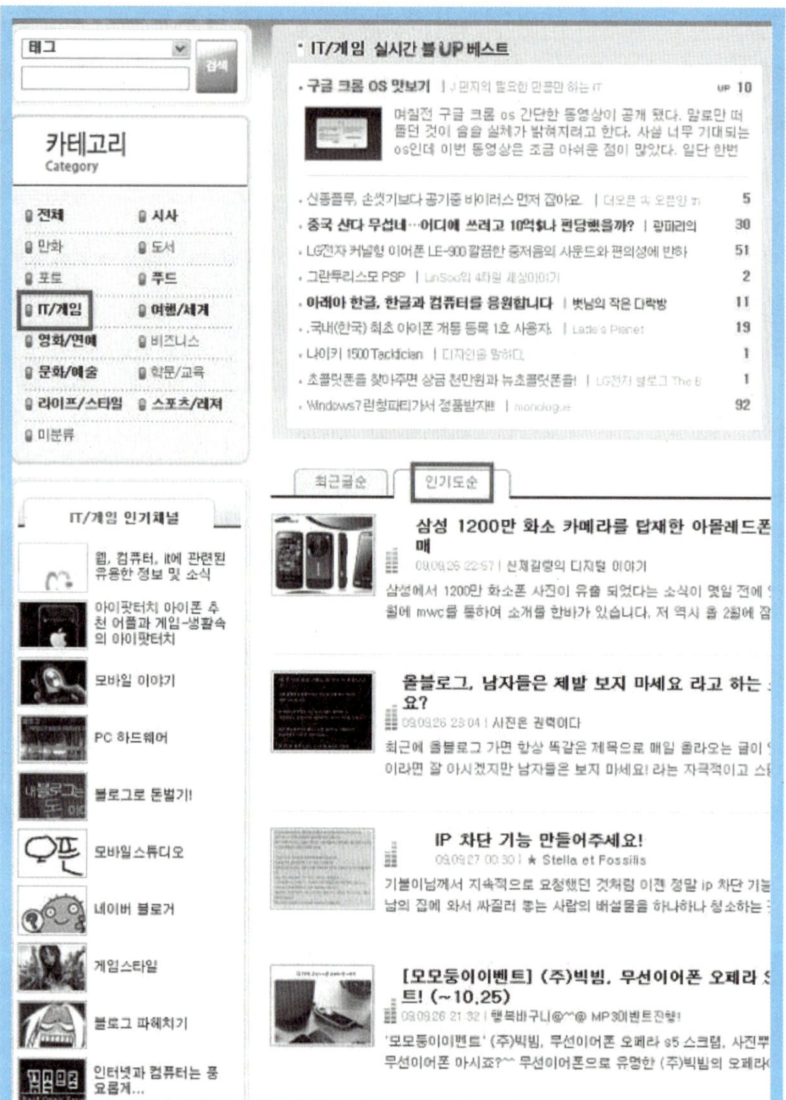

태그
검색
카테고리
Category
전체
시사
만화
도서
포토
푸드
IT/게임
여행/세계
영화/연예
비즈니스
문화/예술
학문/교육
라이프/스타일
스포츠/레저
미분류
IT/게임 인기채널
웹, 컴퓨터, it에 관련된 유용한 정보 및 소식
아이팟터치 아이폰 추천 어플과 게임-생활속의 아이팟터치
모바일 이야기
PC 하드웨어
블로그로 돈벌기!
모바일스튜디오
네이버 블로거
게임스타일
블로그 파헤치기
인터넷과 컴퓨터는 풍요롭게...
IT/게임 실시간 블 UP 베스트
구글 크롬 OS 맛보기
UP 10
며칠전 구글 크롬 os 간단한 동영상이 공개 됐다. 말로만 떠돌던 것이 슬슬 실체가 밝혀지려고 한다. 사실 너무 기대되는 os인데 이번 동영상은 조금 아쉬운 점이 많았다. 일단 한번
신종플루, 손씻기보다 공기중 바이러스 먼저 잡아요. 5
중국 산다 무섭네…어디에 쓰려고 10억$나 펀딩했을까? | 광파리의 30
LG전자 커널형 이어폰 LE-900 깔끔한 중저음의 사운드와 편의성에 반하 51
그란투리스모 PSP 2
아래아 한글, 한글과 컴퓨터를 응원합니다 | 벗님의 작은 다락방 11
국내(한국) 최초 아이폰 개통 등록 1호 사용자. | Lade's Planet 19
나이키 1500 Tacklcian | 디자인을 말하다 1
초콜릿폰을 찾아주면 상금 천만원과 뉴초콜릿폰을! 1
Windows7 런칭파티가서 정품받자!! | monologue 92
최근글순
인기도순
삼성 1200만 화소 카메라를 탑재한 아몰레드폰
09.09.26 22:57 | 신체갈량의 디지털 이야기
삼성에서 1200만 화소폰 사진이 유출 되었다는 소식이 몇일 전에
월에 mwc를 통하여 소개를 한바가 있습니다. 저 역시 올 2월에 잠
올블로그, 남자들은 제발 보지 마세요 라고 하는
요?
09.09.26 23:04 | 사진은 권력이다
최근에 올블로그 가면 항상 똑같은 제목으로 매일 올라오는 글이
이라면 잘 아시겠지만 남자들은 보지 마세요! 라는 자극적이고 스
IP 차단 기능 만들어주세요!
09.09.27 00:30 | ★ Stella et Fossilis
기블이님께서 지속적으로 요청했던 것처럼 이젠 정말 ip 차단 기능
남의 집에 와서 싸질러 놓는 사람의 배설물을 하나하나 청소하는
[모모둥이이벤트] (주)빅빔, 무선이어폰 오페라
트! (~10.25)
09.09.26 21:32 | 행복바구니@^^@ MP3이벤트진행!
'모모둥이이벤트' (주)빅빔, 무선이어폰 오페라 s5 스크림, 사진뿌
무선이어폰 아시죠?^^ 무선이어폰으로 유명한 (주)빅빔의 오페라

2차적인 방법 또한 다른 메타블로그와 마찬가지로 핵심 키워드를 검색해서 트랙백 대상을 찾는 방법이다. 블로그 코리아 검색창에 그동안 우리가 사용해 왔던 핵심 키워드인 블로그 꾸미기를 집어넣어 보니 블로그 꾸미기라는 태그가 들어가 있는 글들은 모두 정렬시켜서 보여준다. 이 중에서 인기도순 탭을 클릭한 다음 트랙백 대상을 물색하면 된다.

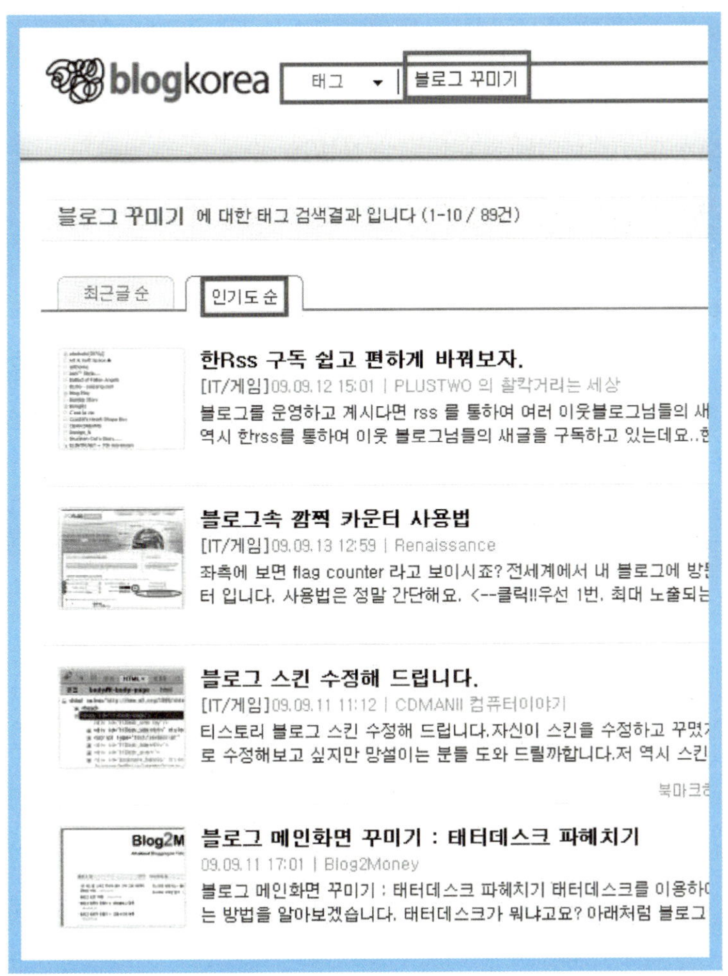

3차적인 방법으로 블로그코리아에는 다른 메타블로그와 달리 블로그코리아에 참여하는 블로거들이 자체적으로 메타블로그 형식으로 만들어서 운영할 수 있는 채널이라는 서비스가 있다. 누구든 채널은 만들 수 있고 어떠한 주제든 상관 없다. 채널들은 전부 각각의 세분화 된 주제가 있다. 일종의 대학교의 동아리와 유사하다고 생각하면 된다.

비슷한 주제에 대한 글을 공유하는 일종의 블로그 동아리인 셈이다. 따라서 내블로그의 주요 주제에 맞는 채널에 가입하고 활동을 하게 되면 그 채널에서 활동하는 블로거들은 대부분 비슷한 주제를 다루기 때문에 대부분이 무난하게 트랙백을 전송시킬 수 있는 대상 블로거들이다. 따라서 힘들게 트랙백 대상을 찾아다니지 않고 블로그코리아의 채널만 잘 활용해도 트랙백 대상은 쉽게 찾을 수 있다.

블로그코리아 메인화면에서 중앙 하단부에 보면 Cool 채널이라고 되어 있고 4개 정도의 채널이 블로그코리아 메인화면에 노출되어 있다. 여기에서 Cool 채널 오른쪽 옆에보면 채널전체보기라는 메뉴가 보일 것이다. 여길 클릭해 준다.

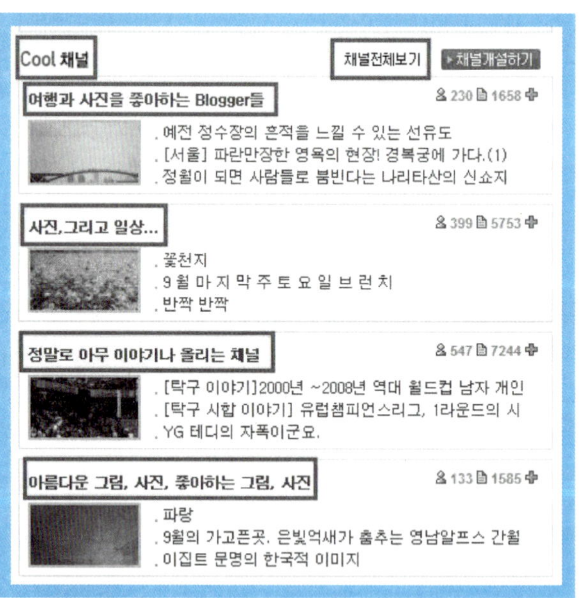

채널전체보기를 클릭하면 블로그코리아 채널 페이지로 이동한다. 여기에서 왼쪽에는 채널의 대분류 목록이 나오고 오른쪽에는 각 대분류에 해당하는 채널목록들이 나온다. 필자는 블로그이야기 채널을 선택해 줬더니 오른쪽에 상단에 블로그 이야기라고 타이틀이 보이면서 그 아래쪽에는 블로그 이야기 대분류 안에 있는 각 채널들의 이름 목록이 보일 것이다. 블로거들의 참여 인원수가 많은 채널이 가장 상단의 목록에 위치하고 그 아래로 참여 인원수에 따라 등수가 정해진다. 되도록이면 참여 인원수가 많은 채널을 택하는 것이 좋다.

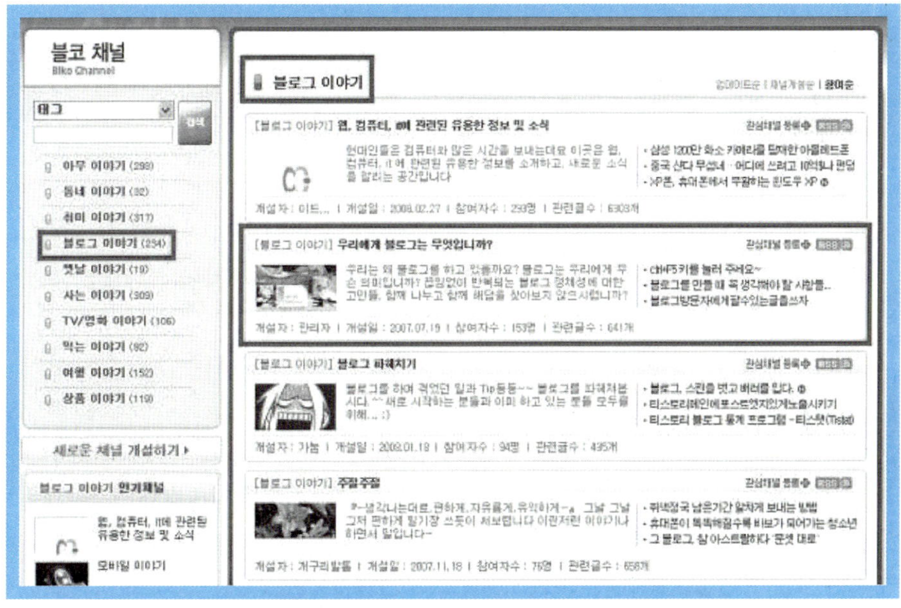

채널 목록에서 채널 이름을 하나 선택하면 해당 채널의 메인화면으로 이동하게 되고 상단에는 채널에 대한 소개글이 네모박스에 들어가 있고 그 아래에는 채널에 등록되어 있는 블로그들의 글목록이 나온다. 여기에서 내 글의 주제와 연관성이 높은 글을 찾아서 트랙백을 전송할 수도 있다.

그리고 채널의 글목록 바로 위에 오른쪽에 보면 관심채널 등록 버튼이 보일 것이다. 여길 클릭해서 관심채널로 등록해 놓으면 블로그코리아의 내 글목록 페이지에서 채널 글들을 구독할 수 있다. 트랙백 대상들의 카테고리나 글을 구독해서 관리하는 기법은 뒤에서 자세히 다루도록 하겠다.

● **믹시**(http://mixsh.com)

믹시 또한 1차적으로 메타블로그 상단 메뉴에 각 주제별 대분류 카테고리가 있다. 여기에서 자신의 글 주제와 맞는 카테고리를 먼저 선택해 준다. 그러면 해당 카테고리의 인기글 목록이 나온다.

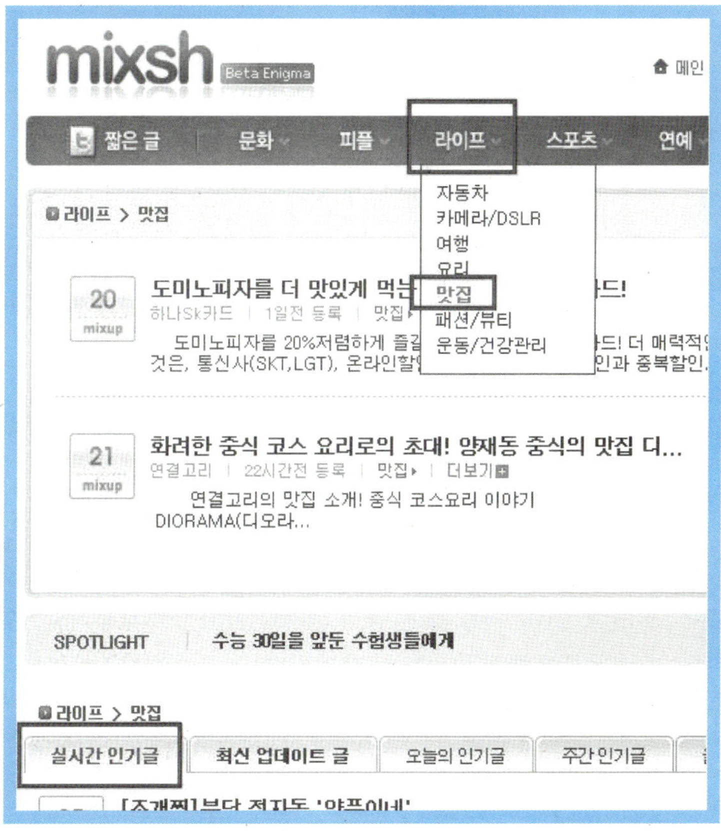

해당 카테고리의 실시간 인기글이 나오는 탭 오른쪽에 보면 오늘의 인기글 주간, 월간 인기글을 볼 수 있는 옵션이 있다. 이 옵션 카테고리를 클릭해 주면 시점별로 인기글 목록을 볼 수 있다. 시점별 인기글 목록을 보고 트랙백 대상을 검색하면 된다.

2차적으로는 믹시에서도 핵심 키워드를 검색하는 방법이다. 믹시 검색창에 블로그 꾸미기와 같은 자신의 글의 핵심 키워드를 검색한다.

그러면 블로그 꾸미기 키워드에 해당하는 글 목록이 나온다. 믹시는 마우스 스크롤을 아래로 내리면 자동적으로 더욱 많은 글들을 보여주므로 참고하기 바란다.

3. 비슷한 주제를 자주 다루는 블로거들과 친분을 맺어라

검색엔진이나 메타블로그와 같은 곳에서 트랙백 대상을 손쉽게 검색할 수도 있지만 무엇보다도 블로그 사회에서 블로깅 활동을 하다보면 비슷한 주제를 다루는 블로거들을 알게 되고 다양한 주제를 다루는 블로거들과도 친분을 맺기 마련이다. 따라서 일단은 비슷한 주제를 다루는 블로거들은 별도로 즐겨찾기 등에 폴더를 만들어서 저장해 놓고 관리를 한다면 새로운 글을 작성한 다음에 즐겨찾기에 추가해 놓은 비슷한 주제를 다루는 블로그들에게 손쉽게 트랙백을 보낼 수가 있다.

블로그 관련 다양한 팁이 많은 블로거팁닷컴
http://www.bloggertip.com/

4. 포털 사이트의 메인에 올라와 있는 콘텐츠에 트랙백을 전송하라

● 네이버 메인에서 트랙백 대상을 검색하라

네이버에 로그인을 하지 않은 상태에서 메인화면의 오픈캐스트 영역은 네이버가 자체적으로 선정하는 베스트 오픈캐스트들이 나온다. 여기에서 최초의 접속시에 보여지는 영역은 주로 요즘 뜨는이야기, 생활의 발견, 감성지수 36.5 등의 몇 가지가 메인에 주로 보여지지만 좌측의 추천탭에 있는 오픈캐스트 목록들은 대부분 많은 유저들이 방문을 하므로 이 중에서 내 글과 관련이 있는 블로그 글에는 트랙백을 보내 놓는 것이 유리하다.

그리고 네이버 메인의 오픈캐스트에 올라온 글도 하루를 넘기는 경우는 잘 없으므로 되도록이면 매일 매일 아침 이른 시간대에 체크를 해서 트랙백을 전송해 놓는 것이 유리하다.

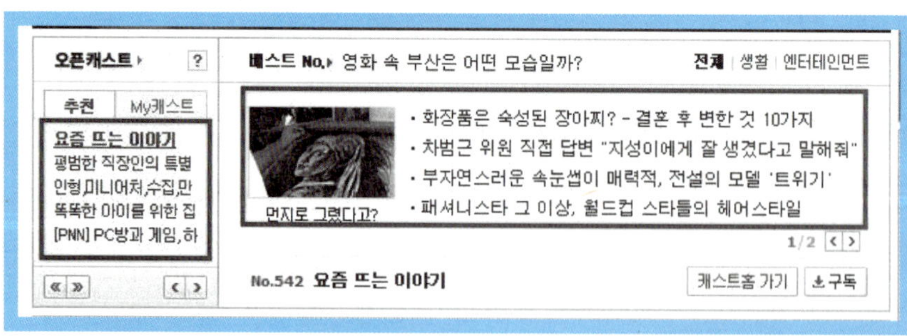

● 다음 메인에서 트랙백 대상을 검색하라

다음 메인의 View 영역은 다음의 메타블로그인 다음 View에 블로거들이 발행한 글들 중 좋은 글들을 선별해서 올려주는 영역이다. 따라서 View 영역에서도 내글과 연관이 있는 글이 있을 경우에는 트랙백을 전송하는 것이 좋다. 그리고 되도록이면 이른 아침 시간에 분석을 한 후 트랙백을 전송해서 하루의 효과를 온전히 가져가는 것이 좋다.

대물 촬영거부 당연하다

- **교사가 학생에게 절대 해서는 안 되는 말**
- 예식장에서 잠시 꺼두어도 좋을 대화들
- 아내 출장 3일 동안 집안일 방치해 놨더니
- 제법 잘 만든 GM대우 알페온, 그러나

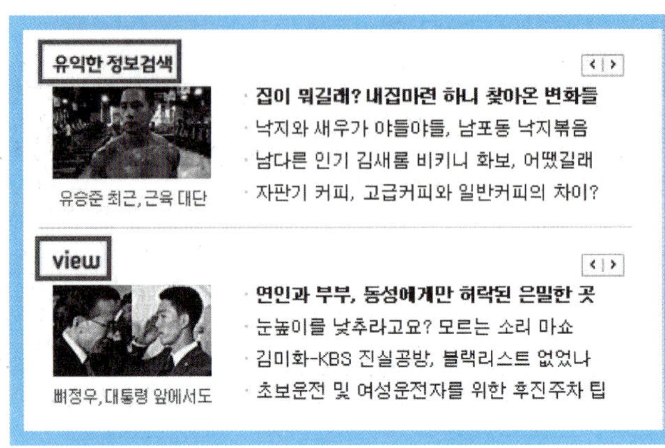

:: RSS 구독기능을 활용한 트랙백 대상 효율적인 관리기법

앞에서 우리는 트랙백 대상들을 다양한 곳에서 검색하는 방법들을 알아봤다. 이번에는 조금 더 효율적으로 트랙백 대상을 파악하는 방법에 대해서 알아보자. 앞에서 우리는 검색엔진이나 메타블로그에 가서 일일이 카테고리나 내글의 핵심 키워드를 검색해서 트랙백 대상을 파악해 냈다.

이러한 방법들의 한 가지 단점은 일일이 내가 해당 사이트로 이동해서 트랙백 대상을 파악해야 한다는 것이다. 이렇게 일일이 방문하면 시간이 상당히 많이 소요되는 단점을 극복하기 위해서 RSS 구독기를 활용해 한꺼번에 관리하는 기법에 대해 알아보도록 하자.

먼저 메타블로그 서비스 중에서 다음뷰를 대표적인 예로 들어 보겠다. 다음 뷰의 메인 화면으로 이동한 다음 대카테고리나 HOT채널 중에서 트랙백을 전송할 내 글의 주제와 부합하는 카테고리를 선택해 준다. 필자는 HOT 채널에서 블로그 카테고리를 선택해 보겠다. 블로그 카테고리를 선택하자, 블로그 카테고리에 인기글과 최신글 목록이 나온다.

인기글과 최신글 메뉴탭의 오른쪽 옆에보면 구독하기라는 RSS 버튼이 보일 것이다. 여기 구독하기를 클릭하면 아래로 3개의 RSS 구독메뉴가 나온다. 이 중에서 그냥 RSS 라고 적혀 있는걸 클릭한다.

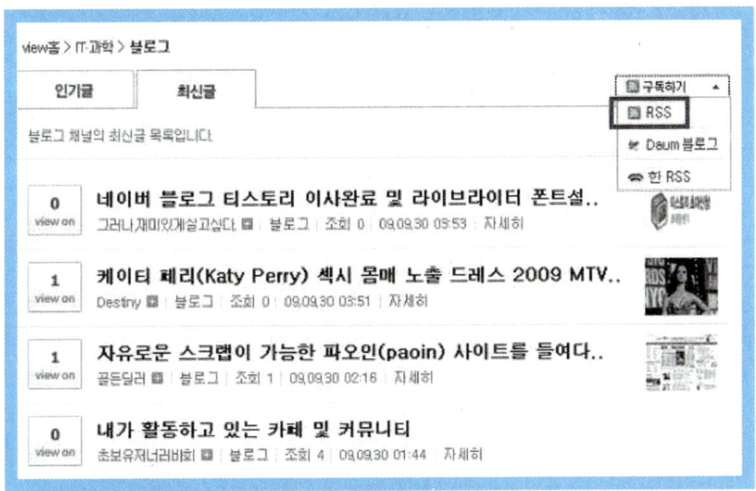

RSS를 클릭해 주면 RSS 고유의 화면이 나올것이다. 근데 우리는 다음뷰에서도 블로그라는 카테고리까지 클릭해 들어가서 이 RSS 버튼을 눌렀다는 걸 기억하라. RSS 화면 상단에 블로그 채널 인기글이라고 되어 있을 것이다. 이 RSS는 다음뷰의 블로그 카테고리에 대한 고유 RSS 주소인 것이다. 상단에 주소줄에 보면 RSS 주소가 다음뷰로 되어 있는걸 쉽게 확인 할 수 있을 것이다. 그러면 이제 주소줄에서 이 RSS 주소를 선택해서 복사를 한다.

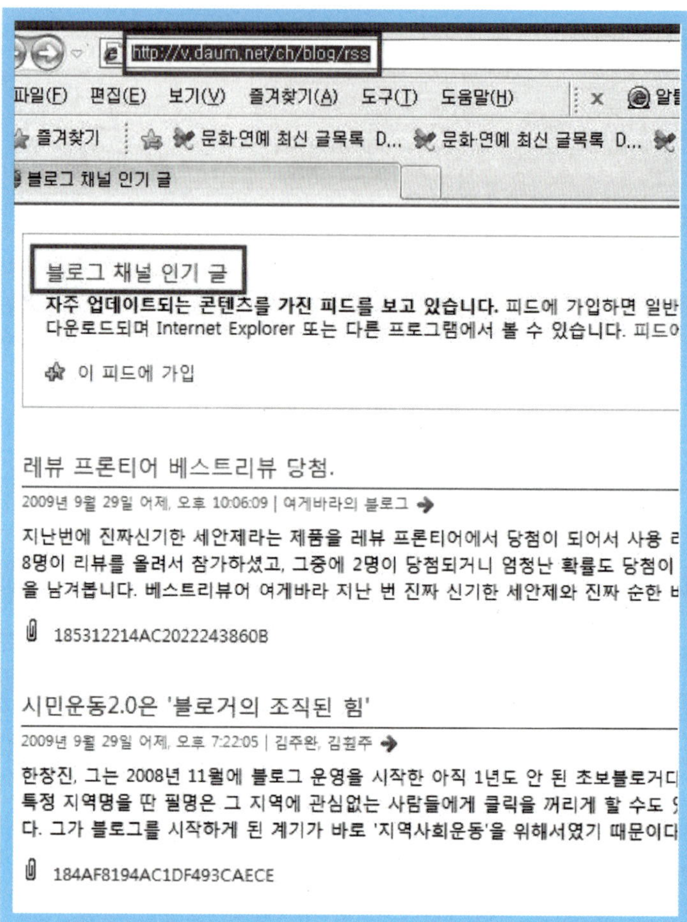

RSS 주소를 복사했으면 이제 RSS 구독기인 한 RSS에 로그인해서 추가 버튼을 눌러서 복사한 주소를 붙여넣기 해준다.

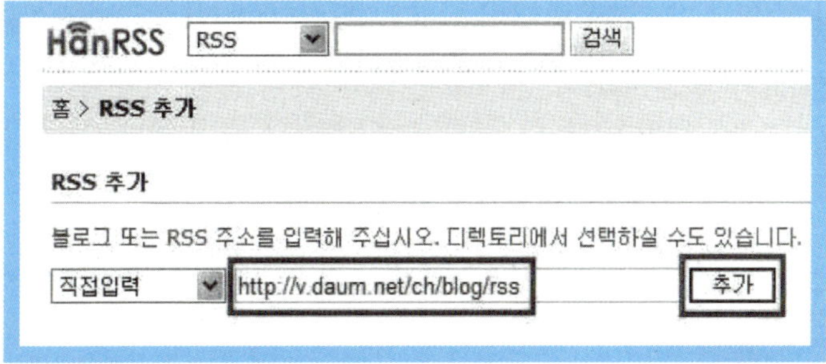

한 RSS 구독기 사용법은 RSS를 활용하라 코너를 참조할것 여하튼 한 RSS에 주소를 입력하고 추가 버튼을 눌러주면 나의 한 RSS 구독기에 다음 뷰의 블로그채널이 추가된다. 이렇게 RSS 구독기에 추가해 놓으면 굳이 다음뷰로 가서 블로그 채널에 어떠한 글이 새로 업데이트 되었는지 확인하지 않고 한 RSS에만 접속하면 편하게 받아 볼 수 있게 되는 것이다.

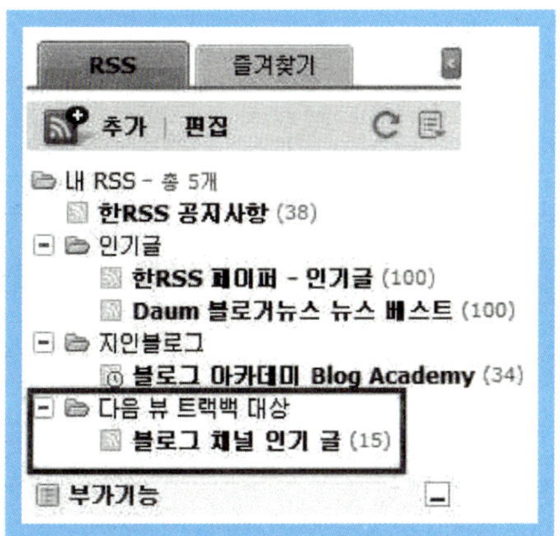

다음뷰에서는 채널 카테고리 말고도 특정 키워드에 대해서도 RSS 목록을 제공해 준다. 예를 들어 다음뷰에서 아이폰이라고 검색을 한 다음 이전과 동일하게 구독하기 버튼을 눌러 RSS 버튼을 선택해 준다.

그러면 이전과 같이 RSS 고유화면이 나오는데 상단에 Daum view 아이폰 최신글이라고 되어 있는 것이 보일 것이다. 이 RSS 주소는 다음 뷰에서 아이폰이라는 키워드와 연관된 글들을 제공해 주는 것이다.

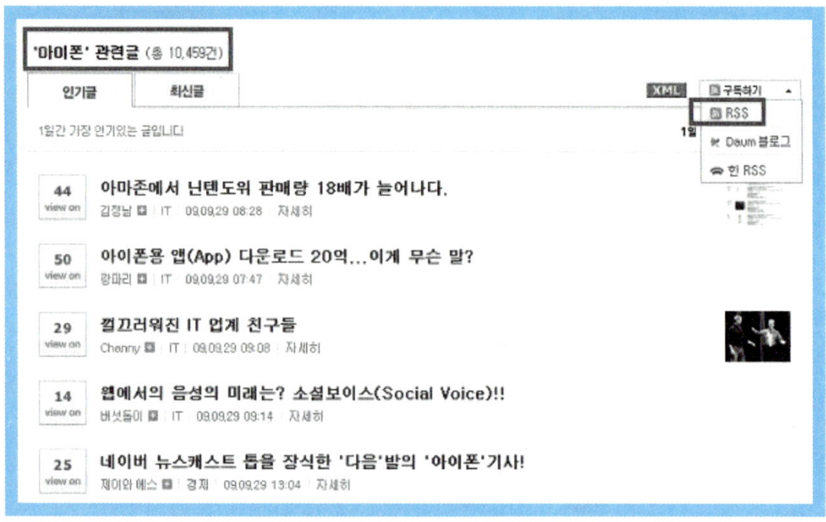

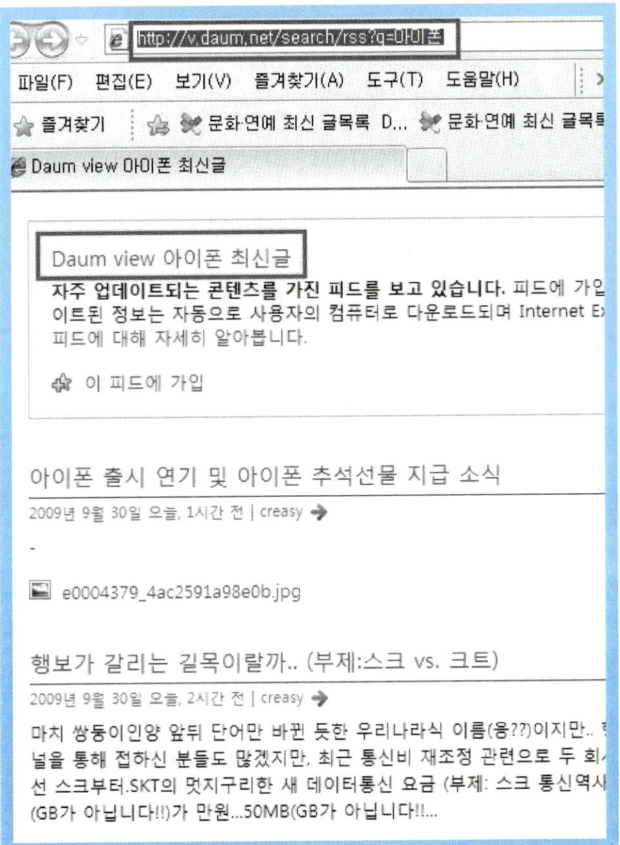

이렇게 다음뷰에서는 카테고리 별 RSS 주소도 제공하지만 더욱 세분화 시켜서 키워드 별 RSS 주소도 제공해 주고 있는 것이다. 이번에도 아이폰 RSS 주소를 한 RSS에 구독 추가를 했더니 아래 그림과 같이 추가된 것을 확인할 수 있다.

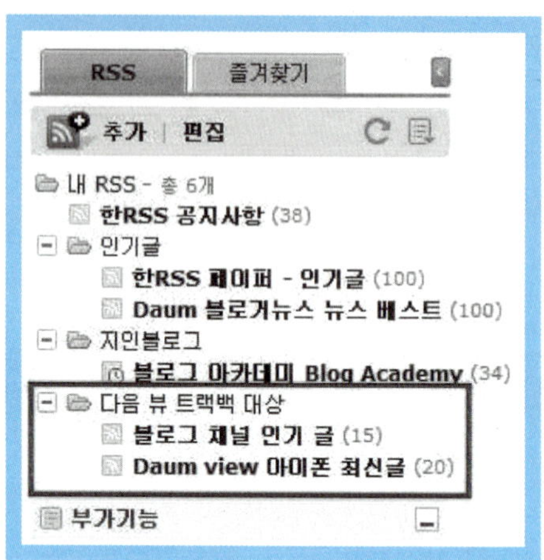

다음으로 올블로그도 추천글과 키워드로 검색했을 때 해당키워드에 대한 정보를 RSS 형태로 제공하고 있다. 올블로그에 접속해서 메인화면 오른쪽 사이드 영역에 보면 가장많이 추천 받은 글이라는 별도의 사각박스 글목록이 보일 것이다.

가장 많이 추천 받은 글은 그날의 올블로그에 올라온 베스트 글들이라고 보면 된다. 여기에도 가장 많이 추천 받은 글이라는 타이틀 오른쪽에 보면 RSS 피드 표시가 보일 것이다. 여길 클릭해 주면 가장 많이 추천 받은 글의 고유 RSS 주소가 나온다. 그러면 위에서 RSS를 추가한 방법과 동일한 방법으로 추가해 주면 된다.

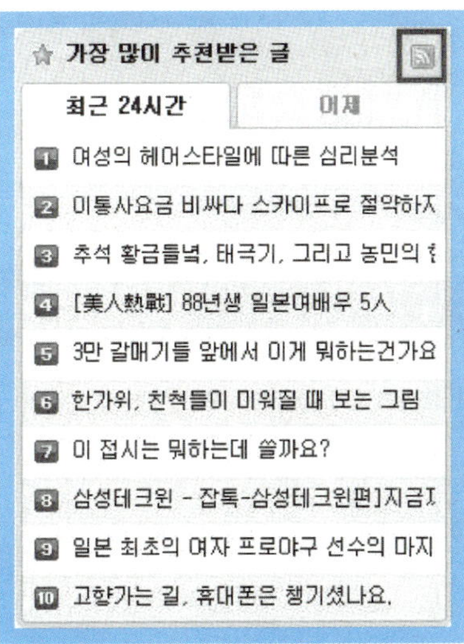

만약 가장 많이 추천 받은 글의 RSS 피드가 클릭을 해도 RSS 주소가 뜨지 않을 경우에는 사이드영역 하단으로 더 내려보면 별도로 추천글에 대한 RSS 바로가기 버튼을 제공하고 있으니 이 메뉴를 활용하면 된다. 어제의 인기글까지 활용하려면 어제의 인기글 RSS도 구독을 하면 된다.

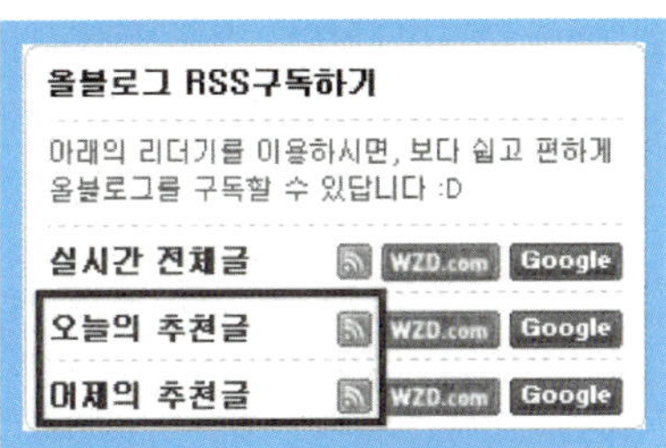

그리고 올블로그에서도 검색창에 특정 키워드를 검색한다. 필자는 아이폰이라는 키워드를 입력해 검색해 보도록 하겠다. 그러자 아이폰 관련 글들이 검색 되어져서 나오고 검색창 아래 좌측영역에 아이폰 검색결과입니다. 라는 문구와 함께 RSS 피드가 표시되어 있는 것이 보일 것이다. 여기 RSS 피드를 클릭해 주면 아이폰에 대한 올블로그의 RSS 주소가 나온다. 이 주소를 구독추가 하면 된다.

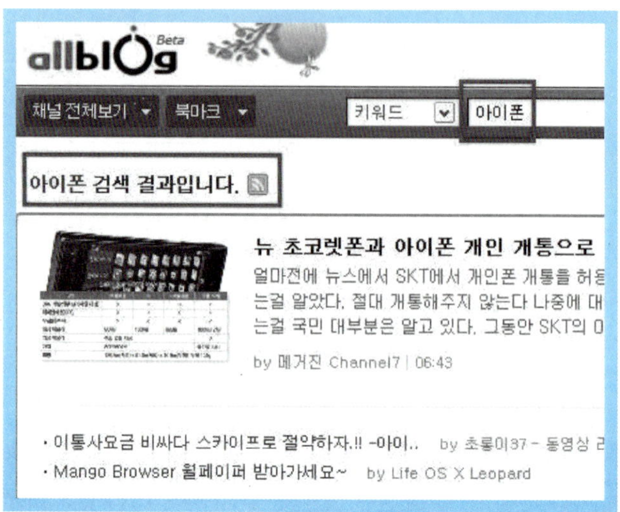

이렇게 올블로그에서 트랙백 대상이 될만한 추천글과 특정 키워드들을 구독추가한 화면이다. 아래 그림과 같이 특정키워드에 관한 올블로그 글들은 올블로그 글제목에서 [ ] 검색결과 글 목록이라는 타이틀로 표시된다. 키워드까지 자동으로 표시되지 않는 것이 아쉽지만 이건 나의 한 RSS에서 바꿔주면 된다.

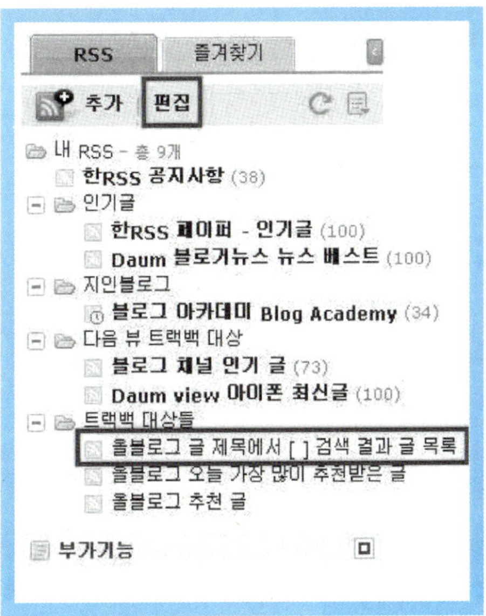

위와 같이 한 RSS에 내가 구독하는 RSS 목록에 올블로그 글 제목에서 [ ] 검색결과 글 목록이라는 문구로 구독추가가 된 것이 보일 것이다. 필자는 아이폰에 대한 올블로그 글을 구독추가한 것인데 여러 키워드를 구독했을 경우에는 어느 것이 어떤 키워드에 대한 RSS 목록인지 헛갈릴 수 밖에 없다.

그럴 때는 한 RSS 구독목록 화면 상단에 편집 버튼을 클릭해 준다. 그러면 아래 그림과 같이 한 RSS 화면 오른쪽에 내 RSS 구독목록 폴더를 관리 하거나 편집할 수 있는 화면이 나온다. 여기에서 제목을 변경해 줄 구독목록 앞에 체크옵션에 체크를 해서 선택해 준 후 구독목록 제목 끝에 있는 관리라는 문구를 클릭해 준다.

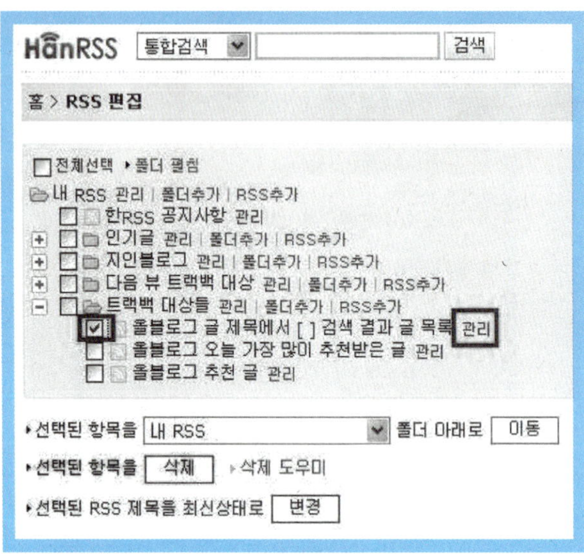

관리라는 문구를 클릭해 주면 해당 RSS 구독목록에 대해 제목변경 및 상세구독 설정을 할 수 있는 팝업창이 뜬다. 여기에서 상단에 문구제목을 50자 이내로 자유롭게 변경해 주면 된다.

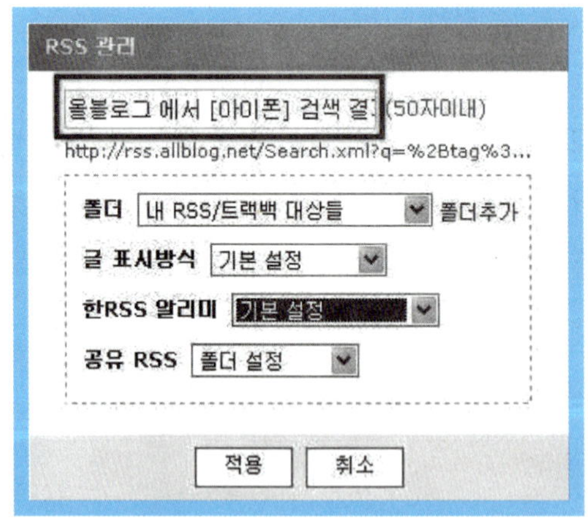

필자는 올블로그에서 [아이폰] 검색결과 글 목록이라고 수정해 주었다. 그러면 아래 그림처럼 나의 한RSS 구독목록에서도 변경한 구독목록으로 바뀌어 있는 것이 보일 것이다.

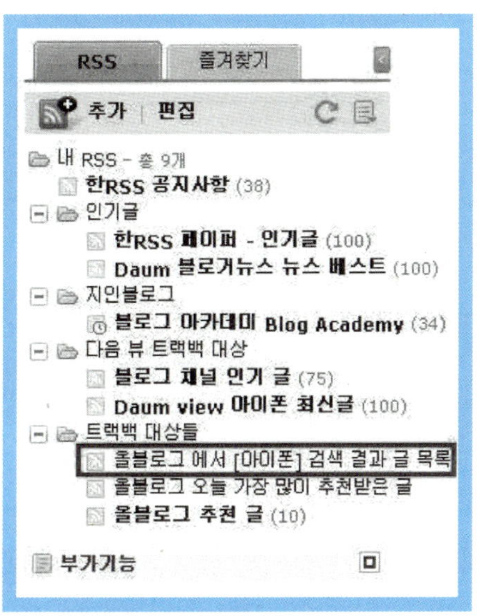

다음뷰에서는 각 검색 키워드에 대한 최신글이라는 표시를 해주기 때문에 굳이 한RSS 구독목록을 수정해 줄 필요가 없었지만 올블로그에서는 약간은 번거롭겠지만 이렇게 구독할 키워드에 대해서는 구독추가한 후 일일이 수정을 해 줘야 한다.

블로그코리아에서는 키워드 검색결과로는 RSS 목록을 제공하고 있지 않지만 채널과 실시간 인기글 카테고리에서 TOP 130 블로그들에 대해서는 RSS 목록을 제공하고 있다. 블로그 코리아에 접속한 후 상단메뉴에서 실시간 인기글을 클릭해 주면 실시간 인기글 화면으로 들어가게 된다. 여기에서 좌측에서 카테고리 중에서 내가 구독할 카테고리를 지정해 준다.

카테고리를 선택해 주면 해당 카테고리에 대한 실시간 인기글 화면으로 변경이 되고 오른쪽 상단 영역에 TOP130 최신글이라는 목록이 보일 것이다. 여기는 블로그코리아의 특정 카테고리에 대해 상위 130위까지의 블로그들의 최신글을 보여주는 곳이다. 대부분이 파워 블로거들이라고 보면 된다. 여기 TOP130 최신글 제목 옆에 보면 RSS 피드 표시가 보일 것이다. 이 RSS 피드를 클릭해 주면 TOP130 최신글에 대한 RSS 주소가 나온다. 그러면 이 주소를 한 RSS 내 구독기에 추가하면 된다.

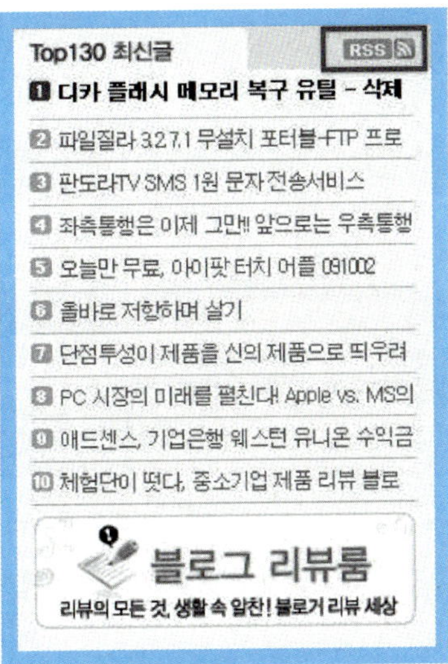

블로그코리아에는 채널이라는 서비스가 있다고 앞장에서 설명한 바 있다. 이 채널또한 특정 채널만 RSS로 구독할 수가 있다. 블로그코리아의 채널로 접속해서 내가 원하는 채널 주제를 클릭하면 각 채널 목록들이 나올 것이다. 필자는 블로그이야기라는 채널 주제를 선택하니 블로그 관련 채널들 목록이 나왔다. 각 채널들 목록마다 채널명 우측에 RSS 피드표시가 있는 것이 보일 것이다. 여기에서 내가 RSS로 구독하길 원하는 채널의 RSS피드를 클릭해서 해당채널의 RSS주소를 내 한RSS 구독기에 추가해 주면 된다.

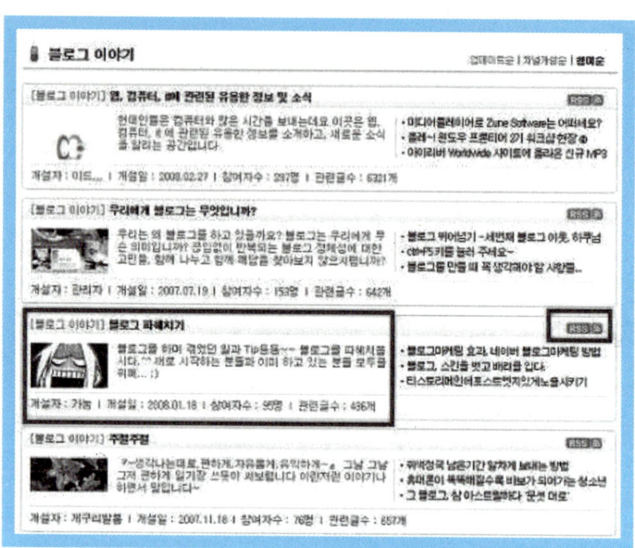

필자는 블로그 파헤치기라는 채널을 한 RSS에 구독추가해 보았더니 필자의 한 RSS에 추가된 것이 보일 것이다.

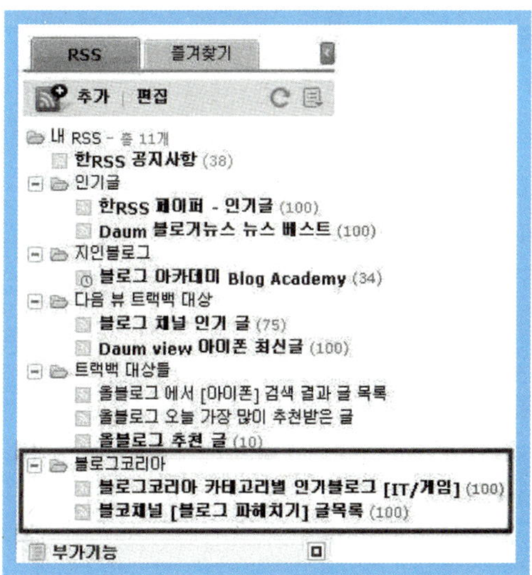

한겨레 신문은 각 카테고리별 기사들마다 RSS를 제공하고 있다. 한겨레 신문(http://www.hani.co.kr)에 접속한 후 메인화면 가장 하단에 홈페이지 관련 정보가 있는 영역에 보면 RSS라고 되어 있는 문구가 보일 것이다. 이 RSS 문구를 클릭해 준다.

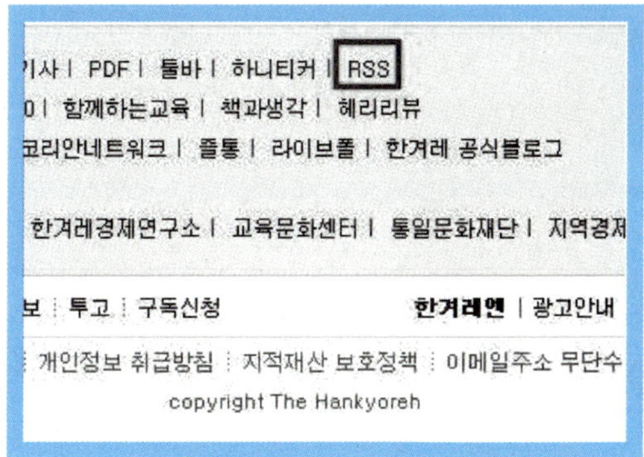

RSS를 클릭하면 한겨레 신문의 카테고리별 RSS 주소목록 페이지가 나온다. 여기에서 내가 구독하길 원하는 주제의 RSS주소를 복사해서 한RSS 구독기에 추가해 주면 된다.

인터넷한겨레 RSS 서비스 주소

전체기사	http://www.hani.co.kr/rss/
정치	http://www.hani.co.kr/rss/politics/
경제	http://www.hani.co.kr/rss/economy/
사회	http://www.hani.co.kr/rss/society/
국제	http://www.hani.co.kr/rss/international/
대중문화	http://www.hani.co.kr/rss/culture/
스포츠	http://www.hani.co.kr/rss/sports/
과학	http://www.hani.co.kr/rss/science/
사설·칼럼	http://www.hani.co.kr/rss/opinion/
만화만평	http://www.hani.co.kr/rss/cartoon/
English Edition	http://www.hani.co.kr/rss/english_edition/
한겨레섹션	http://www.hani.co.kr/rss/specialsection/
하니온리	http://www.hani.co.kr/rss/hanionly/
한겨레온리	http://www.hani.co.kr/rss/hkronly/
멀티하니 (사진뉴스)	http://www.hani.co.kr/rss/multihani/
주요기사	http://www.hani.co.kr/rss/lead/
인기기사	http://www.hani.co.kr/rss/newsrank/

필자는 대중문화와 과학 카테고리를 한 RSS에 구독추가해 보았더니 아래 화면과 같이 필자의 한 RSS 구독목록에 한겨레 신문의 대중문화와 과학카테고리가 추가된 것이 보인다.

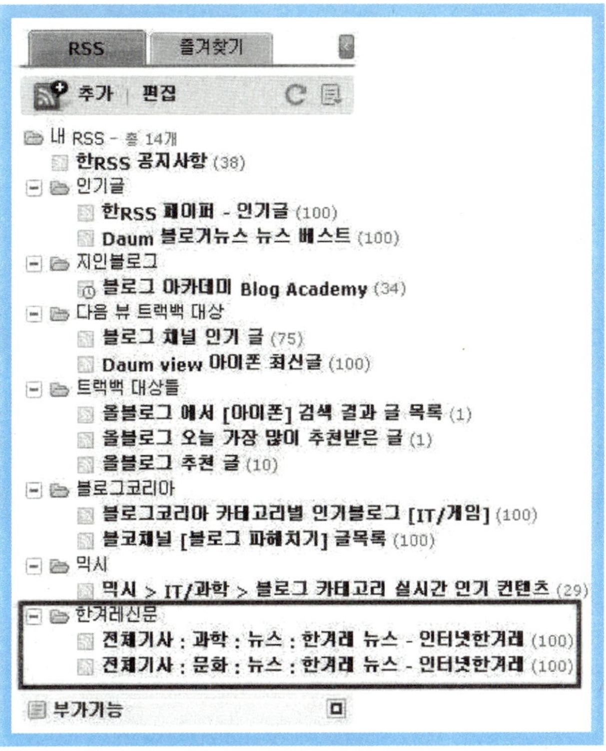

한겨레 신문에서 운영하고 있는 **한겨레 21**(http://h21.hani.co.kr)에서도 한겨레 신문과 동일하게 RSS목록을 제공하고 있으니 참고하기 바란다.

:: 다음 신지식에 트랙백을 전송하라

네이버 에서는 지식in의 질문에 대해 블로그가 트랙백을 보낼 수 없지만 다음은 유저들이 올린 질문에 대해 블로거들이 자신의 글 중 연관이 있거나 답변이 될 만한 글을 트랙백으로 전송할 수 있도록 허용하고 있다. 다음의 신지식 또한 다음 검색엔진 결과에 노출이 되므로 내 글과 연관이 있는 주제이거나 내 글이 답변이 될 만한 질문에는 트랙백으로 내글을 전송해 놓으면 다음 신지식에 답변으로 달리게 된다.

물론 다음 신지식의 운영 원칙에 따라 전혀 상관없는 글을 트랙백으로 보낼 경우 불이익을 받을 수 있으니 이런 행위는 자제하도록 해야 한다. 그럼 다음 신지식에 내 글을 트랙백으로 전송하는 방법에 대해서 알아보자. 먼저 **다음 신지식**(http://k.daum. net/qna)으로 접속한다.

다음 신지식으로 접속하는 방법은 간단하다. 다음 메인화면에서 좌측 상단에 로그인 영역이 있는 곳 바로 아래에 보면 다음의 메인카테고리가 나온다. 여기서 지식이라는 단어를 클릭해 준다. 아니면 다음 검색에서 다음 신지식으로 검색해도 바로가기 링크가 나오니 참고하기 바란다.

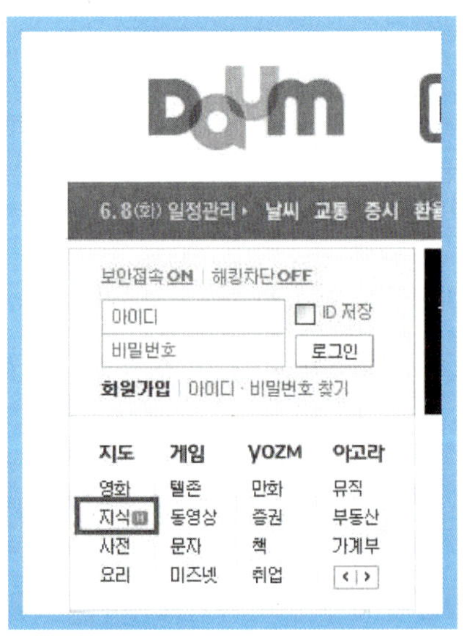

지식이라는 단어를 클릭하면 다음 신지식 홈으로 넘어간다. 다음 신지식 홈으로 접속하면 상단 가장 좌측에 신지식 관련 카테고리 전체가 있다. 여기 카테고리 전체에 마우스 커서를 갖다대면 아래로 대 카테고리가 펼쳐진다 여기서 쇼핑, 제품 카테고리에 마우스를 올리면 해당카테고리에 하위 카테고리가 나온다. 필자는 가전 핸드폰을 선택해 줬다.

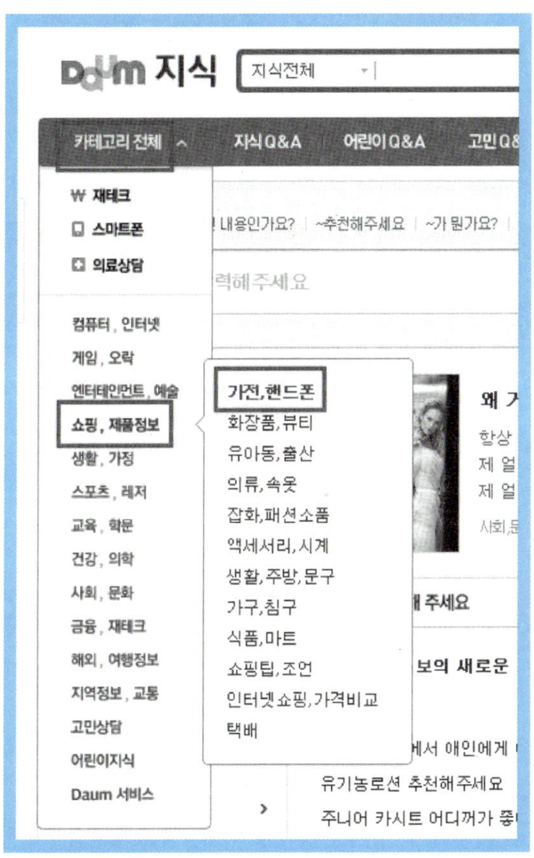

가전, 핸드폰 카테고리를 선택해 주면 다시 중앙상단에 가전, 핸드폰의 하위 카테고리 목록이 나오게 된다. 여기에서 필자는 다시 mp3, pmp라는 카테고리를 클릭해 보겠다.

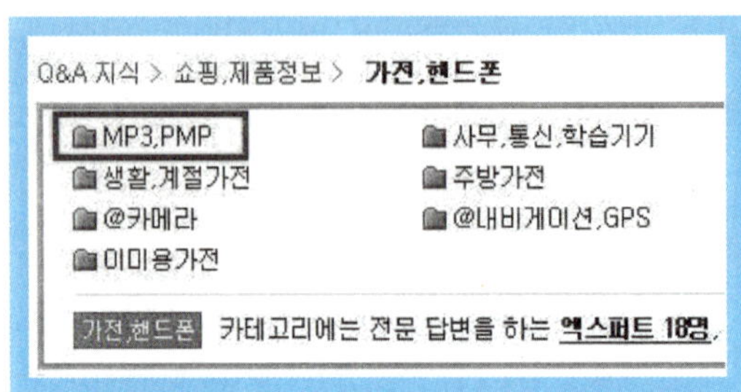

mp3, pmp라는 카테고리를 클릭하면 상단에는 인기 Q&A 목록이 나오고 하단에는 몇 가지 메뉴탭 별 목록이 제공된다. 가장 좌측에 내가 직접 대 카테고리를 클릭해서 찾아 들어온 전체탭이나 Q&A탭 라이브 Q&A탭을 클릭하면 mp3, pmp 관련 질문들이 빠른시간 순으로 정렬이 되어 있다.

그리고 그 옆에 답변 0건이라고 나와 있는 메뉴버튼은 mp3, pmp 관련 질문들 중에 아직 답변이 하나도 달려 있지 않은 질문들이라고 보면 된다. 그리고 그 옆에 인기Q&A 버튼은 mp3, pmp 관련 질문들 중 답변도 많이 달리고 추천도 많이 받은 인기있는 질문들을 모아 놓은 곳이라고 보면 된다.

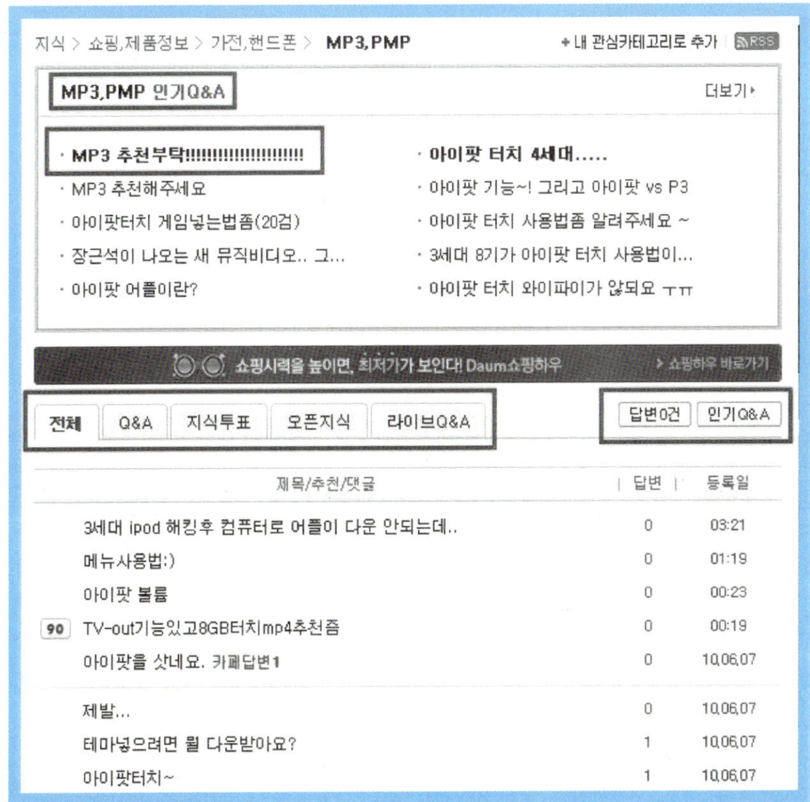

이렇게 가장 하위 단계의 카테고리까지 찾아 들어왔다면 이제 내 블로그의 글을 다음 신지식 질문에 트랙백으로 전송해 보자. 각자가 자신의 전문분야나 답변 가능한 분야의 카테고리로 찾아 들어와서 답변 가능한 질문을 선택해 주면 된다. 필자는 위의 그림에서 'MP3 추천부탁!!!!!!' 이라는 질문을 클릭해 보도록 하겠다.

'MP3 추천부탁!!!!!!' 이라는 질문을 클릭하자. 질문자의 질문 내용이 보이고 오른쪽 하단에 트랙백 보내기라는 메뉴버튼이 보일 것이다 여길 클릭해 준다.

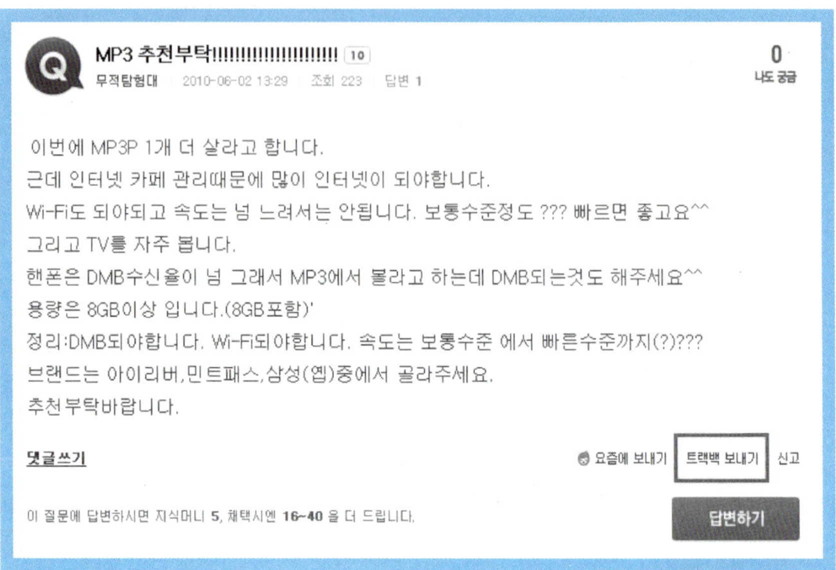

트랙백 보내기 메뉴버튼을 클릭하자, 별도의 조그마한 트랙백 주소가 포함되어 있는 트랙백 보내기 팝업 안내창이 위로 펼쳐져 나올 것이다. 여기에서 중앙에 트랙백 주소를 복사 버튼을 눌러서 복사한다. 그 다음 과정은 일반적으로 트랙백 보내는 방법과 동일하다. 내 블로그로 와서 방금복사한 'MP3 추천부탁!!!!!!'이라는 질문에 답변으로 보낼 글에 트랙백 주소를 넣어서 전송해 주면 된다.

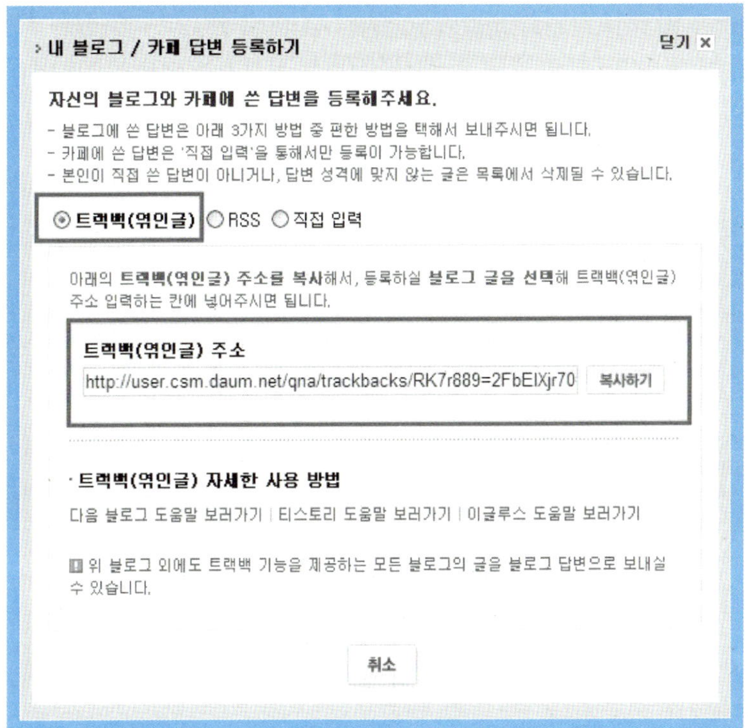

트랙백 보내는 방법을 잘 모르시는 분은 필자의 트랙백 전송방법에 관한 이전글을 참고하시길 바란다.

위의 과정과 같이 다음 신지식에서 굳이 카테고리를 통해 접근한 방식은 내가 종사하는 분야나 전문성을 가지고 있는 분야가 있을 것이다. 이렇게 자신만의 전문분야와 관련된 글들을 한꺼번에 보기에 좋은 접근 방식이기 때문이다.

그렇다면 이번에는 두 번째 방법으로 핵심 키워드를 다음 신지식에서 검색을 통해 트랙백을 보낼 질문에 바로 접근하는 방식이다. **다음 신지식**(http://k.daum.net/qna) 홈에서 찾고 싶은 질문의 특정 키워드를 입력해서 검색해 주면 된다. 필자는 아이폰 이라는 키워드를 입력해서 검색해 봤다.

다음 신지식 홈에서 아이폰이라고 검색하자, 검색결과가 아래와 같이 관련 질문이 총 429건이 검색되어지는 것을 볼 수 있다. 그리고 검색결과 목록은 3가지 방식으로 정렬해서 볼 수 있다. 정확도, 최신순, 조회수 이 3가지 옵션 중 자신이 원하는 방식으로 검색결과를 정렬해서 볼 수 있다. 이렇게 검색되어진 글 중에서 트랙백을 전송할만한 질문인지 확인한 후 위의 방법과 동일하게 트랙백을 전송하면 된다.

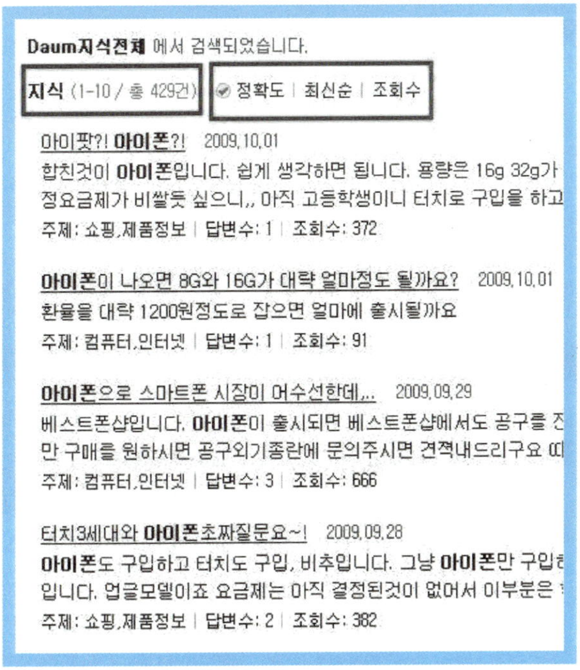

Daum지식전체 에서 검색되었습니다.

지식 (1-10 / 총 429건) 정확도 | 최신순 | 조회수

아이팟?! **아이폰**?! 2009.10.01
합친것이 **아이폰**입니다. 쉽게 생각하면 됩니다. 용량은 16g 32g가
정요금제가 비쌀듯 싶으니,, 아직 고등학생이니 터치로 구입을 하고
주제: 쇼핑,제품정보 | 답변수: 1 | 조회수: 372

아이폰이 나오면 8G와 16G가 대략 얼마정도 될까요? 2009.10.01
환율을 대략 1200원정도로 잡으면 얼마에 출시될까요
주제: 컴퓨터,인터넷 | 답변수: 1 | 조회수: 91

아이폰으로 스마트폰 시장이 머수선한데,.. 2009.09.29
베스트폰샵입니다. **아이폰**이 출시되면 베스트폰샵에서도 공구를
만 구매를 원하시면 공구외기종란에 문의주시면 견적내드리구요
주제: 컴퓨터,인터넷 | 답변수: 3 | 조회수: 666

터치3세대와 **아이폰**초짜질문요~! 2009.09.28
아이폰도 구입하고 터치도 구입, 비추입니다. 그냥 **아이폰**만 구입
입니다. 업글모델이죠 요금제는 아직 결정된것이 없어서 이부분은
주제: 쇼핑,제품정보 | 답변수: 2 | 조회수: 382

이렇게 키워드를 입력해서 다음 신지식 질문을 검색해서 트랙백을 전송하는 방식은 특정 주제를 다룬 내 블로그의 글이나 내 블로그의 전문 분야가 한가지 키워드로 압축되는 분야일 경우 효율적이라고 할 수 있다.

그럼 이번에는 다음 신지식 질문 또한 우리가 앞에서 배웠던 RSS 구독기를 통해 효율적으로 관리하는 기법에 대해서 알아보도록 하자!

첫 번째 방법으로 다음 신지식의 특정 카테고리에 대한 질문들을 RSS 구독기로 구독하려면 이전에 카테고리로 접근하는 방식에서 내가 원한는 분야의 카테고리의 인기 Q&A 글목록 우측 상단에 보면 내 관심 카테고리로 추가 옆에 RSS 피드 표시가 보일 것이다. 이RSS 피드를 클릭해 준다.

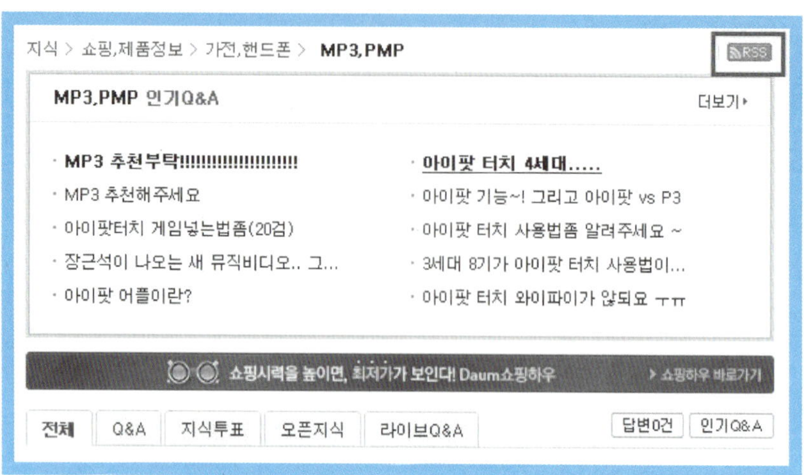

그러면 구독형태를 선택해 달라는 조그마한 옵션창이 뜰 것이다. 여기에서 질문 옵션을 체크 해 준다음 확인 버튼을 누른다.

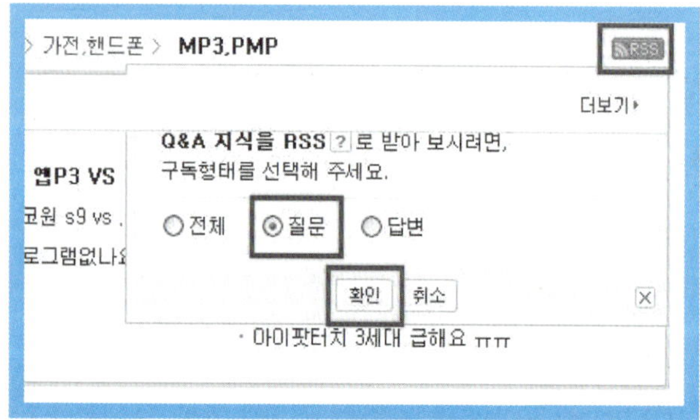

확인 버튼을 누르면 해당 카테고리에 대한 고유 RSS 화면으로 넘어간다. 상단에 다음 지식의 카테고리 경로가 나오는 것이 보일 것이다. 여기서부터는 우리가 이전에 **RSS 구독기능을 활용한 트랙백 대상 효율적인 관리기법**에서 배웠던 것과 같이 RSS 주소를 RSS구독기에 추가해 주면 된다.

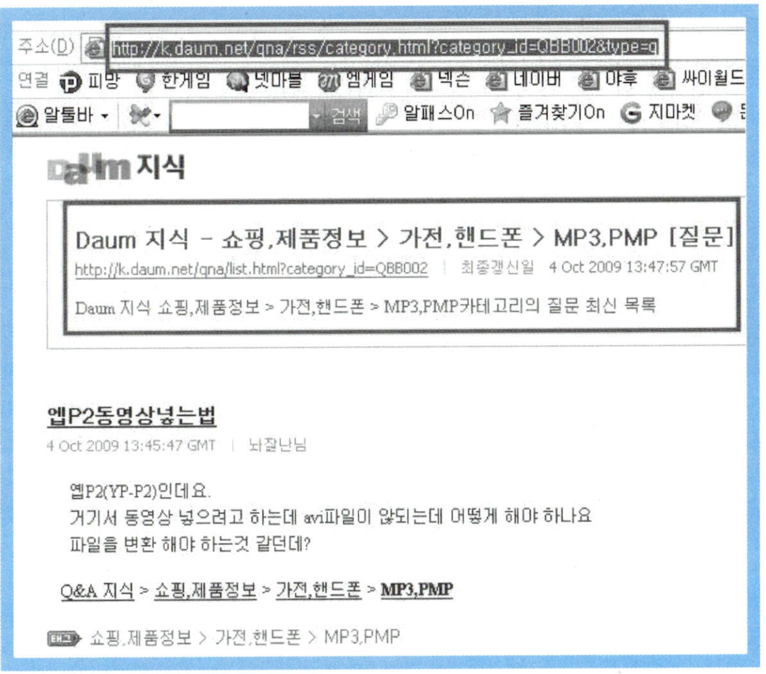

두 번째 방법으로는 특정 키워드에 대한 질문들만 RSS 구독기에 추가해서 구독하는 방식이다. 앞에서 우리가 다음 신지식 홈에서 아이폰이라는 키워드를 입력해서 아이폰 관련 질문들을 검색했었다. 그럼 아이폰 관련 질문들만 구독하기 위해서는 아이폰 이라는 키워드를 입력하고 검색한 결과 화면에 보면 아래 그림과 같이 검색창 우측에 검색 버튼 하단쪽에 보면 검색결과 목록이 시작되는 지점에 RSS 피드 표시가 보일 것이다. 이 RSS 피드를 클릭해 준다.

RSS 피드를 클릭해 주면 카테고리 RSS 피드를 클릭했을 때와 같이 구독형태를 선택해 달라는 옵션창이 뜬다. 그러면 질문 옵션을 체크해 주고 확인 버튼을 클릭해 준다.

그러면 카테고리 RSS 구독 때와 동일하게 다음 신지식의 아이폰이라는 키워드에 대한 고유 RSS 화면이 나타난다. 상단에 Daum 지식-검색어: 아이폰 [질문]이라고 되어 있는 제목이 보일 것이다. 여기서부터는 이전 방식과 똑같다. 상단의 주소줄에 RSS 주소를 복사해서 RSS 구독기에 추가하면 된다.

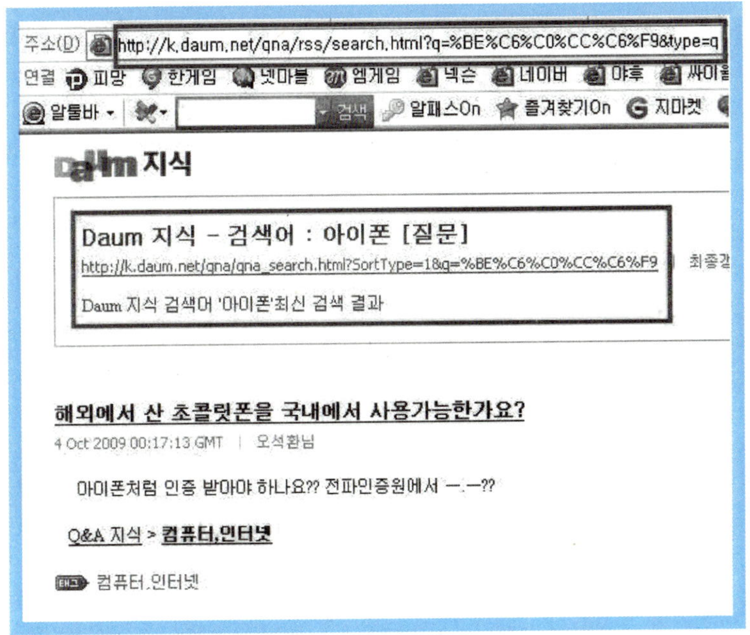

위에서 알아봤던 다음신지식 관련 두 가지 종류의 질문들을 필자의 한 RSS 구독기에 추가해 봤더니 다음과 같이 내 RSS 구독기에 잘 추가되어져 있는 것을 확인 할 수 있다.

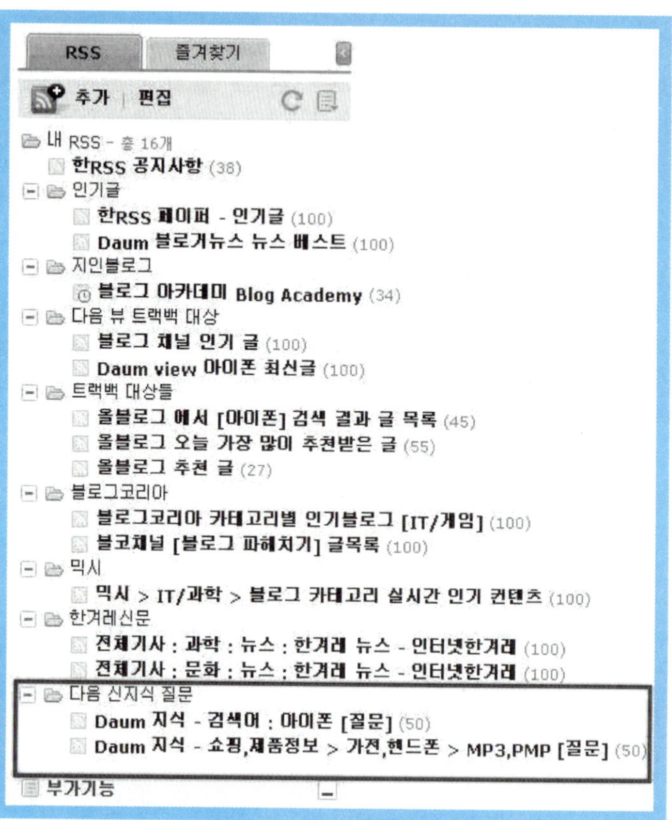

이렇게 내가 트랙백을 전송할 분야에 해당하는 질문들을 한 RSS 구독기와 같은 RSS 구독기에 추가해 놓으면 굳이 내가 다음 신지식을 주기적으로 방문하지 않더라도 RSS 구독기에서 다른 트랙백 대상 글들과 함께 한꺼번에 효율적으로 관리할 수가 있게 되는 것이다.

:: 뉴스에도 트랙백을 전송하라

모든 뉴스가 트랙백이 가능하도록 서비스를 제공하고 있진 않지만 몇몇 뉴스는 트랙백을 제공하고 있다. 뉴스 또한 검색엔진에서 자주 노출이 되므로 트랙백을 전송해 놓는 것이 좋다. 뉴스 중 트랙백 전송이 가능한 곳은 네이버뉴스, 오마이뉴스, 한겨레 뉴스 정도이다. 네이버뉴스는 모든 언론사의 뉴스를 제공하면서 자체적으로 트랙백을 달 수 있는 서비스를 구축해 놓은 사례이고 오마이뉴스나 한겨레 뉴스같은 언론사는 사이트가 자체적으로 트랙백이 가능한 구조로 되어 있다.

1. 네이버뉴스(http://news.naver.com/main/home.nhn)

네이버도 네이버 자체 뉴스 서비스에서는 모든 기사에 대해서 트랙백 기능을 제공하고 있다. 다만 한 가지 단점이라면 네이버는 트랙백이 달리면 댓글처럼 트랙백도 미리보기로 표시가 되지 않는다는 점이다. 트랙백을 보기 원하는 사용자가 트랙백을 클릭해야 볼 수 있다는 점이 조금은 아쉬운 부분이다. 네이버뉴스 홈으로 접속하면 각 카테고리별 오늘의 주요 뉴스들이 나온다. 여기서 왼쪽 사이드영역에 보면 뉴스 관련 대 카테고리들이 나온다. 이 대 카테고리에서 내가 찾고자 하는 분야의 카테고리에 마우스를 갖다 대면 세부카테고리 안내 팝업이 옆으로 펼쳐져 나온다. 여기서 필자는 IT 과학 카테고리의 인터넷/컨텐츠라는 세부카테고리를 선택해 줬다.

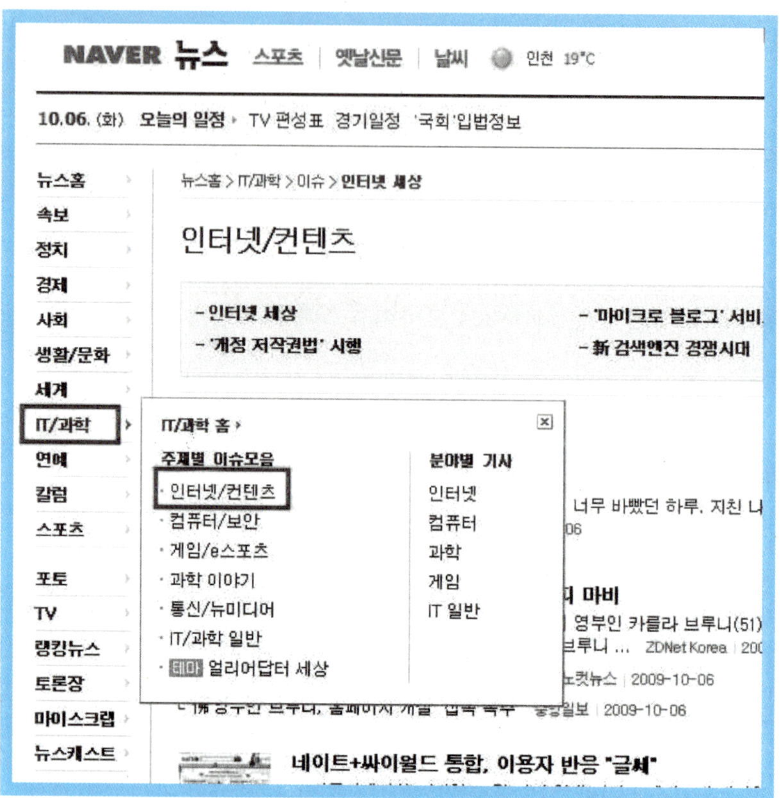

그러면 인터넷/컨텐츠라는 주제에 관련된 뉴스목록이 정렬된다. 여기서 내가 찾던 뉴스거나 내글의 주제와 맞는 주제의 뉴스를 찾은 후 클릭해 준다. 그러면 기사본문이 나오고 네이트와 마찬기지로 댓글이 있는 기사 본문 하단에 보면 네티즌 의견 부분이 있고 중앙에 의견펼치기 버튼이 있을 것이다. 이 의견펼치기 버튼을 클릭해 준다.

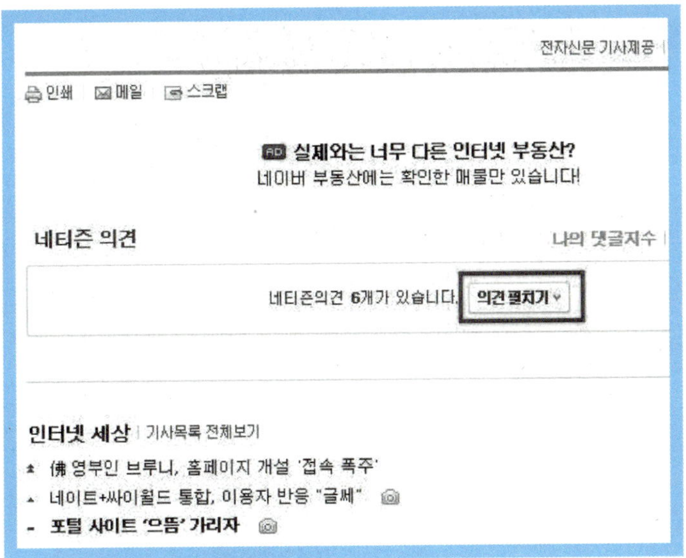

의견펼치기 버튼을 클릭해 주면 댓글목록이 나오고 그 아래 댓글을 작성할 수 있는 의견쓰기 메뉴와 바로 옆에 트랙백 보내기 버튼이 보일 것이다. 여기서 트랙백 보내기 버튼을 클릭해 준다.

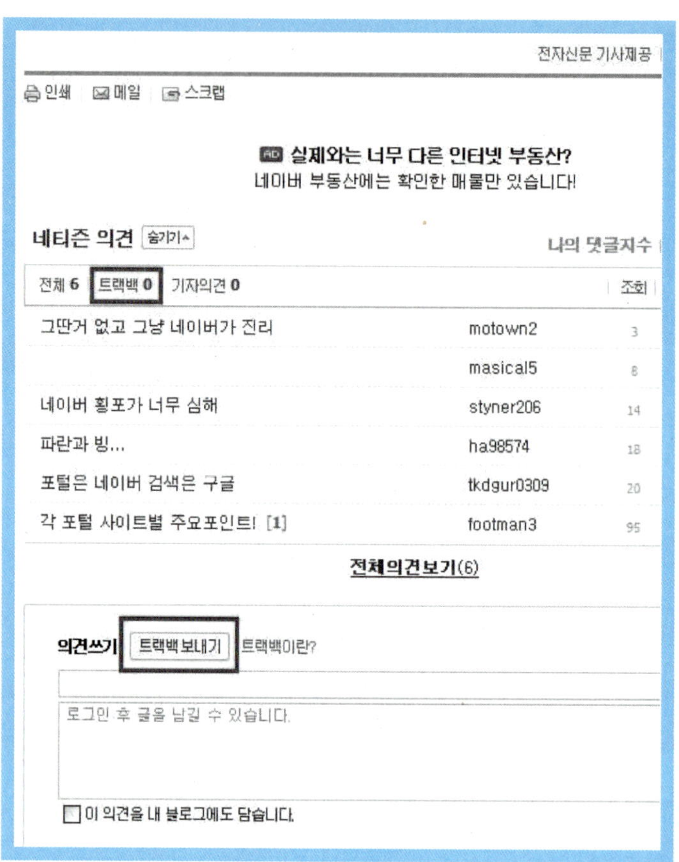

트랙백 보내기 버튼을 클릭하면 트랙백 보내기 안내 팝업창이 뜬다. 여기서 트랙백 주소 옆에 주소복사 버튼을 눌러 트랙백 주소를 복사해서 트랙백을 전송해 주면 된다.

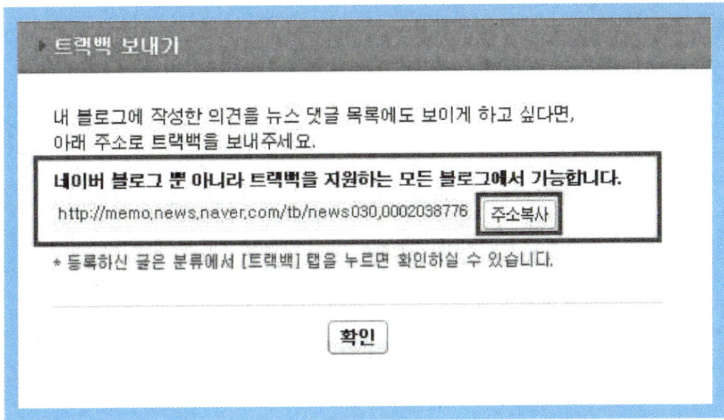

2. 오마이뉴스(http://www.ohmynews.com)

오마이뉴스도 다른 포털뉴스의 트랙백이나 다른 언론사의 트랙백 보내는 유형과 비슷하다. 원하는 카테고리의 기사를 찾아 들어가면 기사 본문 하단에 댓글영역이 있고 이곳에 트랙백 보내기 버튼이 있다. 이 트랙백 보내기 버튼을 클릭해준다.

트랙백 보내기 버튼을 클릭하면 오마이뉴스도 다른 경우와 마찬가지로 트랙백 보내기 팝업창이 뜬다. 그러면 트랙백 주소복사 버튼을 눌러서 트랙백 주소를 복사한 후 트랙백을 전송해 주면 된다.

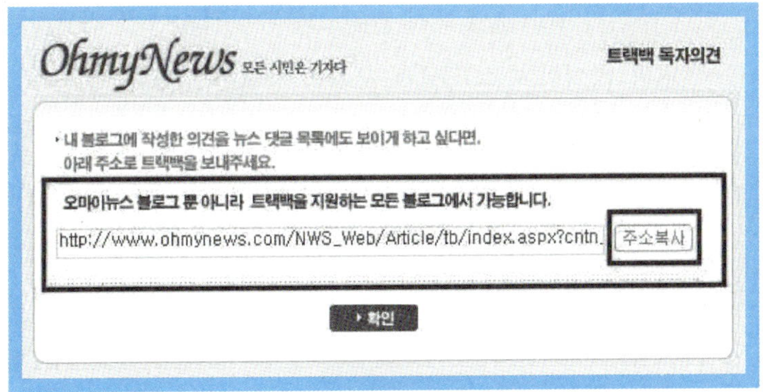

3. 한겨레 신문(http://www.hani.co.kr) 한겨레 21(http://h21.hani.co.kr)

한겨레 신문과 한겨레에서 운영하는 한겨레 21도 다른 언론사와 마찬가지로 특정 기사를 클릭하면 기사 본문 하단에 댓글쓰기 영역에 트랙백 주소복사 버튼이 있다. 이 트랙백 주소복사 버튼을 클릭하면 다른 언론사와 동일하게 트랙백 주소 팝업창이 뜬다. 여기에서 트랙백 주소를 복사한 후 트랙백을 전송해 주면 된다.

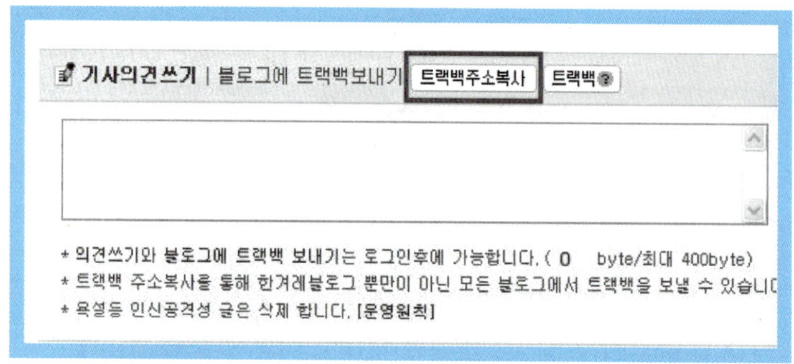

위의 예와 같이 몇몇 언론사들은 이렇게 트랙백을 전송할 수 있는 서비스를 제공하고 있다. 내 글과 연관성이 있는 최신뉴스에 트랙백을 보내는 것도 중요하지만 이미 시점이 지나간 뉴스여도 검색엔진에는 항상 노출되기 때문에 트랙백을 전송해 놓을 필요가 있다. 그럼 먼저 네이버 뉴스에서 특정 키워드와 관련된 뉴스를 검색하는 방법에 대해서 알아보도록 하자. 네이버 뉴스 홈에서 오른쪽 상단에 보면 뉴스검색을 할 수 있는 뉴스검색어 입력창이 나온다. 여기에 내가 찾고자 하는 주제의 키워드를 입력해 준다. 필자는 최근 이슈가 되고 있는 아이폰이라는 검색어를 입력해 보도록 하겠다.

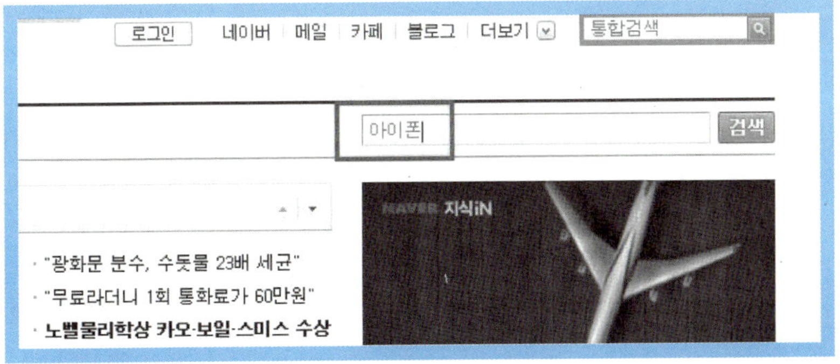

아이폰이라고 입력하고 검색 버튼을 눌렀더니 아이폰 관련 뉴스 기사가 빠른 시간순으로 정렬되어져서 보여진다. 뉴스, 포토뉴스, TV 뉴스 세 가지 메뉴형태로 뉴스목록을 제공하고 있고 그 아래 뉴스의 제목과 내용이 나오는데 여기서 주의할 점은 그냥 뉴스의 제목을 클릭하면 해당뉴스를 전송한 원래의 언론사 홈페이지로 이동하게 된다. 네이버에서는 네이버 뉴스에서 자체적으로 트랙백 서비스를 제공하는 것이기 때문에 해당 언론사 홈페이지로 이동하게 되면 트랙백을 전송할 수가 없다. 그래서 아래 그림에서와 같이 뉴스제목 옆에 보면 네이버라고 되어 있는 문구가 보일 것이다. 여길 클릭해 주면 해당 뉴스의 언론사 홈페이지가 아닌 네이버 뉴스에서 해당 기사를 볼 수 있다. 네이버 뉴스에서 해당기사를 보게 되면 네이버 뉴스에서는 트랙백 보내기를 지원하므로 당연히 트랙백을 전송할 수 있게 되는 것이다.

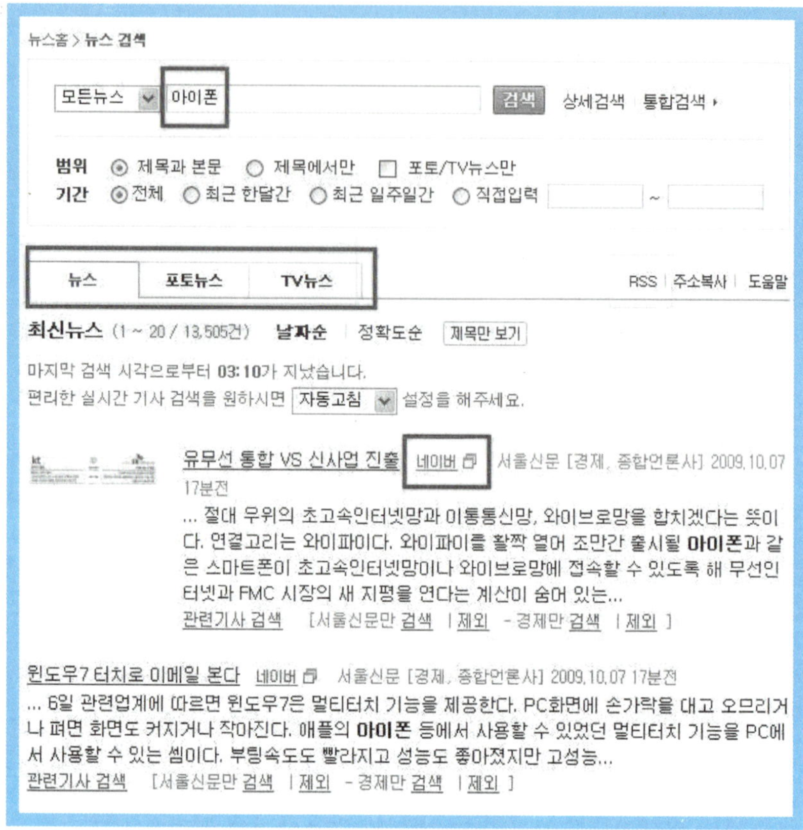

:: 다음 리뷰 정보에도 트랙백을 전송하라

다음 포털 서비스에서는 몇 개의 주제관련해서는 블로거들의 리뷰 트랙백이 가능하도록 서비스를 제공하고 있다. 대표적인 예가 영화 리뷰 트랙백 서비스다. 자신의 블로그에 특정 영화와 관련된 리뷰를 작성했다면 다음에서 해당 영화의 상세 정보로 들어가서 리뷰 메뉴에서 내 블로그에 작성한 리뷰를 트랙백으로 전송해서 등록시킬 수가 있는 것이다.

1. 다음 영화리뷰 트랙백 보내기

그럼 다음 영화정보에 리뷰 보내는 방법을 알아보자. 먼저 **다음 영화홈**(http://movie. daum.net)에서 특정영화를 검색한다. 필자는 '애자'라는 영화를 검색해 봤다. 그랬더니 '애자'라는 영화에 관한 상세정보 페이지가 나오고 하단에 해당영화에 대한 다양한 정보를 제공하는 메뉴탭이 보일 것이다. 여기에서 리뷰를 클릭해 준다.

리뷰 메뉴탭을 클릭해 주면 상단에는 네티즌 리뷰란이 나오고 그 아래 블로거리뷰라는 메뉴가 있다. 이걸 클릭하면 블로거 리뷰만 따로 모아 놓은 화면으로 들어가고 굳이 그러지 않아도 네티즌 리뷰 아래쪽에 보면 블로거 리뷰 메뉴가 있고 내 블로그 리뷰 보내기 버튼이 보일 것이다. 이 버튼을 클릭해준다.

내 블로그 리뷰 보내기 버튼을 클릭해 주면 내 블로그/카페리뷰 등록하기 팝업 안내창이 뜬다. 그러면 여기서 트랙백 옵션을 체크해 주고 트랙백 주소 옆에 복사하기 버튼을 눌러서 트랙백 주소를 복사해서 트랙백을 전송해 주면 된다.

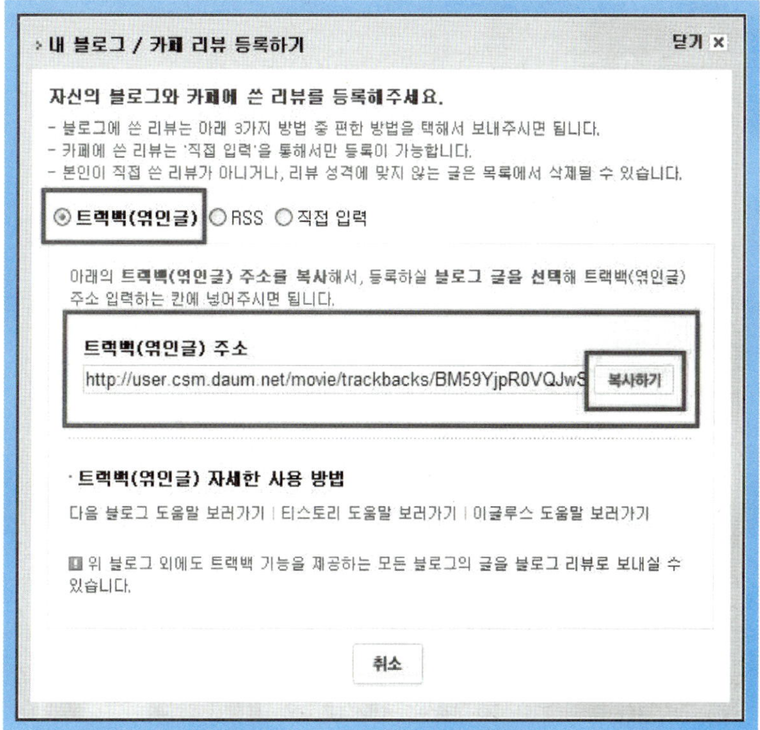

2. 다음 책정보에 리뷰 트랙백 보내기

다음에 접속해서 다음 책홈(http://book.daum.net)으로 접속한다. 다음 책홈으로 접속하면 다양한 책정보가 있고 장르별 책정보가 제공된다. 여기서 장르별 책정보로 들어가든 원하는 책을 직접 검색하든 특정 책정보로 들어간다. 특정 책 정보로 들어가면 책에 대한 상세한 설명이 나오고 영화와 마찬가지로 하단에 책에 대한 다양한 정보를 제공하는 메뉴탭이 있다. 여기서 블로거리뷰 탭을 클릭해 준다.

블로거리뷰 탭을 클릭하면 해당 책에 대한 블로거들의 리뷰를 보여준다. 여기서 블로거들의 리뷰목록 상단에 보면 내 블로그 리뷰등록이라는 파란색 버튼이 보일 것이다. 여길 클릭해 준다.

내 블로그 리뷰등록 버튼을 클릭해 주면 영화 때와 마찬가지로 내 블로그/카페리뷰 등록하기 팝업 안내창이 뜬다. 그러면 트랙백 옵션으로 체크해주고 하단에 트랙백 주소를 복사하기 버튼을 이용해서 복사한 후 트랙백을 전송해 주면 된다.

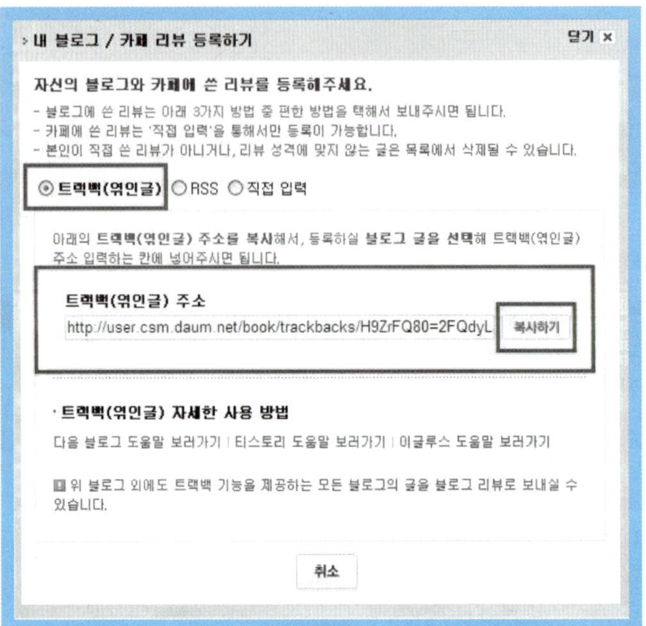

3. 다음 뮤직에 리뷰 트랙백 보내기

다음 뮤직에서는 각 음반에 대해서 리뷰 트랙백을 보낼 수 있는 서비스를 제공하고 있다. 따라서 음반과 관련된 글이나 특정 뮤지션에 관련된 글이면 트랙백을 보내 놓는게 좋다. 다음 뮤직 홈(http://music.daum.net)으로 접속한 후 상단에 메뉴에서 최신 뮤직 이나 장르뮤직 카테고리를 클릭하면 음반이나 뮤지션에 대한 정보들이 나온다. 여기서 특정 음반이나 뮤지션을 클릭해서 들어가면 상세 정보 페이지가 나온다.

앨범리뷰 메뉴를 클릭해 주면 내 블로그/카페리뷰 보내기 버튼이 보일 것이다. 이 버튼을 클릭해 준다.내 블로그/카페리뷰 보내기 버튼을 클릭해 주면 어김없이 이전과 동일하게 내 블로그/카페리뷰 등록하기 팝업 안내창이 뜬다. 그러면 여기서 복사하기 버튼을 클릭해서 트랙백 주소를 복사한 후 트랙백을 전송해 주면 된다.

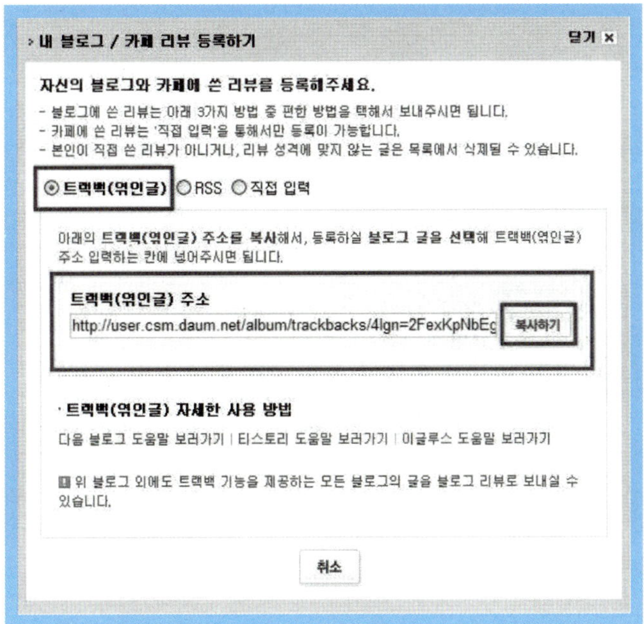

4. 다음 공연에 리뷰 트랙백 보내기

다음 공연정보 홈(http://movie.daum.net/ play)에도 리뷰 트랙백을 보낼 수 있도록 서비스하고 있다. 공연 관련 콘텐츠가 많은 블로거들은 이곳에도 트랙백을 보내 놓는 것이 좋다. 다음 공연정보 홈으로 접속한 후 특정 공연을 검색하거나 카테고리로 찾아서 선택해 주면 해당 공연의 상세정보 페이지로 이동한다. 상세 정보페이지 하단에는 해당 공연에 대한 다양한 정보를 메뉴탭 형식으로 제공하고 있다. 여기서 블로거리뷰 메뉴를 선택해 준다.

블로거리뷰 메뉴탭을 클릭해 주면 블로거들이 보낸 리뷰 목록이 나오고 그 위에 바로 내 블로그 리뷰 보내기 버튼이 보일 것이다. 여길 클릭해 준다.

내 블로그 리뷰 보내기 버튼을 클릭해 주면 이전과 마찬가지로 내 블로그/카페리뷰 등록하기 팝업 안내창이 뜬다 그러면 주소복사 버튼을 클릭해서 트랙백 주소를 복사한 후 트랙백을 전송해 주면 된다.

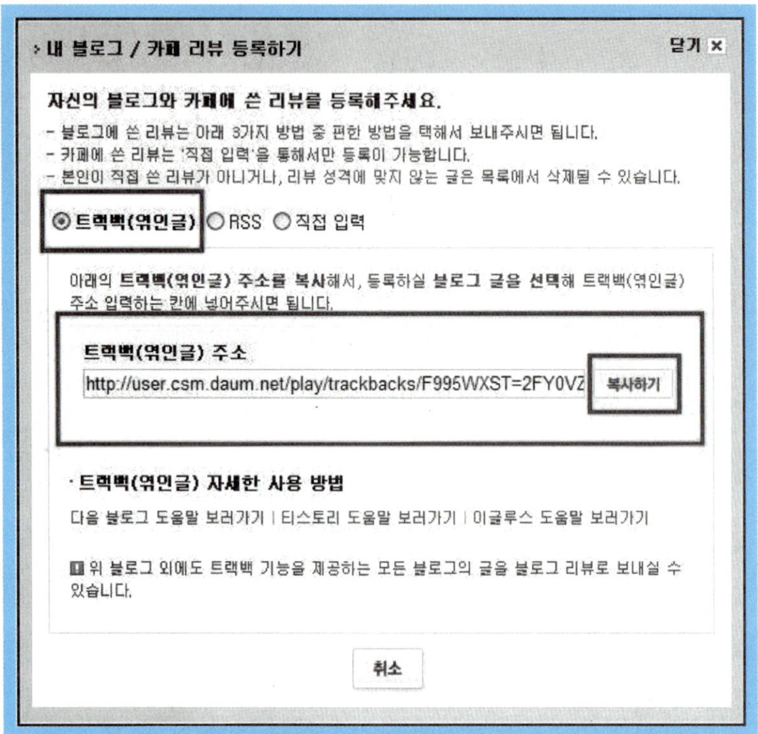

5. 다음 플레이스의 맛집에 리뷰 트랙백 보내기

다음에는 다양한 위치기반 안내 서비스로써 플레이스라는 메뉴가 있다. 이 다음 플레이스로 접속을 하게 되면 상단에 두 번째 메뉴에 맛집이라는 메뉴가 보일 것이다. 상단에 검색창에서 특정 맛집의 상호를 검색해서 바로 맛집을 찾아들어가거나 맛집 메뉴 내의 카테고리로 리뷰를 등록할 맛집을 찾아내면 아래 그림과 같이 중간부분의 메뉴에서 리뷰를 클릭하면 하단에 블로거리뷰와 내 블로그 리뷰 보내기 버튼이 동시에 생성되고 이미 등록되어져 있는 다른 블로거들의 맛집 리뷰글 목록 또한 함께 나온다. 여기서 내 블로그 리뷰 보내기 버튼을 클릭해 준 후 앞에서 했던 것과 마찬가지로 트랙백 주소를 복사해서 트랙백을 전송하면 된다.

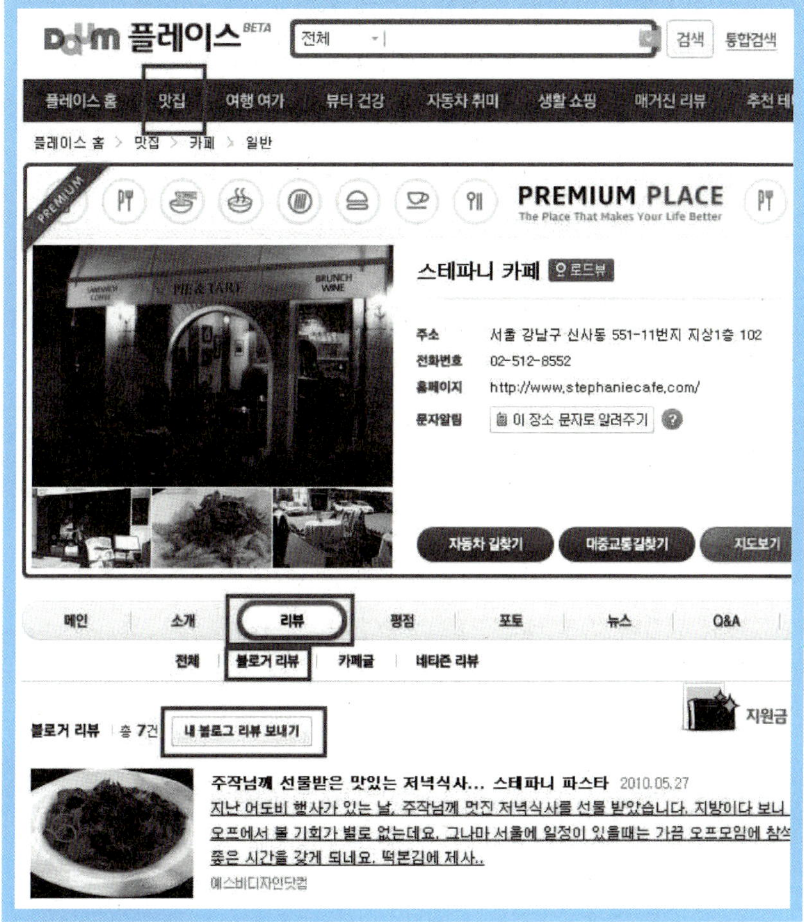

6. 다음 플레이스의 여행 여가, 뷰티 건강, 자동차 취미, 생활 쇼핑 영역에도 리뷰 트랙백 보내기

앞에서는 다음 플레이스의 맛집 영역에 대해서만 트랙백을 보내는 방법을 알아봤지만 다음 플레이스에 등록되어 있는 대부분의 다른 업체들 또한 전부 맛집과 동일한 레이아웃으로 구성되어 있다. 따라서 업종별로 분야별로 카테고리를 잘 분석한 다음 내가 자주 가는 곳이거나 직접 가게를 운영하고 있다면 플레이스 영역에 블로그 리뷰를 트랙백으로 전송하길 권유한다. 그리고 다음은 지도기반 위치서비스를 강화하고 있으므로 앞으로 더욱 효과가 좋아질 것으로 예상된다.

CHAPTER 05

네이버 오픈캐스트 활용방법

BLOG MARKETING

:: 네이버 오픈캐스트 개설하는 방법

네이버는 오픈캐스트라는 서비스를 통해서 네이버 메인을 사용자들에게 개방했다. 서비스의 좋고 나쁘고를 떠나서 사용자들 입장에서는 환영할만한 일이다. 오픈캐스트의 개념을 간략하게 정리해 드리자면 이전의 네이버는 네이버 측에서 메인화면의 뉴스나 콘텐츠들을 직접 편집하여 올리는 방식이었다.

반면에 오픈캐스트는 누구나 오픈캐스트를 다양한 주제로 쉽게 발행할 수 있게 만들었고 사용자들이 발행한 오픈캐스트를 다른 사용자들이 구독을 하게 되면 구독신청한 사용자가 네이버에 로그인 했을 때는 자신이 구독신청한 오픈캐스트가 자신의 메인화면으로 보여지게 되는 것이다.

쉽게 말해 네이버 메인화면의 오픈캐스트 영역의 공간은 사용자가 직접 자신이 읽고 싶은 정보들을 구독신청해서 보게 되는 방식이고 이는 편집권 자체를 네이버측에서 사용자들에게로 이양시킨 것이라고 보면 된다.

네이버에 일단 로그인을 하면 오픈캐스트 영역은 아래 그림에 빨간줄로 보이는 부분이고 본격적으로 나의 오픈캐스트를 개설해 보도록 하자. 먼저 네이버에 로그인한 후 메인화면 중간에 있는 오픈캐스트 영역으로 와서 좌측 상단에 있는 오픈캐스트 메뉴나 우측 상단에 있는 전체를 클릭해 준다.

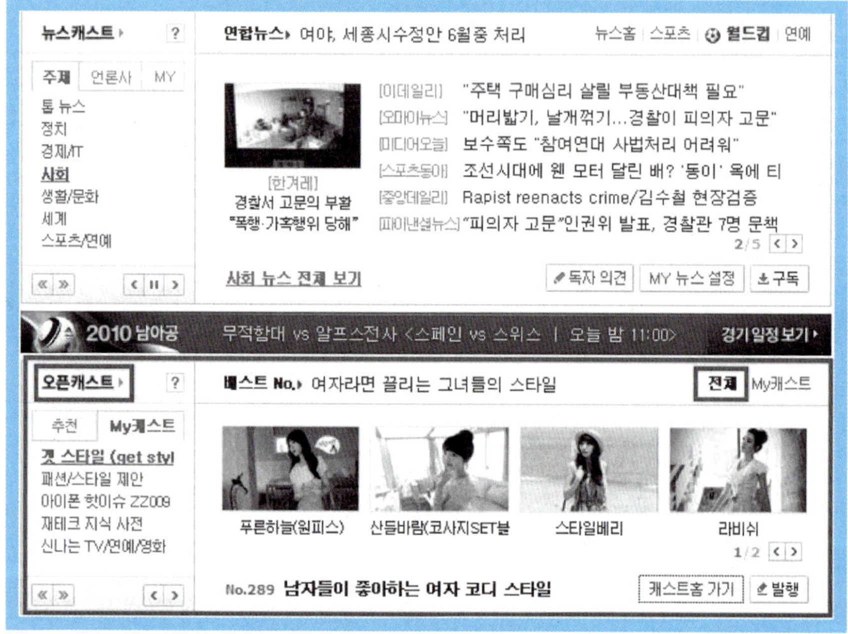

오픈캐스트를 클릭해 주면 오픈캐스트 메인화면 으로 이동한다. 여기에서 우측상단에 보면 내 캐스트 관리라는 메뉴가 보일 것이다. 여길 클릭해 준다.

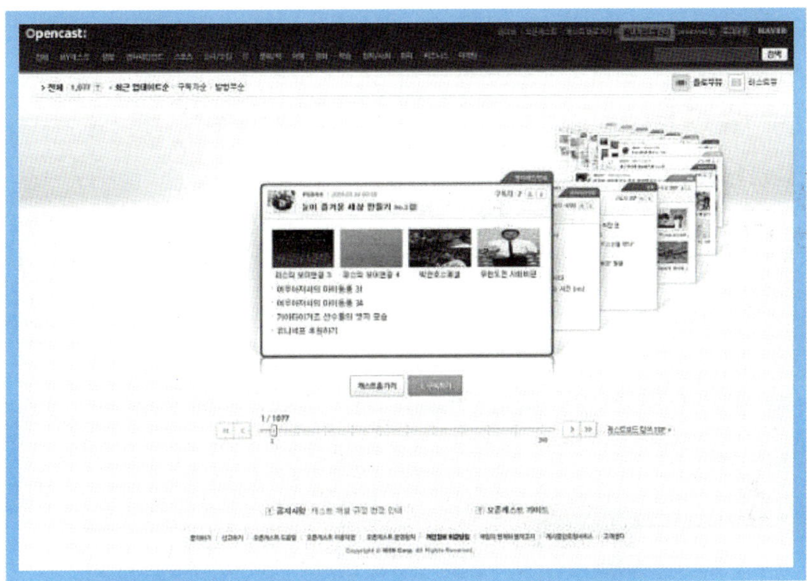
Opencast:

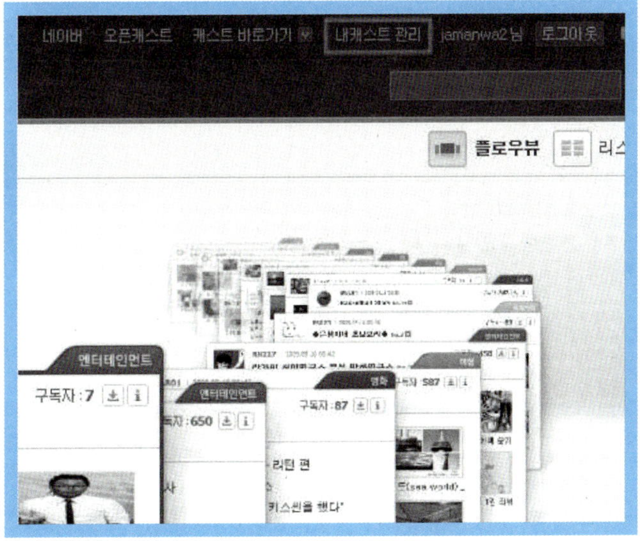
네이버
오픈캐스트
캐스트 바로가기
내캐스트 관리
jamanwa2님
로그아웃
플로우뷰
엔터테인먼트
구독자 : 7
엔터테인먼트
영화
구독자 : 87

내 캐스트 관리를 클릭하면 우측메뉴에 개설하기 탭이 보일 것이다. 이걸 클릭해도 되고 화면 중앙에 개설신청한 캐스트를 클릭해도 무방하다.

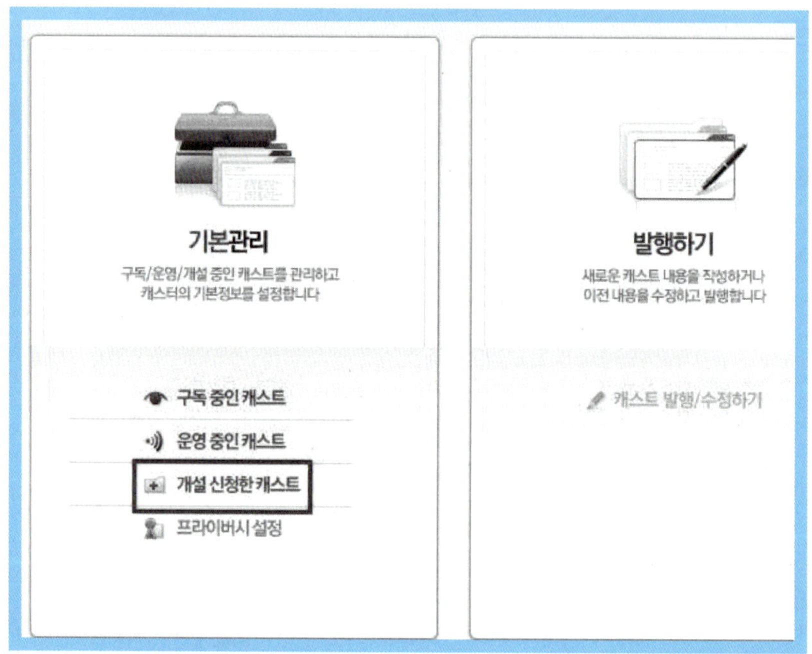

둘 중 아무거나 클릭을 해주면 오픈캐스트 개설을 시작할 수 있는 화면이 나온다. 필자는 상단메뉴에서 개설하기 버튼을 클릭해 보니 캐스트개설 시작 안내 화면이 나왔다. 여기에서 하단에 캐스트개설 시작하기 버튼을 클릭해 준다.

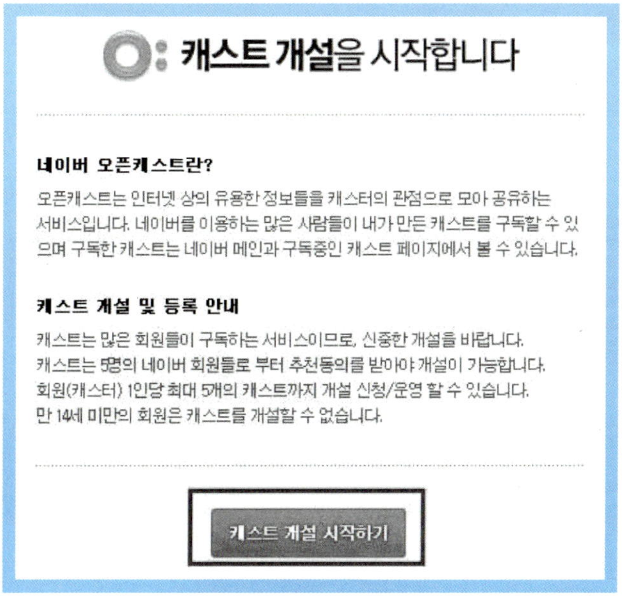

O: 캐스트 개설을 시작합니다

네이버 오픈캐스트란?

오픈캐스트는 인터넷 상의 유용한 정보들을 캐스터의 관점으로 모아 공유하는 서비스입니다. 네이버를 이용하는 많은 사람들이 내가 만든 캐스트를 구독할 수 있으며 구독한 캐스트는 네이버 메인과 구독중인 캐스트 페이지에서 볼 수 있습니다.

캐스트 개설 및 등록 안내

캐스트는 많은 회원들이 구독하는 서비스이므로, 신중한 개설을 바랍니다.
캐스트는 5명의 네이버 회원들로 부터 추천동의를 받아야 개설이 가능합니다.
회원(캐스터) 1인당 최대 5개의 캐스트까지 개설 신청/운영 할 수 있습니다.
만 14세 미만의 회원은 캐스트를 개설할 수 없습니다.

캐스트 개설 시작하기

캐스트 개설 시작하기 버튼을 클릭하면 오픈캐스트 개설하기 이용약관 동의 화면이 나온다. 그러면 이용약관 동의에 체크해 줘야 될 곳은 다 체크를 해 준 다음 하단의 정보입력 및 추천인 등록 버튼을 클릭해 준다.

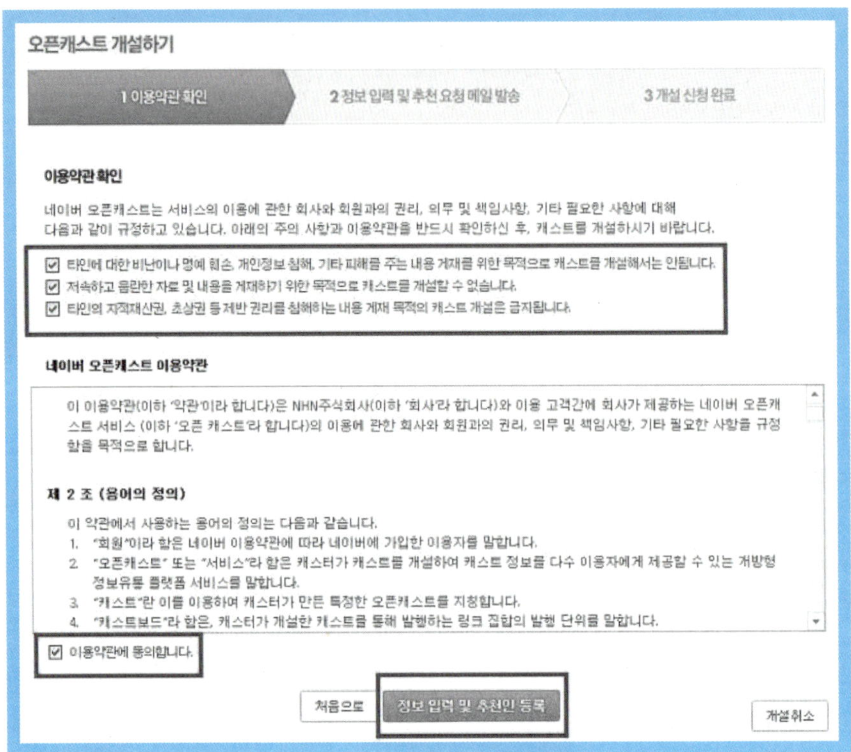

정보입력 및 추천인 등록 버튼을 클릭하면 캐스트 정보입력 화면이 나온다. 여기에서 각 항목 별로 신중하게 나의 홈페이지를 등록한다는 생각으로 정보를 입력해 준다.

제목 - 말 그대로 내가 발행할 오픈캐스트의 제목을 적어 넣어준다.

(예: 누구네 요리교실, 누구와 함께하는 유럽여행, 최신 영화정보 등의 방식으로 입력)

카테고리 - 내가 발행할 오픈캐스트의 분류를 지정하는 곳이다.

주소 - 주소는 나의 오픈캐스트 주소인데 영어로 두 자리만 지원하고 있다.

Tip

설명 – 설명에는 내가 발행하는 오픈캐스트는 주로 어떤 정보나 콘텐츠를 담고 있는지 등을 적어넣어준다.

대표 태그 – 태그 분류로 5개까지 지정 가능하다. 여기에는 사이트 등록 할때처럼 내 오픈캐스트와 연관된 조회수가 높은 키워드들을 적어 넣어준다.

캐스트대표 이미지 – 내 오픈캐스트의 로고라고 보면 된다. 사이즈를 가로 90세로 70으로 지원하고 있으니 사이즈에 주의해서 만들어야 한다.

추천인 메일 주소 – 오픈캐스트는 5명의 추천인이 있어야 하므로 나의 다른 이메일 주소나 친한 주변 지인들의 메일 주소를 적어 넣는다.

보낼 메시지 – 추천인들에게 메일로 보낼 메시지의 내용을 입력하면 된다.

모든 정보를 입력완료 했으면 하단에 입력완료 및 메일발송 버튼을 클릭해 준다.

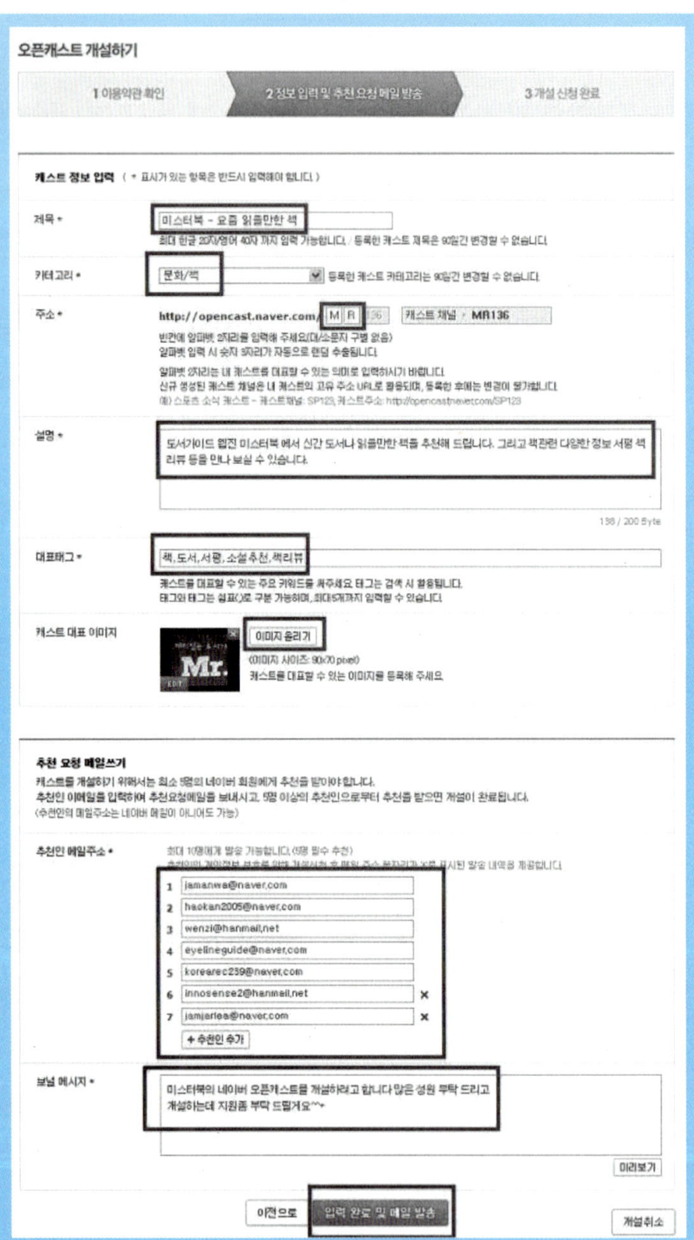
오픈캐스트 개설하기
1 이용약관 확인
2 정보 입력 및 추천 요청 메일 발송
3 개설 신청 완료
캐스트 정보 입력 (* 표시가 있는 항목은 반드시 입력해야 합니다.)
제목 *
미스터북 - 요즘 읽을만한 책
최대 한글 20자/영어 40자 까지 입력 가능합니다. / 등록한 캐스트 제목은 90일간 변경할 수 없습니다.
카테고리 *
문화/책
등록한 캐스트 카테고리는 90일간 변경할 수 없습니다.
주소 *
http://opencast.naver.com/ M R
캐스트 채널 : MR136
빈칸에 알파벳 2자리를 입력해 주세요(대/소문자 구별 없음)
알파벳 입력 시 숫자 3자리가 자동으로 랜덤 추출됩니다.
알파벳 2자리는 내 캐스트를 대표할 수 있는 의미로 입력하시기 바랍니다.
신규 생성된 캐스트 채널은 내 캐스트의 고유 주소 URL로 활용되며, 등록한 후에는 변경이 불가합니다.
예) 스포츠 소식 캐스트 - 캐스트채널: SP123, 캐스트주소: http://opencast.naver.com/SP123
설명 *
도서가이드 웹진 미스터북 에서 신간 도서나 읽을만한 책을 추천해 드립니다. 그리고 책관련 다양한 정보 서평 책 리뷰 등을 만나 보실 수 있습니다.
138 / 200 Byte
대표태그 *
책,도서,서평,소설추천,책리뷰
캐스트를 대표할 수 있는 주요 키워드를 써주세요 태그는 검색 시 활용됩니다.
태그와 태그는 쉼표(,)로 구분 가능하며, 최대5개까지 입력할 수 있습니다.
캐스트 대표 이미지
Mr.
이미지 올리기
(이미지 사이즈: 90x70 pixel)
캐스트를 대표할 수 있는 이미지를 등록해 주세요.
추천 요청 메일쓰기
캐스트를 개설하기 위해서는 최소 5명의 네이버 회원에게 추천을 받아야 합니다.
추천인 이메일을 입력하여 추천요청메일을 보내시고, 5명 이상의 추천인으로부터 추천을 받으면 개설이 완료됩니다.
(추천인의 메일주소는 네이버 메일이 아니어도 가능)
추천인 메일주소 *
최대 10명에게 발송 가능합니다. (5명 필수 추천)
1 jamanwa@naver.com
2 haokan2005@naver.com
3 wenzi@hanmail.net
4 eyelineguide@naver.com
5 korearec239@naver.com
6 innosense2@hanmail.net
7 jamjarlea@naver.com
+ 추천인 추가
보낼 메시지 *
미스터북의 네이버 오픈캐스트를 개설하려고 합니다 많은 성원 부탁 드리고 개설하는데 지원좀 부탁 드릴게요^^+
미리보기
이전으로
입력 완료 및 메일 발송
개설취소

입력완료 및 메일발송 버튼을 클릭해 주면 추천메일 발송완료 화면이 나온다. 여기서 개설 신청한 캐스트 확인 버튼을 클릭해 준다.

추천 메일 발송 완료!

캐스트 개설 신청을 완료하였습니다. **5명의 추천이 완료**되면 캐스트가 개설됩니다.

오픈캐스트홈 가기 | 개설 신청한 캐스트 확인

MR136 | 미스터북 - 요즘 읽을만한 책

	추천인 메일 주소
1	jaman**@*****
2	haokan20**@*****
3	wen**@*****
4	eyelinegui**@*****
5	korearec2**@*****
6	innosens**@*****
7	jamjarl**@*****

개설 신청한 캐스트 확인 버튼을 클릭하면 개설 신청한 캐스트 내역을 볼 수 있는 화면이 나온다. 여기에서 잘 읽어 보면 5명의 네이버 회원들에게 추천을 받아야 내 오픈캐스트가 완전히 개설된다는 안내문이 나와 있다. 우리가 앞에서 5명의 지인에게 오픈캐스트 개설을 위해 메일을 보낸 것을 기억할 것이다. 이제는 지인들에게 메일 보냈다고 추천해 달라고 연락해서 온전하게 5명의 지인에게 추천받기를 완료하는 작업을 하면 된다.

캐스트를 추천해 달라고 보낸 메일 내용은 다음 그림과 같이 메시지가 표시된다.

캐스트 개설을 추천해 주세요

haokan2005(장혜영) 님께서 [미스터북 - 요즘 읽을만한 책] 캐스트 개설을 위한 추천을 부탁하셨습니다.

캐스트 정보 확인해 보시고 추천 완료 마감일 [2009.09.30 24:00] 까지 추천 여부를 결정해 주세요.

미스터북 - 요즘 읽을만한 책

캐스터 haokan2005 <haokan2005@naver.com>
카테고리 문화/책

도서가이드 웹진 미스터북 에서 신간 도서나 읽을만한 책을 추천해 드립니다. 그리고 책관련 다양한 정보 서평 책리뷰 등를 만나 보실 수 있습니다.

태그 책, 도서, 서평, 소설추천, 책리뷰

캐스트 추천하러 가기

미스터북의 네이버 오픈캐스트를 개설하려고 합니다 많은 성원 부탁 드리고
개설하는데 지원좀 부탁 드릴게요^^*

캐스트는 회원님을 포함한 총 5명의 회원님이 추천해 주셔야 정식으로 개설됩니다.
회원님께서 이 캐스트를 추천하시면, 해당 캐스트가 개설될 때 자동으로 캐스트 구독자로 등록됩니다.
추천마감일 이후에는 추천이 불가능합니다. 마감일 이전에 꼭 추천해 주세요.

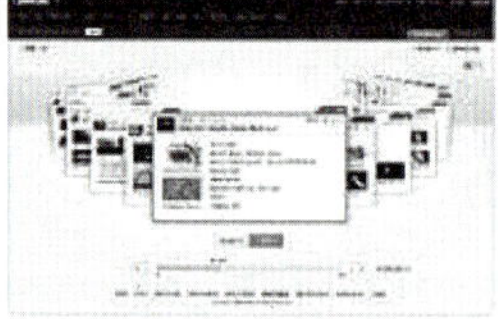

네이버 오픈캐스트란?

· 네이버 홈에서 만나는 새로운 정보공유 서비스 입니다.
· 좋은 정보를 네이버 홈에서 나눌 수 있습니다.
· 원하는 정보를 네이버 홈에서 바로바로 볼 수 있습니다.

› 오픈캐스트 이용가이드

위와 같은 메일을 받은 지인이 캐스트 추천하러가기 버튼을 클릭하면 네이버의 캐스트 추천하기 화면으로 이동한다 그러면 지인은 하단의 캐스트 추천하기 버튼을 한번 눌러주면 내 오픈캐스트 개설을 위한 추천 작업이 완료 되는 것이다. 이런 식으로 5명의 지인이 캐스트 추천하기 버튼을 한번씩 눌러줘야 내 오픈캐스트가 개설 가능해 진다.

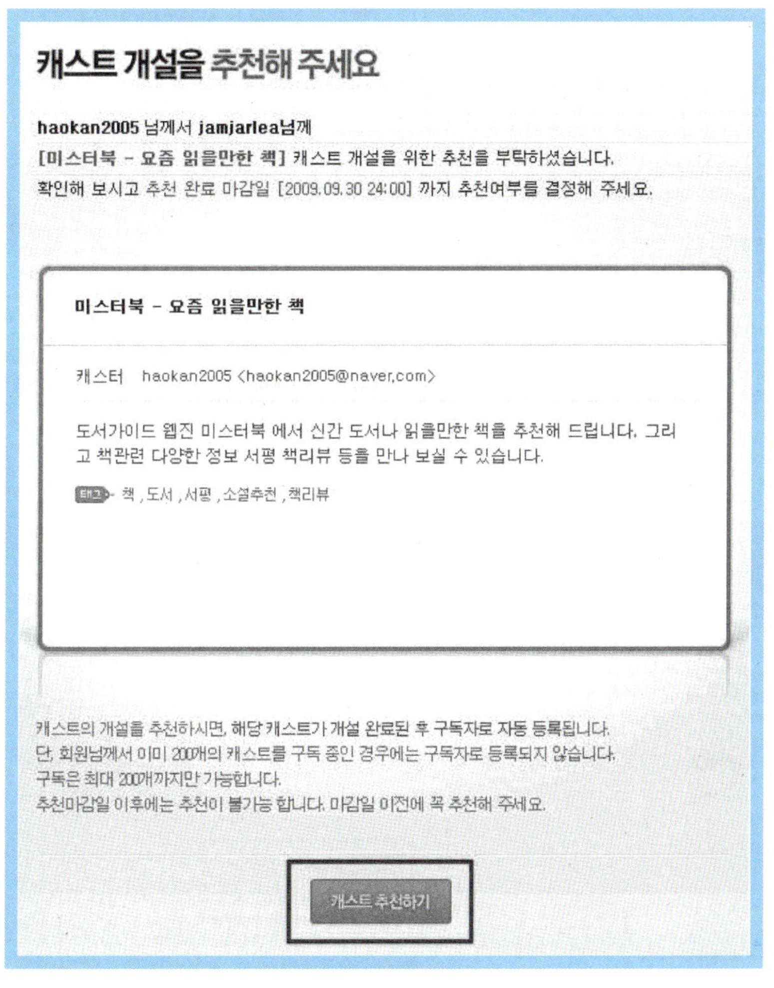

캐스트 추천하기 버튼을 클릭하면 캐스트 개설을 추천하셨습니다. 라는 메시지와 함께 추천완료 화면이 나온다. 여기에서 내가 추천한 캐스트가 어떤 캐스트인지도 확인해 볼 수도 있다. 여기까지는 내 오픈캐스트를 개설하기 위해 나의 지인들이 추천을 해주는 과정이다. 이러한 과정으로 5명한테 추천을 받아야 한다.

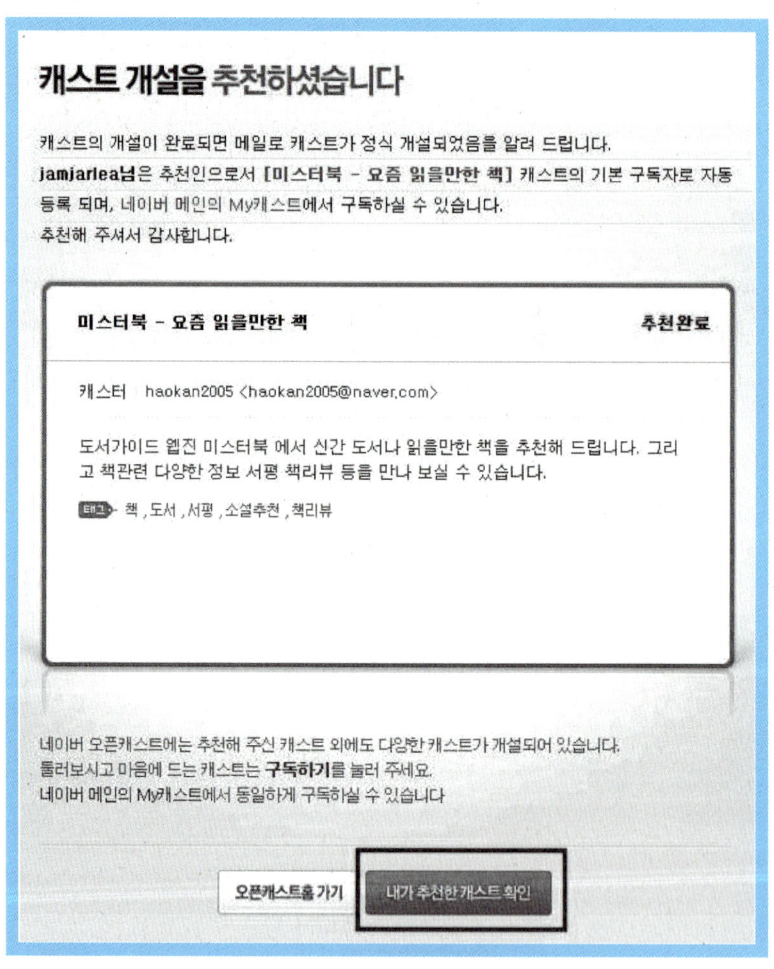

5명한테 모두 추천을 받았으면 다시 내 캐스트관리 화면으로 와서 이번에는 좌측상단 메뉴에 운영중인 캐스트 메뉴를 클릭해 준다.

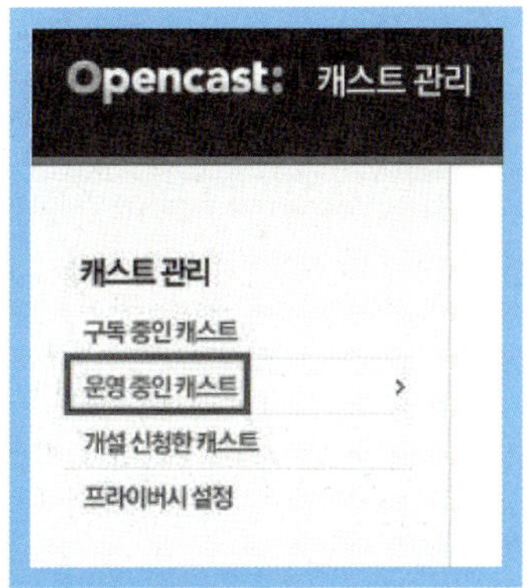

운영중인 캐스트를 클릭하면 상단에는 방금 개설되어진 캐스트 정보가 보일 것이다 그리고 그 하단에는 내 캐스트 정보를 설정해 줄 수 있는 메뉴가 있다. 여기서 오른쪽 하단에 정보수정 버튼을 클릭해 준다.

정보수정 버튼을 클릭해 주면 좌측의 캐스트정보를 새로 설정해서 입력할 수 있는 창이 나올 것이다. 여기에 차례대로 내 캐스트에 대한 정보를 입력해 주고 확인 버튼을 클릭해주면 정보설정이 완료 된다.

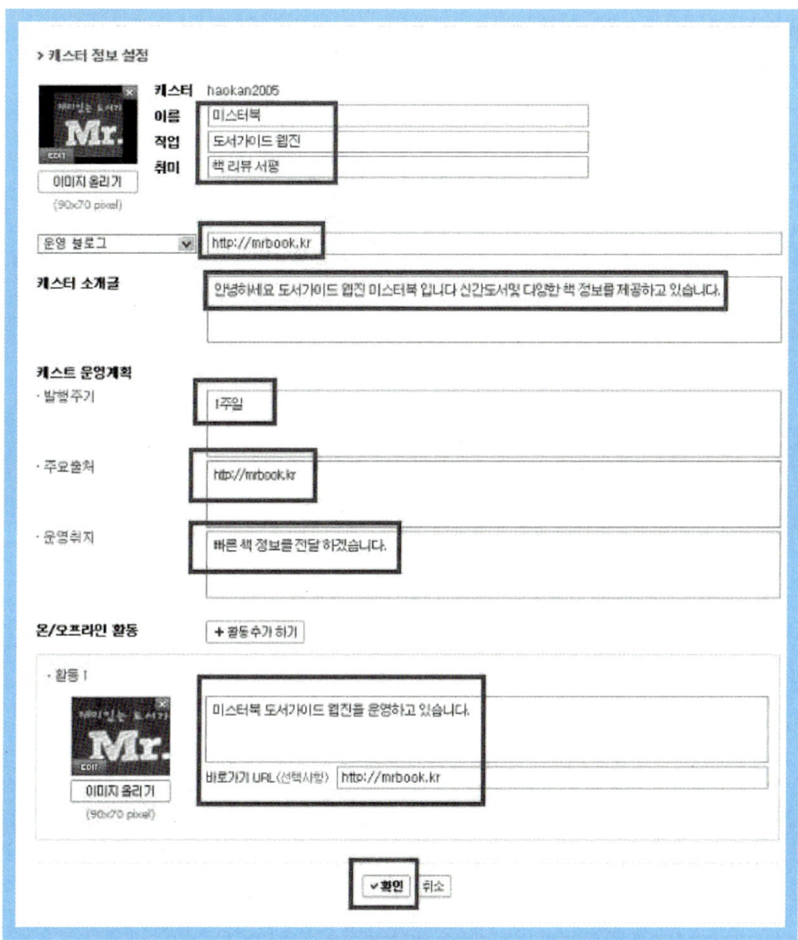

내 캐스트의 정보설정까지 완료 되었다면 내 오픈캐스트를 개설하는 모든 과정이 종료 되는 것이다.

:: 네이버 오픈캐스트 발행하는 방법

네이버 오픈캐스트를 개설했으면 이제는 네이버 오픈캐스트를 발행해야 한다. 네이버 오픈캐스트에는 굳이 내 글이 아니어도 다른 블로그의 글들도 링크를 추가해서 함께 발행할 수 있다. 일단 네이버 오픈캐스트에 접속해서 내 캐스트 관리 모드로 접속한다.

내 캐스트 관리 모드로 접속하면 첫 화면에 기본관리 메뉴와 발행하기 메뉴가 보일 것이다. 여기서 발행하기 메뉴에 캐스트 발행/수정하기를 클릭해 준다.

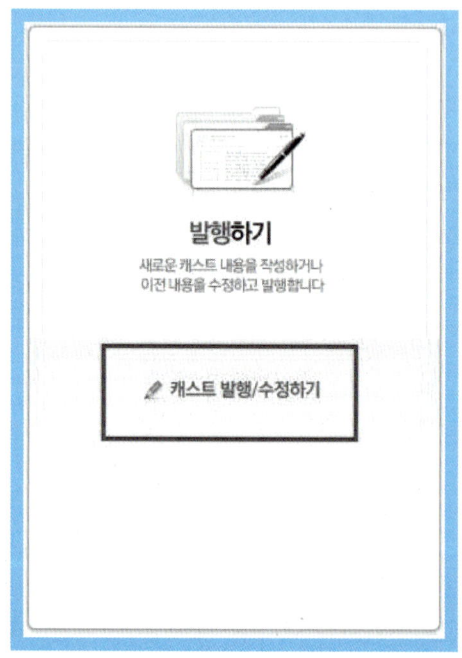

그러면 아래 그림과 같은 캐스트 관리 화면이 보일 것이다. 좌측은 오픈캐스트로 발행할 글의 링크를 추가하는 링크등록 메뉴이고 우측은 좌측화면에서 추가한 글들을 오픈캐스트 레이아웃에 맞게 편집해서 배치한 후 오픈캐스트를 발행하는 메뉴이다.

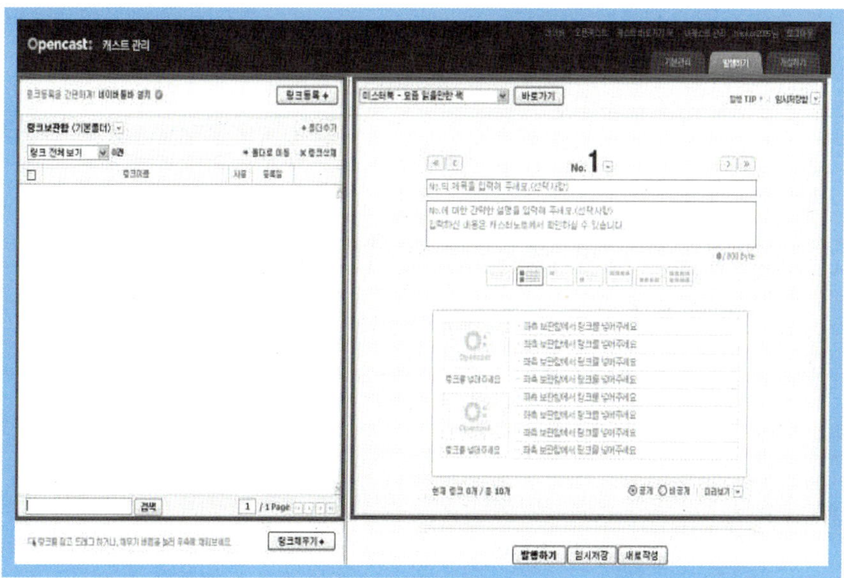

일단 좌측 메뉴인 링크등록 메뉴부터 알아보도록 하자. 내가 오픈캐스트로 발행하고 싶은 글을 추가하고 싶으면 상단의 링크등록 버튼을 클릭한다.

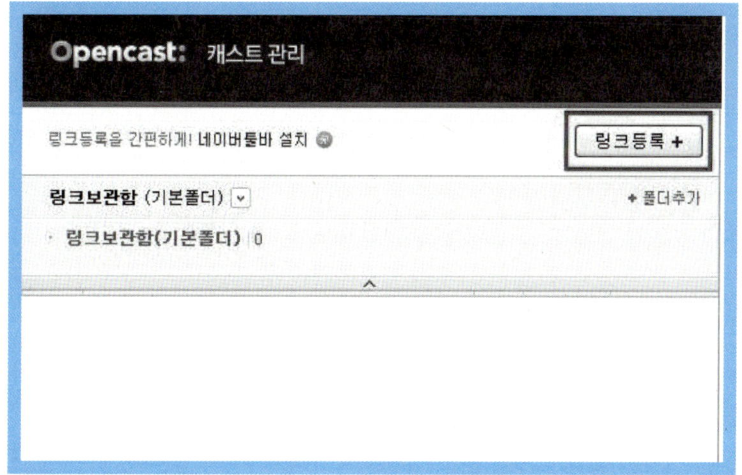

링크등록을 클릭하면 링크 정보를 입력할 수 있는 팝업창이 뜬다. 이 링크정보 입력창에 각 항목별로 순서대로 링크에 대한 정보를 적어 넣어 주면 된다.

Tip

링크제목 – 일반적으로 글의 제목을 적어 넣어주면 된다. 글제목과는 별도로 링크제목은 다르게 바꿔서 적어 넣어 줄 수도 있다.

URL – URL은 오픈캐스트에 발행할 글의 주소를 복사해서 삽입해 주면 된다.

출처 – 해당글의 사이트주소를 적어 넣어주면 된다. 일반적으로 글을 퍼올 때의 출처 개념이라고 생각하면 된다.

이미지 – 이미지 썸네일을 보여주는 레이아웃 형태로 오픈캐스트를 발행하고자 한다면 해당글의 대표 이미지라고 보면 된다. 일반적으로 우리가 메타블로그 같은 곳에서 많이 보던 형태라고 생각하면 된다. 오픈캐스트에서는 이미지 사이즈를 가로 100 세로 60 사이즈로 지원하고 있으니 이미지 사이즈를 이 사이즈로 잘 조정해서 업로드시켜 주면 된다.

이렇게 각 항목별로 정보를 입력했으면 하단에 등록 버튼을 클릭해 주면 된다.

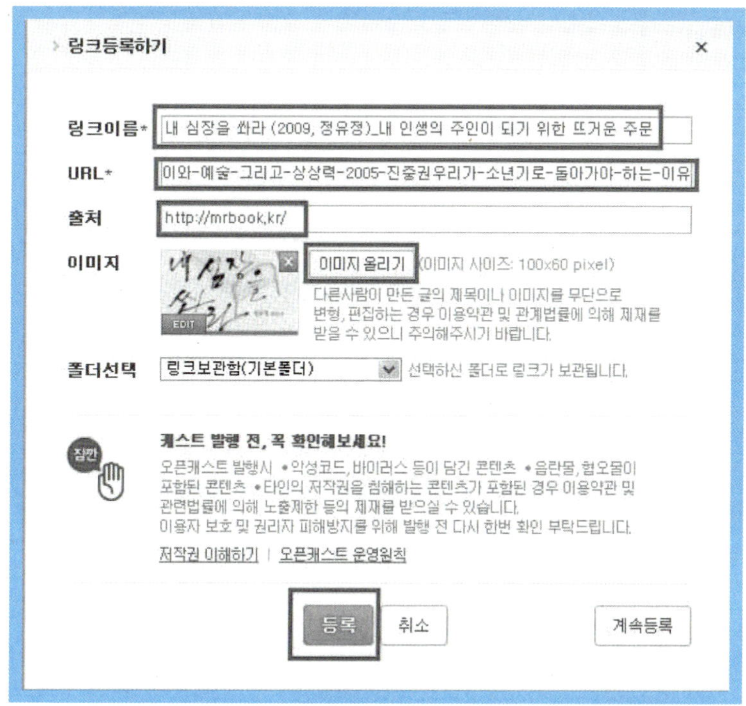

등록 버튼을 클릭해 주면 한개의 글링크가 추가되어져 있는 것을 볼 수 있다. 이러한 방식으로 오픈캐스트로 발행할 글을 링크등록 버튼을 눌러 계속 추가해 준다. 나중에 오픈캐스트 레이아웃을 우측메뉴에서 어떻게 설정하느냐에 따라 썸네일 이미지가 있는 링크 없는 링크를 적절하게 섞어서 추가해 준다. 그리고 글 갯수는 보통 오픈캐스트 1회 발행할 때마다 8~10개씩이라고 보면 된다.

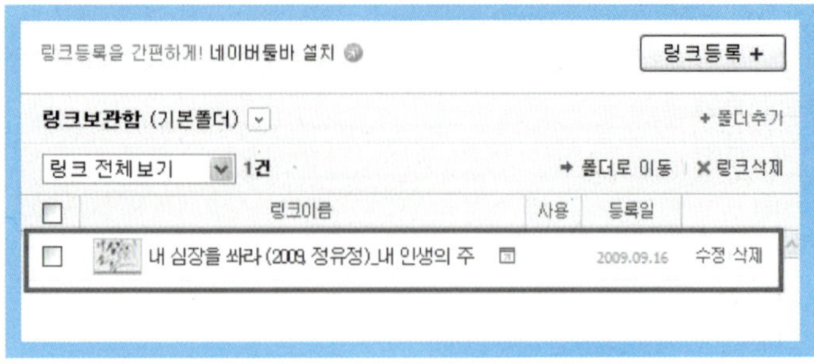

앞에서 설명한 방식으로 10개의 글을 링크등록으로 추가했다면 이제는 전부를 선택해준 다음 하단에 링크 채우기 버튼을 클릭 해 준다.

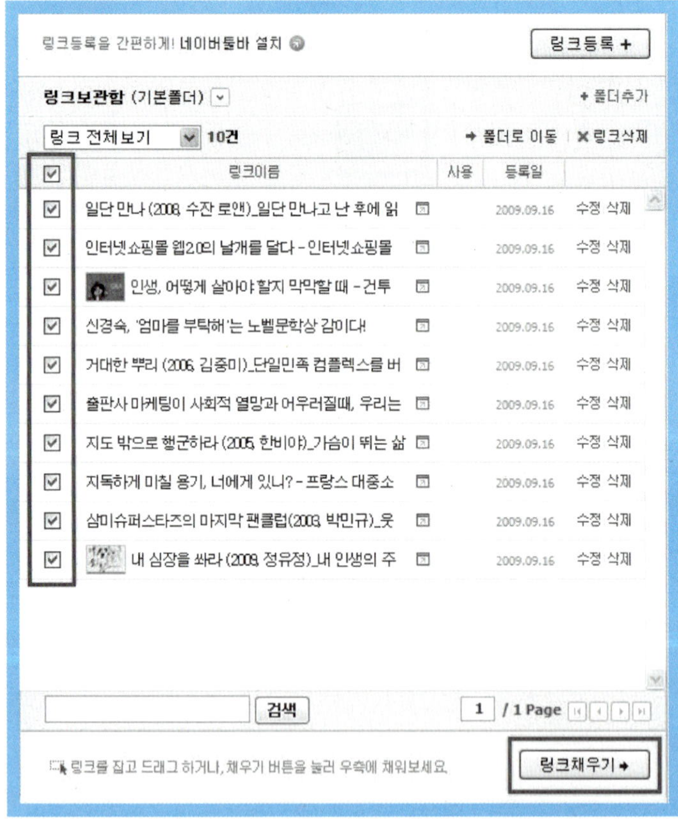

링크채우기 버튼을 클릭해 주면 이제 우측에 오픈캐스트 레이아웃 화면에 방금 내가 선택했던 글 링크들이 자동으로 채워지는 것을 볼 수 있다.

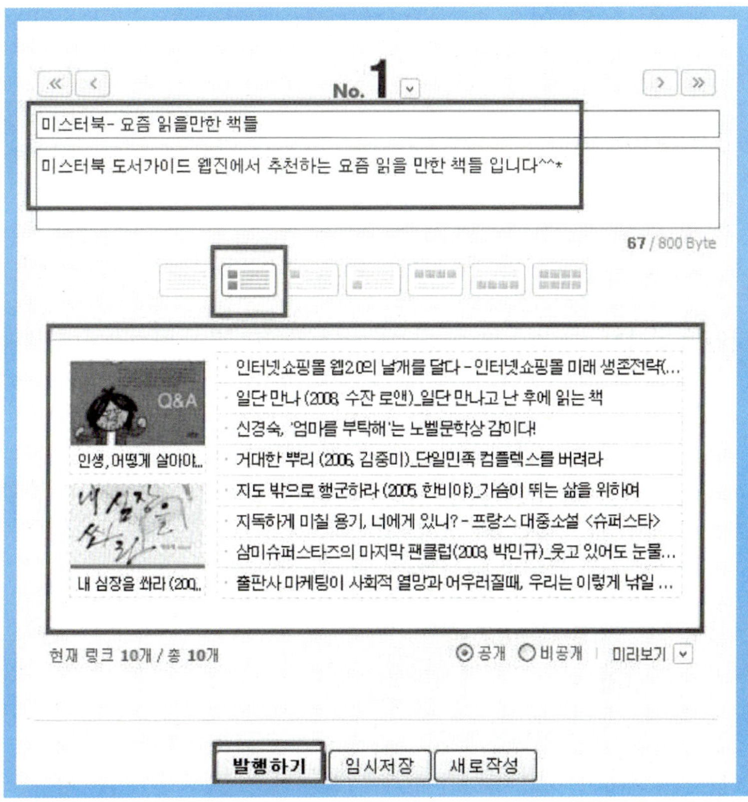

일단 좌측의 링크등록 메뉴에 있던 글들이 우측에 채워지게 되면 썸네일이 있는 글들은 썸네일이 있는 위치로 글을 클릭해서 이동시켜 주면 썸네일이 보여지게 된다. 이렇게 레이아웃에 맞게 글을 세팅했으면 상단에 오픈캐스트 제목과 내용을 간략하게 적어 준다.

그리고 만약 이미지가 현재의 2개보다 더 많이 보여지는 레이아웃으로 선택을 하게 되면 링크등록할 때 이미지까지 같이 업로드시키는 링크글을 더 많이 등록해 줘야 한다. 만약 이미지가 4개가 보이고 텍스트가 4개가 보이는 레이아웃을 선택했다면 지금처럼 2개의 글만 이미지가 있을 경우 나머지 2개의 글에는 최초에 이미지를 업로드 안 해 줬기 때문에 이미지가 없이 나온다는 것이다.

따라서 사전에 자신이 발행할 오픈캐스트의 레이아웃을 정하고 이미지 갯수가 몇 개인지 파악한 후 글을 올릴 때도 그 갯수만큼은 이미지가 포함되어 있는 링크를 등록 시켜야 한다는 것이다. 이렇게 오픈캐스트 레이아웃과 정보들을 모두 입력완료 했다면 하단에 발행하기 버튼을 클릭해주면 조그마한 팝업창이 뜨면서 즉시 발행할 것인지 예약발행 을 할 것인지 묻는다. 그러면 즉시 발행을 체크해 주고 확인 버튼을 클릭해 주면 된다.

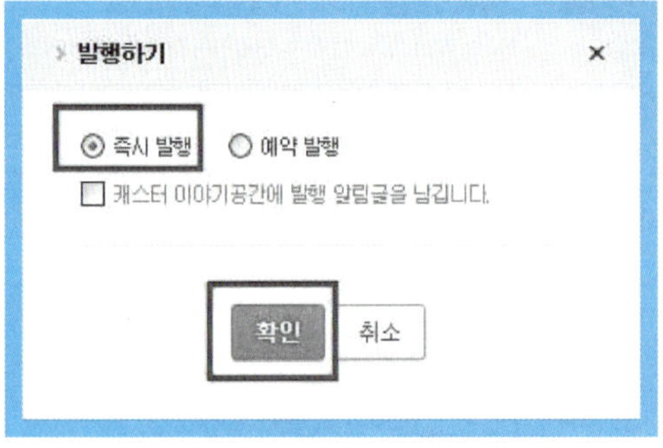

확인 버튼을 누르면 최종적으로 오픈캐스트가 발행되고 발행된 결과 화면을 보여준다. 다음 그림과 같이 정상적으로 오픈캐스트가 발행되면 캐스트보드에 방금 발행한 나의 오픈캐스트가 보여진다. 정상적으로 발행이 되어졌는지 확인만 하면 오픈캐스트를 발행하는 모든 과정이 종료 되는 것이다.

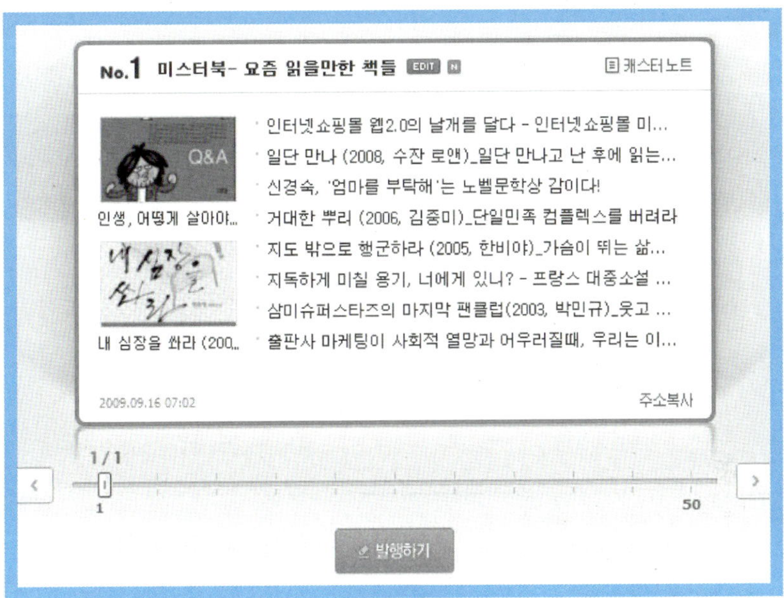

:: 오픈캐스트 티스토리 블로그 하단에 삽입하는 방법

오픈캐스트를 티스토리 블로그 하단에 삽입하기 위해서는 먼저 오픈캐스트 html소스를 만들어야 한다. 내 오픈캐스트의 소스를 만들어 주는 **웹툴즈**(http://webtools.kr)라는 사이트가 별도로 있으니 일단 이 사이트로 접속을 한다. 사이트로 이동하면 상단의 카테고리 메뉴에서 오픈캐스트를 클릭해 준다.

그러면 오픈캐스트 글보기 프레임 HTML 코드를 생성할 수 있는 정보입력 화면이 나올 것이다. 여기서 오픈캐스트 아이디란에 나의 오픈캐스트 아이디 MR136 형식으로 되어 있는 아이디를 입력해 준다. 발행번호는 비워놓으면 되고 특정 오픈캐스트를 삽입하고 싶다면 오픈캐스트의 발행번호를 적어 넣어 주면 된다. 구독링크는 표시함에 체크해 놓고 아래에 HTML 코드 생성 버튼을 클릭한다.

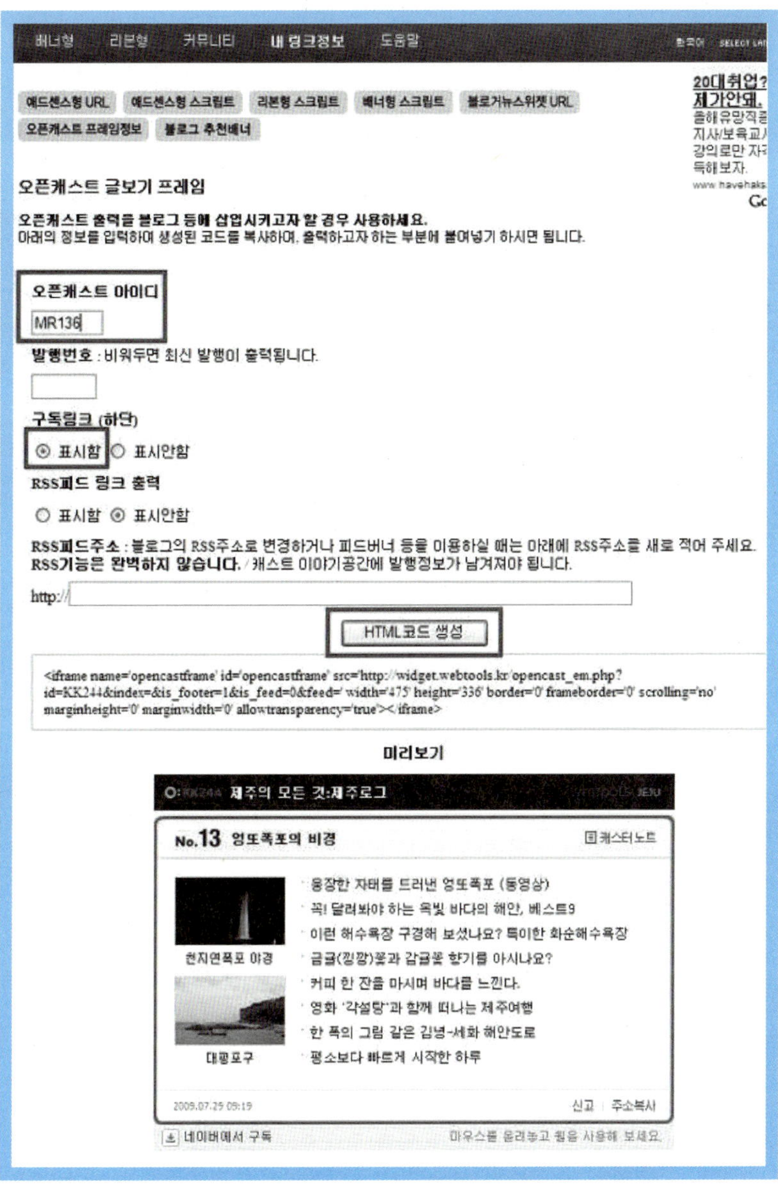

배너형
리본형
커뮤니티
내 링크정보
도움말
애드센스형 URL
애드센스형 스크립트
리본형 스크립트
배너형 스크립트
블로거뉴스위젯 URL
오픈캐스트 프레임정보
블로그 추천배너
오픈캐스트 글보기 프레임
오픈캐스트 출력을 블로그 등에 삽입시키고자 할 경우 사용하세요.
아래의 정보를 입력하여 생성된 코드를 복사하여, 출력하고자 하는 부분에 붙여넣기 하시면 됩니다.
오픈캐스트 아이디
MR136
발행번호 : 비워두면 최신 발행이 출력됩니다.
구독링크 (하단)
표시함
표시안함
RSS피드 링크 출력
표시함
표시안함
RSS피드주소 : 블로그의 RSS주소로 변경하거나 피드버너 등을 이용하실 때는 아래에 RSS주소를 새로 적어 주세요.
RSS기능은 완벽하지 않습니다. 캐스트 이야기공간에 발행정보가 남겨져야 됩니다.
http://
HTML코드 생성
<iframe name='opencastframe' id='opencastframe' src='http://widget.webtools.kr/opencast_em.php?id=KK244&index=&is_footer=1&is_feed=0&feed=' width='475' height='336' border='0' frameborder='0' scrolling='no' marginheight='0' marginwidth='0' allowtransparency='true'></iframe>
미리보기
제주의 모든 것:제주로그
No.13 엉또폭포의 비경
캐스터노트
웅장한 자태를 드러낸 엉또폭포 (동영상)
꼭! 달려봐야 하는 옥빛 바다의 해안, 베스트9
이런 해수욕장 구경해 보셨나요? 특이한 화순해수욕장
금귤(낑깡)꽃과 감귤꽃 향기를 아시나요?
커피 한 잔을 마시며 바다를 느낀다.
영화 '각설탕'과 함께 떠나는 제주여행
한 폭의 그림 같은 김녕-세화 해안도로
평소보다 빠르게 시작한 하루
천지연폭포 야경
대평포구
2009.07.29 09:19
신고
주소복사
네이버에서 구독
마우스를 올려놓고 휠을 사용해 보세요.
20대 취업?
제가안돼.

HTML 코드 생성 버튼을 클릭하자, 아래의 오픈캐스트 미리보기가 내 오픈캐스트로 바뀌는 것을 확인 할 수 있고 코드도 내 오픈캐스트의 코드로 바뀌는 걸 확인할 수 있다. 여기서 내 오픈캐스트 코드로 변환된 코드를 드래그 해서 복사를 한다.

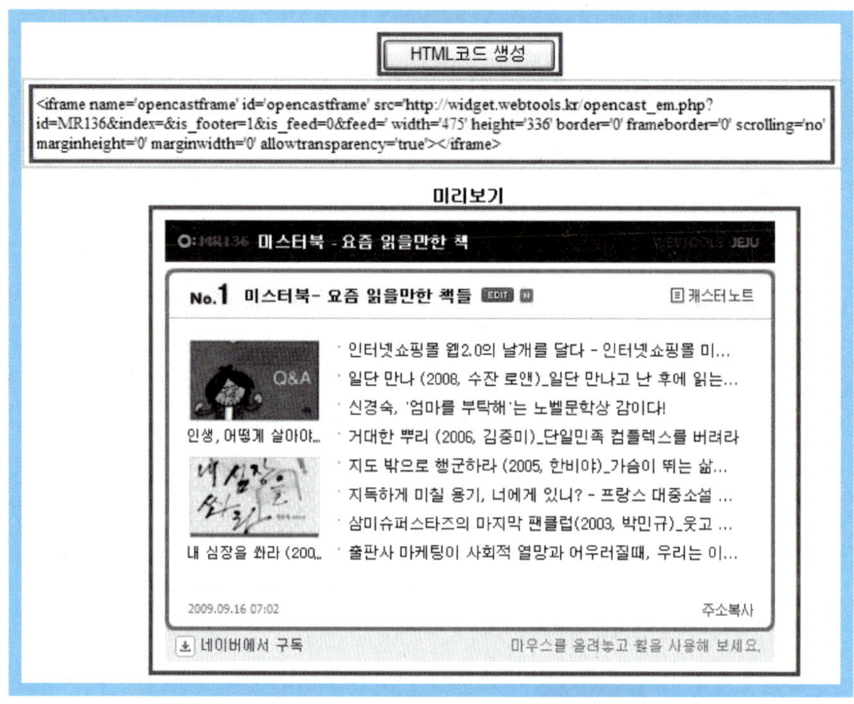

HTML 코드를 복사했으면 내 오픈캐스트를 삽입할 티스토리 블로그로 접속한 다음 스킨 메뉴에서 HTML/CSS 편집 메뉴로 접속한다.

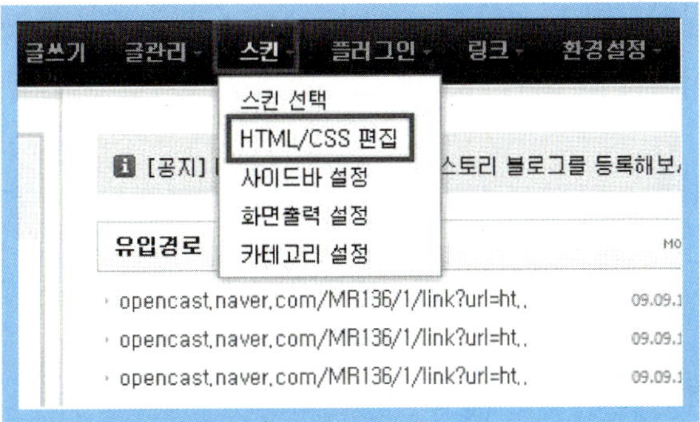

HTML/CSS 편집 모드에서 ctrl + F 키를 눌러서 **##_article_rep_desc_##** 이 문자열을 검색한다. 그러면 바로 정확한 위치를 찾아 줄 것이다.

정확한 위치를 찾았으면 **##_article_rep_desc_## 〈/div〉** 다음에 엔터를 치고 한줄 밑에 웹툴즈에서 생성해서 복사했던 HTML 코드를 붙여넣기로 붙여 넣어 준다.

HTML 코드를 삽입했으면 저장 버튼을 누른 후 내 블로그의 메인화면으로 이동해서 나의 오픈캐스트가 내 블로그 하단에 정상적으로 삽입되어져서 구현 되는지 확인한다. 정상적으로 구현되고 있다면 티스토리 블로그 하단에 내 오픈캐스트를 삽입하는 모든 과정은 끝난다.

· 이 글을 추천한 분들을 만나보세요. (총7명)
14
말하기
댓글 | 읽은사람 : 76명 | 스크랩 | 위젯받기
'문학 > 에세이' 카테고리의 다른 글
인생, 어떻게 살아야 할지 막막할 때 - 건투를 빈다 (김어준) (2) 2009/07/29
지도 밖으로 행군하라 (2005, 한비야)_가슴이 뛰는 삶을 위하여 (0) 2009/07/06
미스터북 - 요즘 읽을만한 책
No.1 미스터북- 요즘 읽을만한 책들 EDIT N
캐스터노트
Q&A
인생, 어떻게 살아야...
내 심장을 쏴라 (200...
· 인터넷쇼핑몰 웹2.0의 날개를 달다 - 인터넷쇼핑몰 미...
· 일단 만나 (2008, 수잔 로앤)_일단 만나고 난 후에 읽는...
· 신경숙, '엄마를 부탁해'는 노벨문학상 감이다!
· 거대한 뿌리 (2006, 김중미)_단일민족 컴플렉스를 버려라
· 지도 밖으로 행군하라 (2005, 한비야)_가슴이 뛰는 삶...
· 지독하게 미칠 용기, 너에게 있니? - 프랑스 대중소설 ...
· 삼미슈퍼스타즈의 마지막 팬클럽(2003, 박민규)_웃고 ...
· 출판사 마케팅이 사회적 열망과 어우러질때, 우리는 이...
2009.09.16 07:02
주소복사
네이버에서 구독
마우스를 올려놓고 휠을 사용해 보세요.
TAG 건투, 건투를 빈다, 김어준, 딴지일보, 인생, 인생설계, 자기계발, 책, 컨설팅
1 Trackback
2 Comment
TRACKBACK :: http://mrbook.kr/trackback/27 복사 관련글 쓰기 >

:: 오픈캐스트 티스토리 메인화면에 삽입하는 방법

오픈캐스트를 티스토리 메인화면에 삽입하는 방법은 기본적으로 티스토리에서 테터데스크라는 아이템을 사용하고 있어야 가능하다. 테터데스크 아이템은 티스토리 블로그 메인을 매거진처럼 다양한 콘텐츠를 다양한 레이아웃으로 보여 주는 기능을 말한다. 예를 들면 다음 그림과 같다.

앞의 그림과 같이 블로그 메인화면에 다양한 레이아웃으로 직접 콘텐츠를 배치할 수 있는 기능이 티스토리의 테터데스크 아이템이다. 테터데스크를 사용하고 있는 유저라면 네이버 오픈캐스트를 티스토리 메인화면에 배치할 수 있다.

먼저 테터데스크를 사용하고 있는 유저라면 자신의 티스토리 블로그에 로그인한 다음 블로그 메인화면에서 상단에 보이는 테터데스크 설정 버튼을 클릭해 준다.

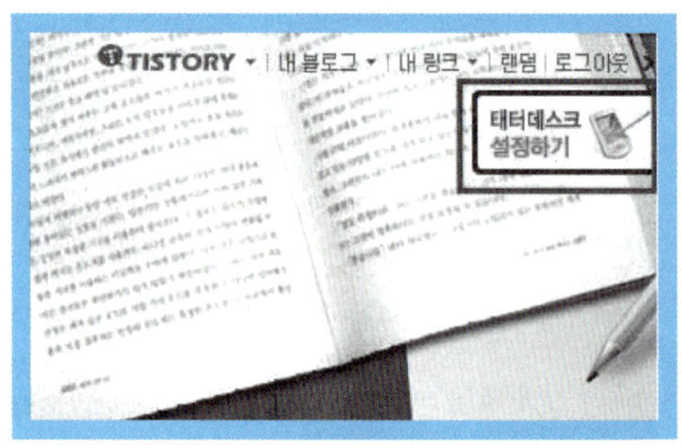

테터데스크 설정 버튼을 클릭해 주면 테터데스크 아이템 배치 버튼이 나올 것이다. 여길 클릭해 준다.

아이템 배치 버튼을 클릭해 주면 기존에 테터데스크 아이템으로 사용하고 있는 목록들이 나온다. 여기에서 오른쪽 하단에 보면 기타 아이템에 HTML 직접입력이라는 아이템이 보일 것이다. 이 아이템을 체크해 주고 그 아래에 〈〈〈 아이템 배치하기 버튼을 클릭해 준다.

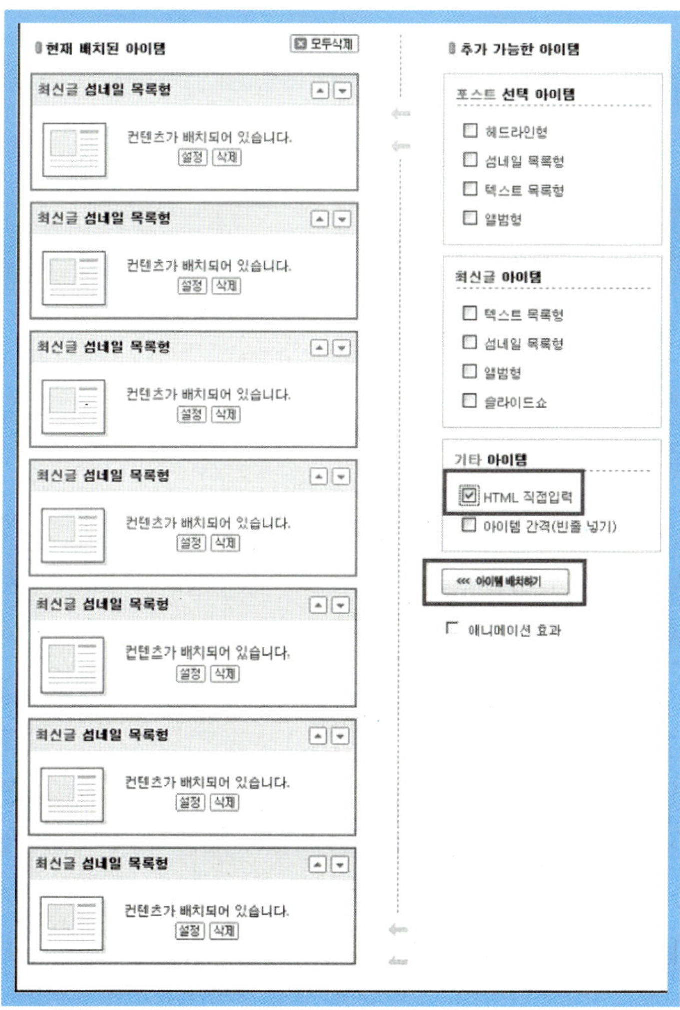

<<< 아이템 배치하기 버튼을 클릭하면 좌측에 현재 배치된 아이템 목록의 가장 아래쪽에 기타 HTML 직접입력이라는 아이템이 생성된 것이 보일 것이다. 위치는 본인이 원하는 위치에 넣으면 된다. 필자는 이 아이템을 가장 상단에 배치해 보겠다. 아이템의 위치를 바꾸려면 아이템 오른쪽 상단에 보면 조그마한 빨간색 삼각형이 보일 것이다. 여기에서 아래위 모양의 삼각형을 클릭하면 해당 아이템의 상하 위치를 조정 할 수 있다.

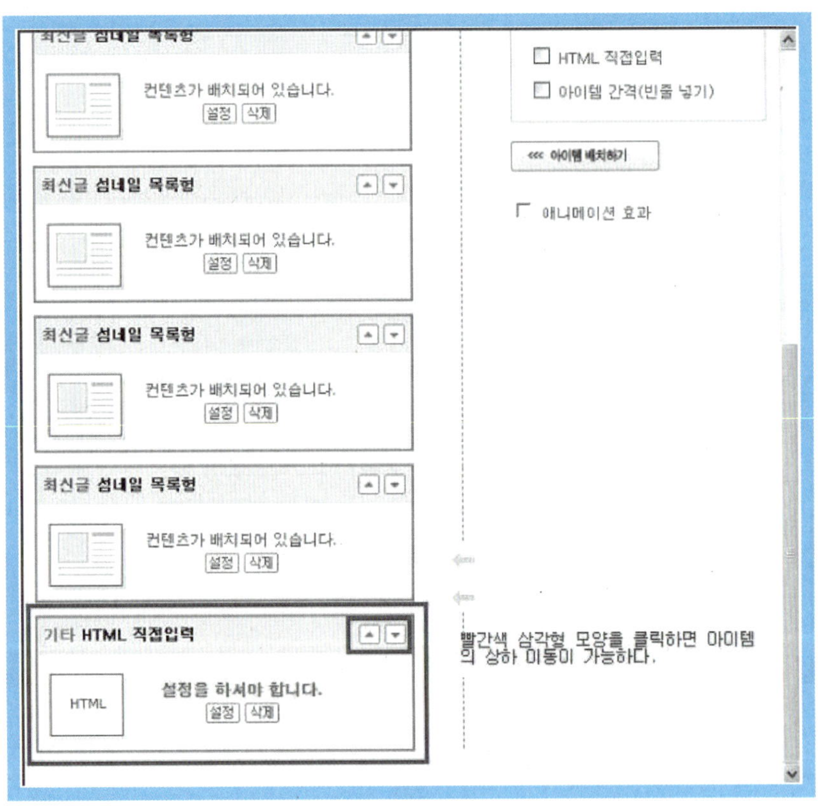

기타 HTML 직접입력 아이템을 자신이 원하는 위치에 배치했으면 이번에는 설정 버튼을 클릭해 준다.

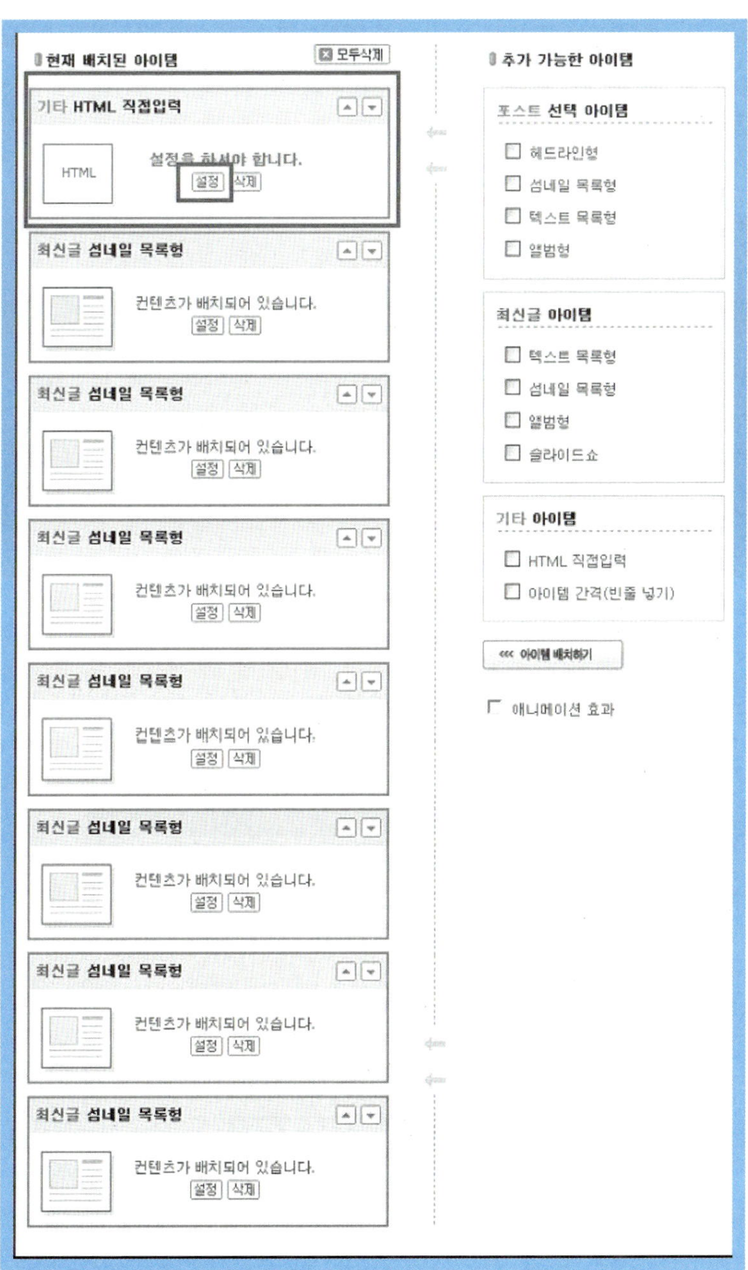

현재 배치된 아이템
모두삭제
기타 HTML 직접입력
HTML
설정을 하셔야 합니다.
설정
삭제
최신글 섬네일 목록형
컨텐츠가 배치되어 있습니다.
설정
삭제
최신글 섬네일 목록형
컨텐츠가 배치되어 있습니다.
설정
삭제
최신글 섬네일 목록형
컨텐츠가 배치되어 있습니다.
설정
삭제
최신글 섬네일 목록형
컨텐츠가 배치되어 있습니다.
설정
삭제
최신글 섬네일 목록형
컨텐츠가 배치되어 있습니다.
설정
삭제
최신글 섬네일 목록형
컨텐츠가 배치되어 있습니다.
설정
삭제
최신글 섬네일 목록형
컨텐츠가 배치되어 있습니다.
설정
삭제
추가 가능한 아이템
포스트 선택 아이템
헤드라인형
섬네일 목록형
텍스트 목록형
앨범형
최신글 아이템
텍스트 목록형
섬네일 목록형
앨범형
슬라이드쇼
기타 아이템
HTML 직접입력
아이템 간격(빈줄 넣기)
아이템 배치하기
애니메이션 효과

설정 버튼을 클릭하면 HTML을 입력할 수 있는 창이 뜰 것이다. 여기에 내 오픈캐스트 HTML 소스 코드를 입력해야 한다. 내 오픈캐스트 HTML 소스 코드를 생성하는 방법은 앞의글 '오픈캐스트 티스토리 블로그 하단에 삽입하는 방법' 을 참고하기 바란다.

HTML 소스코드를 입력한 후 중앙에 미리보기 버튼을 클릭하면 내 오픈캐스트가 적

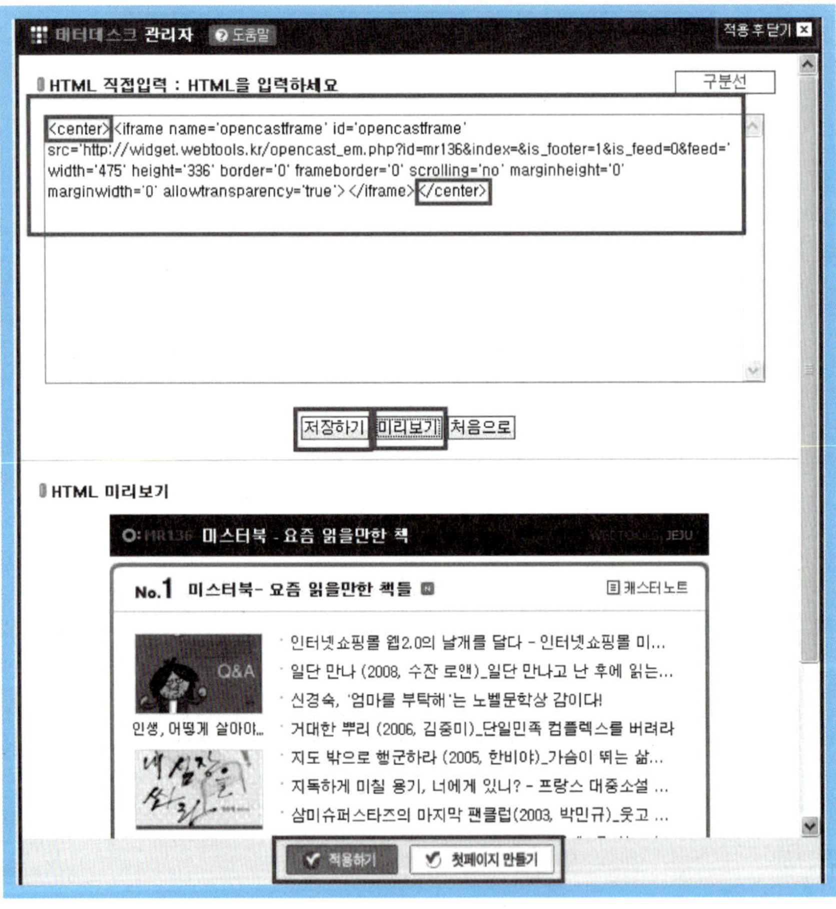

용되기 전에 미리볼 수 있다. 여기에서 화면중앙에 오픈캐스트 위치를 맞춰 주려면 상단의 HTML 코드 앞에는 〈center〉를 삽입해주고 코드 맨끝에는 〈/center〉을 삽입해 주면 자동으로 내 오픈캐스트가 중앙으로 정렬된다. 이렇게 HTML 소스코드 입력 작업이 끝났으면 저장하기 버튼을 눌러준 다음 하단에 첫 페이지 만들기 버튼을 클릭해 주면 자동으로 모든 저장이 완료된다.

저장이 완료 되었으면 메인화면으로 이동해서 정상적으로 내 오픈캐스트가 내 블로그 메인화면에서 구현되고 있는지 확인한다.

재미있는 도서가이드 웹진
Mr.BOOK
Mr. Book (미스터북)
Home Media log location log Tag cloud guestbook
No.1 미스터북- 요즘 읽을만한 책들
문학
더보기
102752
SEOUL / SOUTH KOREA
category
recent post
recent comment
recent trackback
calendar
tag cloud
link
blog academy
TISTORY

:: 네이버 오픈캐스트 스티커 만들어서 부착하기

네이버 오픈캐스트를 발행했으면 이제 내 오픈캐스트를 주변에 널리 알리고 구독자 수를 늘려야 한다. 손쉽게 내 글을 읽는 사람들에게 내 오픈캐스트를 구독하게 하려면 오픈캐스트의 스티커를 만들어서 블로그 본문 하단에 삽입하는 방법이 있다. 오픈캐스트 스티커는 일종의 바로가기 배너라고 보면 된다.

일단 내 오픈캐스트 스티커를 생성하기 위해서는 먼저 오픈캐스트 홈으로 접속해야 한다. 오픈캐스트 홈으로 접속하는 방법은 이전글에서도 설명했듯이 네이버에 로그인 한 후 네이버 메인 중간 지점에 내 오픈캐스트 영역에 보면 오픈캐스트라는 메뉴가 보일 것이다. 여길 클릭해 주거나 그옆에 전체라는 메뉴를 클릭해 주면 된다.

오픈캐스트를 클릭하게 되면 오픈캐스트 홈으로 접속한다. 그러면 오픈캐스트 홈 화면 하단에 보면 오픈캐스트 가이드라는 메뉴가 보일 것이다. 여기를 클릭해 준다.

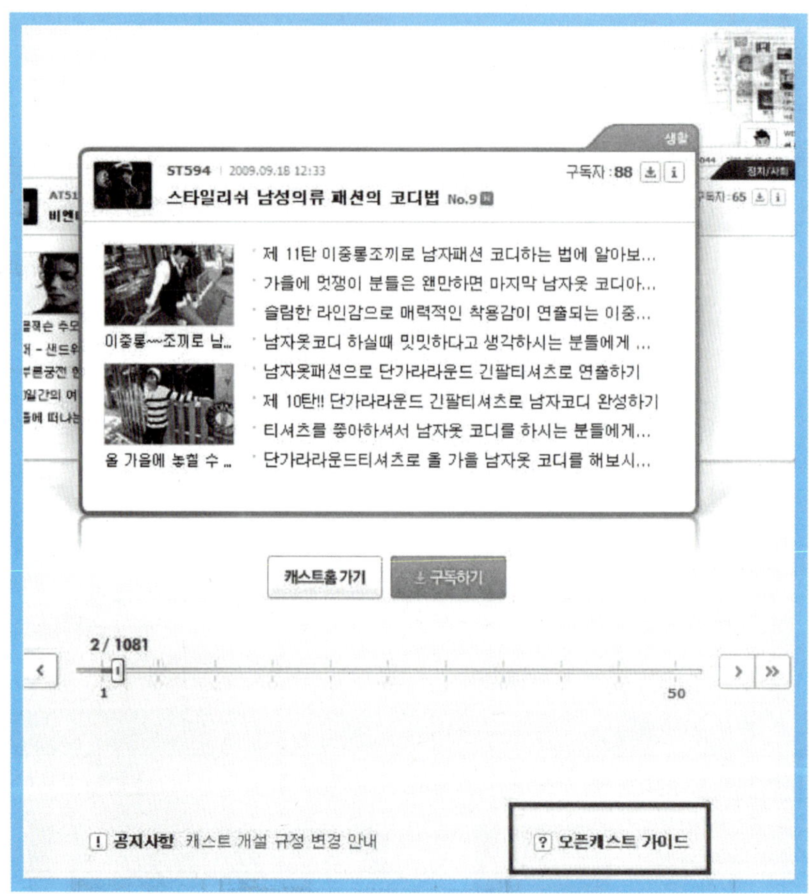

오픈캐스트 가이드를 클릭하면 오픈캐스트 정식오픈이라는 커다란 문구가 있고 그 아래에 몇 가지 메뉴탭이 보일 것이다. 여기 메뉴탭에서 뜨는 캐스트 비법전수를 클릭해 준다.

뜨는 캐스트 비법전수를 클릭하면 네이버에 오픈캐스트를 잘 활용하는 비법들이 나온다. 그 중에서 아래로 내려보면 다섯번째 비법 다양한 홍보툴을 최대한 활용하라.에 보면 오른쪽 하단에 웹스티커 만들러가기 버튼이 보일 것이다. 여기를 클릭해 준다.

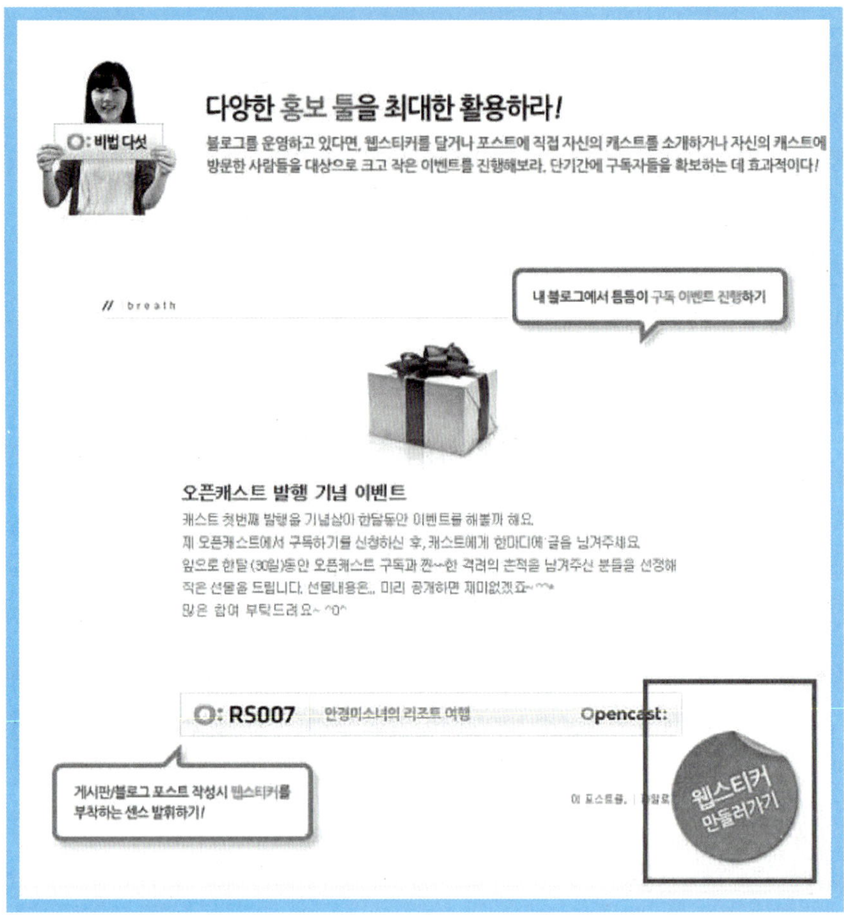

웹스티커 만들러 가기를 클릭하면 스티커 모양을 선택하는 옵션 화면이 나온다. 여기에서 각자의 성향에 맞게 웹스티커 모양을 선택해 주면 된다. 필자는 이미지가 보이는 맨 아래의 옵션을 선택해 보겠다.

옵션을 선택했으면 그 아래의 다음단계 버튼을 클릭해 준다.

다음 단계 버튼을 클릭하면 나만의 웹스티커 만들기 메뉴로 넘어가고 웹스티커에 내

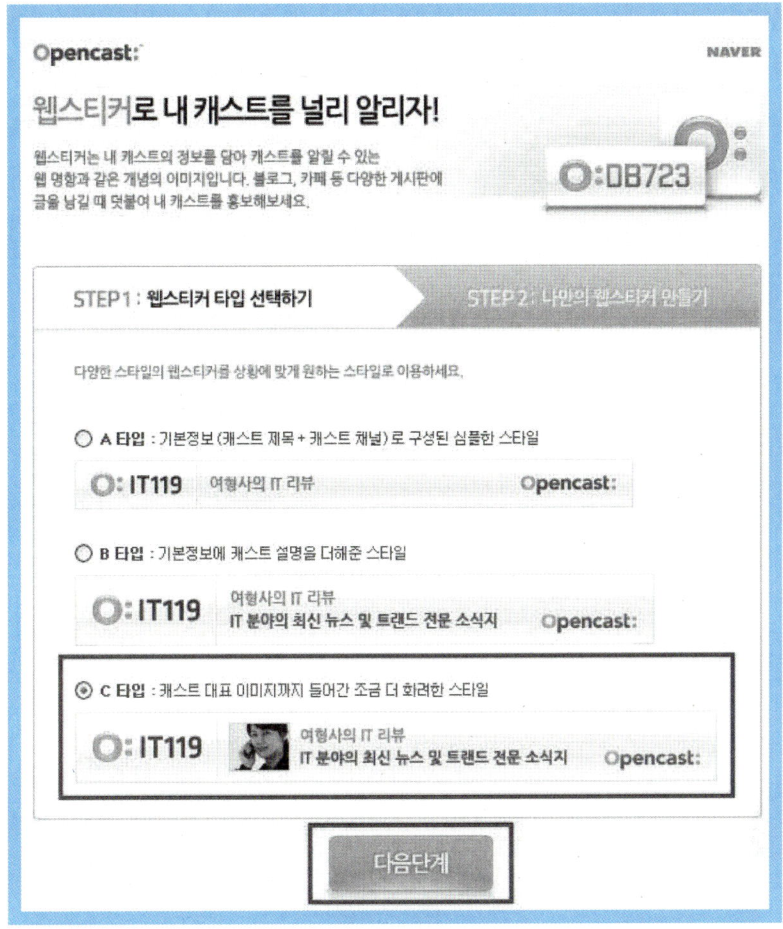

오픈캐스트의 정보를 입력할 수 있는 스티커 미리보기가 나온다 여기서 좌측의 오픈캐스트 로고 바로 옆에는 내 오픈캐스트의 고유 채널 주소를 입력한다. 필자의 오픈캐스트 고유 주소가 MR136이므로 입력해 놓은 모습이 보일 것이다.

내 오픈캐스트 고유채널 주소를 입력했으면 이제 사진부분을 클릭해서 웹스티커에 사용할 사진 이미지를 업로드 시켜준다. 사진까지 업로드를 시켰다면 이번에는 옆에 두 줄

이 보일 것이다. 비취색 글자로 되어 있는 윗 부분은 내 오픈캐스트의 제목을 입력해 주면 되고 그 아래 까만색 글자 영역은 내 오픈캐스트에 대한 간략한 설명을 적어 넣어 준다.

여기까지 입력을 했으면 내 오픈캐스트의 웹스티커를 만들기 위한 모든 정보가 입력이 된 것이다. 그러면 웹스티커 하단에 미리보기를 클릭해서 웹스티커가 제대로 잘 세팅이 되었는지 확인한 후 그 아래에 저장하기 버튼을 눌러서 내 컴퓨터에 특정한 폴더를 하나 지정해서 저장해 주면 된다.

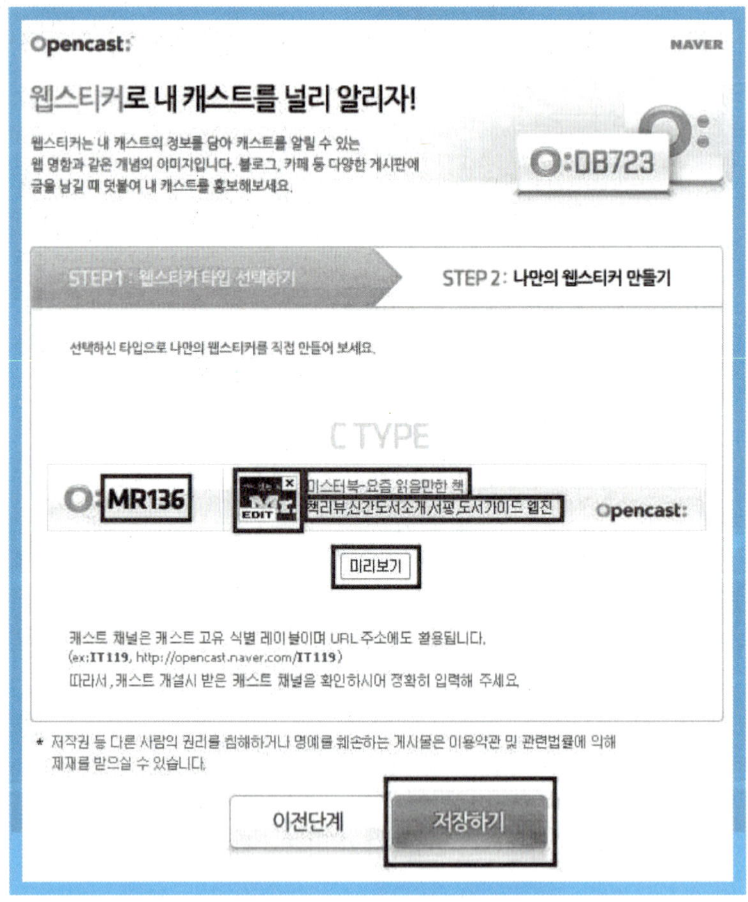

내 컴퓨터에 웹스티커를 저장했다면 내 오픈캐스트의 웹스티커를 만드는 모든 과정은 끝난 것이다. 그러면 이번에는 내 글 본문 하단에 웹스티커를 삽입해 보도록 하자. 먼저 내 블로그로 가서 웹스티커를 삽입할 글을 열어 수정 모드로 들어 간 다음 이미지 업로드툴을 이용해 본문 하단에 좀전에 저장했던 내 오픈캐스트 웹스티커를 업로드 한다.

어차피 웹스티커 자체가 하나의 이미지이기 때문에 평소에 글을 적으면서 사진을 업로드 하는 거와 마찬가지라고 생각하면 된다. 아래 그림처럼 본문 가장 아래쪽에 웹스티커 이미지를 삽입 하면 된다. 네이버 블로그든 이글루스 블로그든 똑같은 방식으로 삽입해 주면 된다.

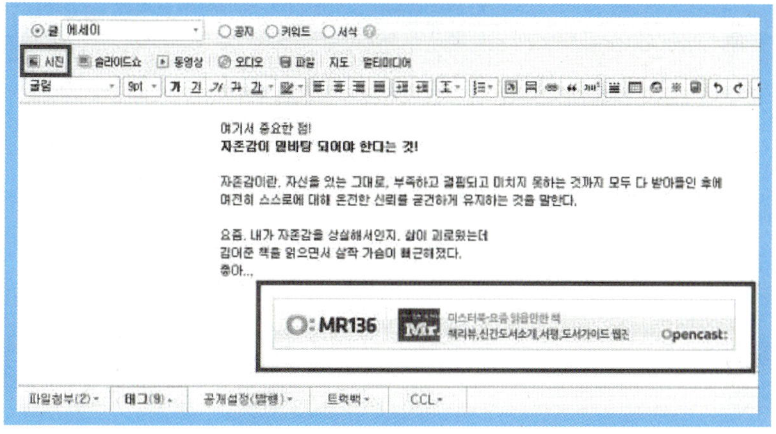

본문 하단에 웹스티커를 삽입했으면 이번에는 내 오픈캐스트의 고유 주소 링크를 웹스티커에 삽입해야 한다. 내 글을 읽은 구독자들이 글 하단의 스티커를 클릭해서 내 오픈캐스트로 이동할 수가 있는 것이다. 그럼 먼저 내 오픈캐스트의 고유 주소를 알아야 한다. 내 오픈캐스트의 고유 주소를 알기 위해서는 일단 오픈캐스트 홈으로 접속해야 한다(오픈캐스트 홈으로 접속하는건 앞에서도 계속 설명했으니 생략하기로 하겠다).

오픈캐스트 홈으로 접속하면 상단 메뉴 오른쪽에 보면 캐스트 바로가기 메뉴가 있다. 이걸 클릭하면 바로 아래에 조그마한 팝업창이 펼쳐 지면서 운영캐스트와 구독캐스트 목록이 나온다 여기서 운영캐스트에 내 캐스트 이름을 클릭해 준다.

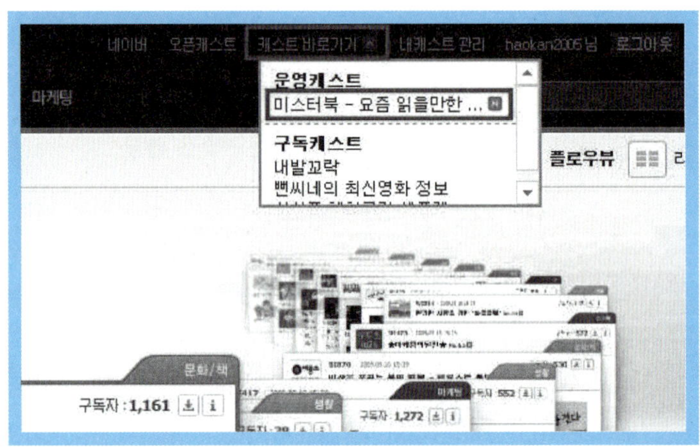

그러면 다음 그림처럼 내오픈캐스트 화면으로 이동하게 된다. 여기서 인터넷 주소창에 주소를 보면 http://opencast.naver.com/MR136 이런 식으로 되어 있을 것이다. 이 주소가 내 오픈캐스트의 고유 주소인 것이다. 이 주소를 클릭해서 전체선택을 한 다음 복사를 해 준다.

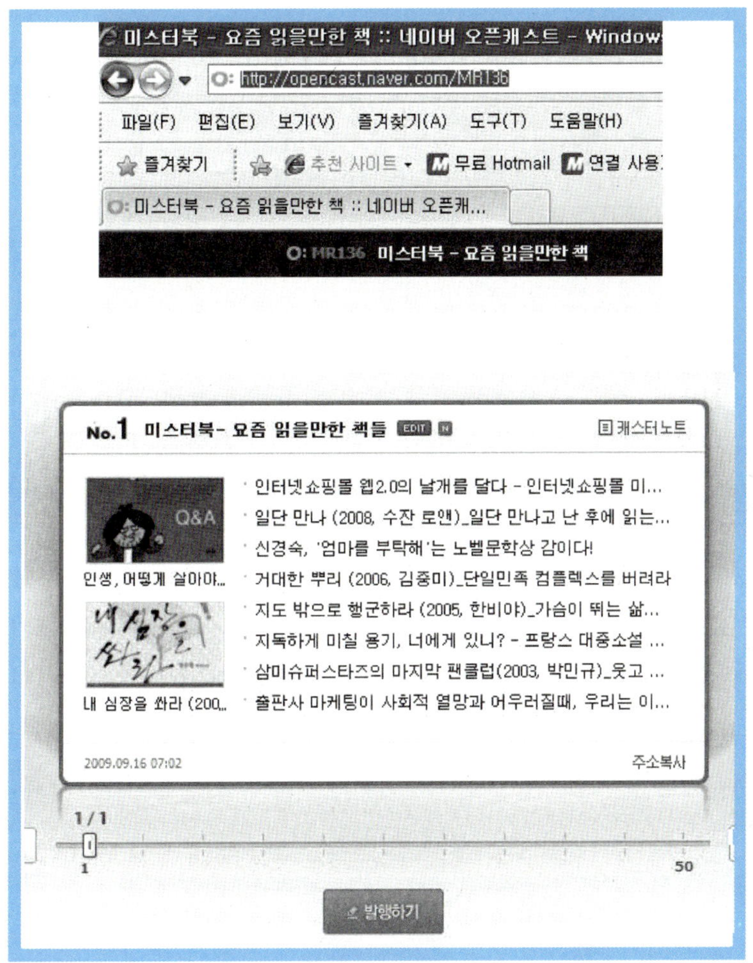

내 오픈캐스트의 고유 주소를 복사했으면 이제 다시 내 블로그로 돌아와 글쓰기 수정 모드에서 삽입해 놨던 오픈캐스트 웹스티커를 한번 클릭을 해서 선택해 준 다음 상단의 글쓰기 모드 도구에 있는 링크 표시를 클릭해 주면 링크삽입 창이 나올 것이다(네이버 블로그에서는 링크가 url 로 표시되어 있으니 주의할 것). 여기 링크 삽입창에 좀전에 복사했던 내 오픈캐스트 고유주소를 삽입해 준 다음 확인 버튼을 눌러주면 된다.

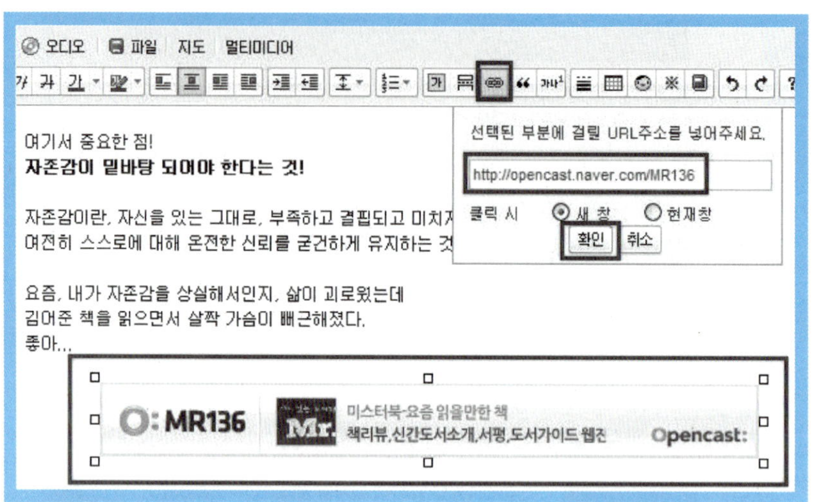

링크삽입이 정상적으로 되어졌으면 저장하기 버튼을 눌러 글을 저장한 다음 블로그 메인화면으로 가서 방금 웹스티커를 삽입했던 글을 클릭해서 스티커에 링크가 정상적으로 작동 되는지 확인한다. 링크가 정상적으로 작동 된다면 웹스티커를 본문 하단에 삽입하는 모든 과정이 끝난 것이다. 아래 그림처럼 링크가 정상적으로 삽입 되어졌으므로 웹스티커에 마우스를 올려 놓으면 바로가기 안내 문구가 나오는 것을 확인할 수 있다.

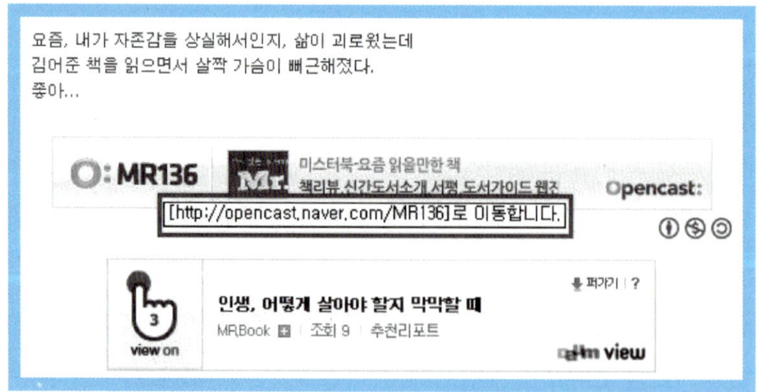

:: 오픈캐스트에 홈페이지를 홍보하는 방법

네이버 오픈캐스트는 자신의 블로그의 콘텐츠뿐만 아니라 다른 블로그 혹은 홈페이지의 콘텐츠도 얼마든지 연결가능하도록 링크 방식으로 되어 있다. 오픈캐스트를 꾸준히 발행하고 있고 구독자수를 늘려가고 있다면 오픈캐스트에 링크 하나 정도는 나의 비지니스와 연관된 페이지나 홈페이지를 바로 연결시키는 링크를 삽입해도 괜찮다.

어차피 오픈캐스트는 내가 발행하는 나만의 웹진이므로 내가 발행하는 오픈캐스트 전체를 광고성 링크로 채운다면 나의 오픈캐스트를 구독하는 구독자들은 인상을 찌푸릴 것이다. 하지만 꾸준히 좋은 정보들을 오픈캐스트로 제공하면서 중간에 하나 정도를 나의 비지니스와 연관된 링크를 삽입하는 정도는 구독자들 입장에서도 크게 거부감을 느끼지 않는다.

오픈캐스트를 사용하고 있다면 방식은 아주 간단하다. 먼저 내 오픈캐스트 발행하기로 접속한 후 좌측편 상단에 위치해 있는 링크등록 + 버튼을 클릭해 준다.

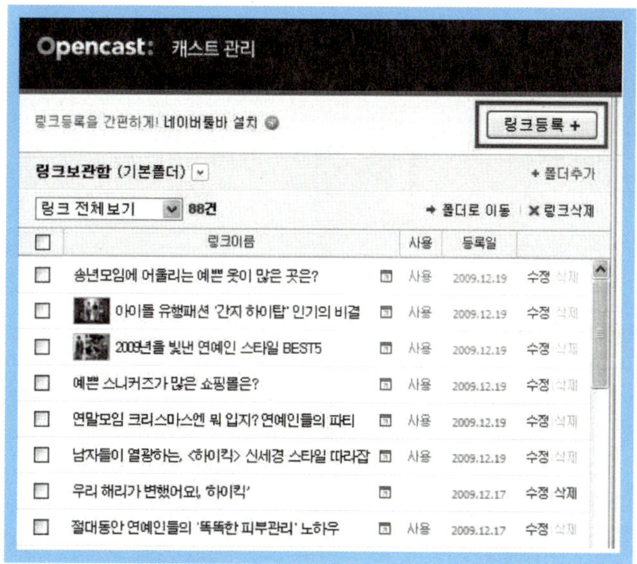

링크등록 + 버튼을 클릭해 주면 링크이름과 url을 입력할 수 있는 창이 나온다는건 이미 앞에서도 배웠다. 여기 링크이름란에는 오픈캐스트 구독자들이 호기심을 가질 만한 적절한 문장을 입력해 주면 되고 그 아래 url 입력란에는 내 홈페이지 주소나 상품페이지 혹은 비지니스 관련 페이지의 링크를 삽입해 주면 된다.

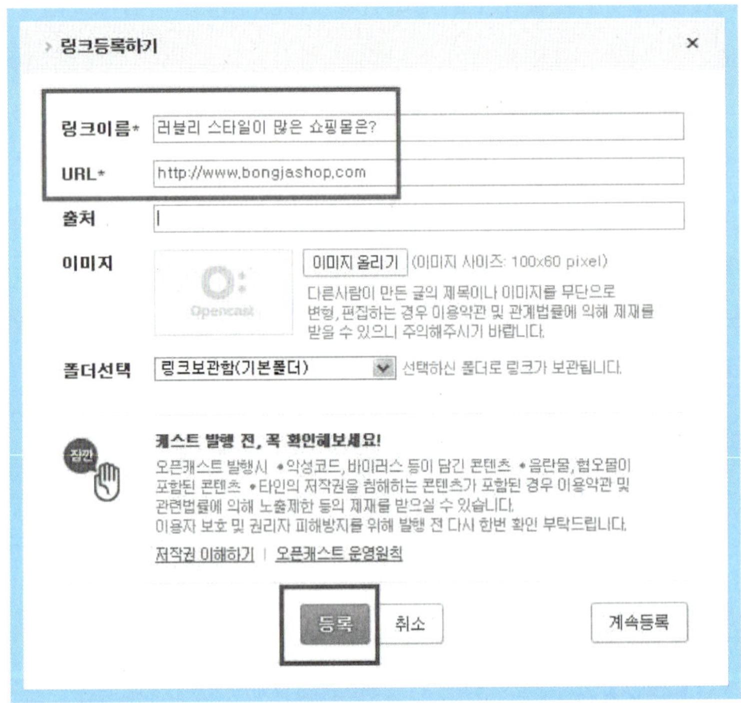

등록버튼을 클릭하면 내 오픈캐스트의 링크 보관함에 새롭게 링크가 등록된 것을 확인할 수 있다.

링크 보관함에 링크가 추가 되었으면 오픈캐스트를 발행하기 위해서 좌측의 링크 보관함 메뉴에서 오픈캐스트로 발행할 콘텐츠들을 선택해 준 후 하단 오른쪽에 링크 채우기 버튼을 클릭해 준다.

링크 채우기 버튼을 클릭해서 오른쪽 오픈캐스트 발행을 위한 미리보기 영역에서 오픈캐스트를 발행하기 전에 콘텐츠의 위치들을 정해 준 다음 상단의 오픈캐스트명과 설명을 적어 준 후 하단에 발행하기 버튼을 클릭해 주면 오픈캐스트가 정상적으로 발행되고 발행된 오픈캐스트에 비지니스 페이지나 홈페이지로 바로갈 수 있는 링크형 콘텐츠도 함께 발행이 되게 되는 것이다.

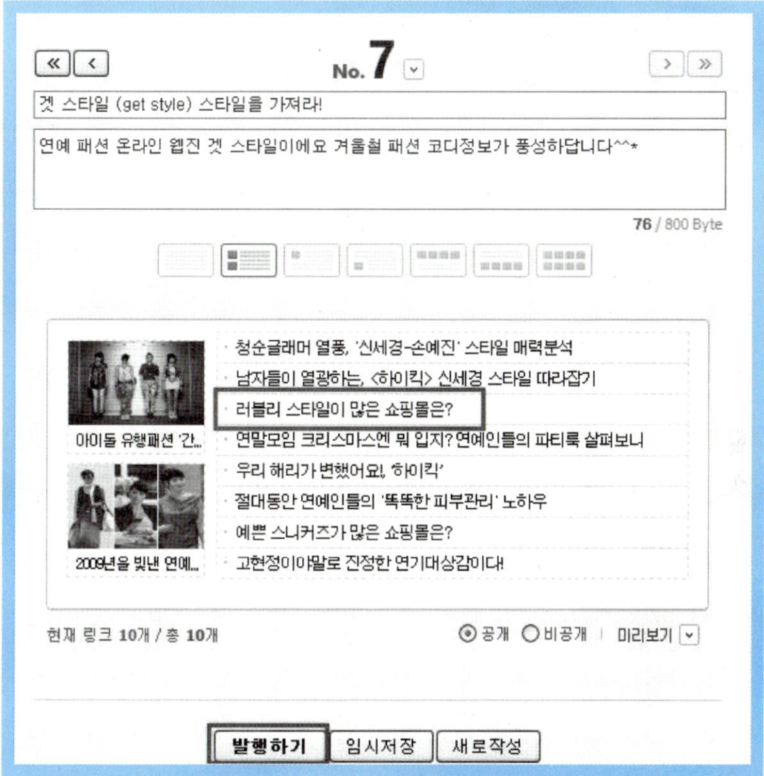

이렇게 오픈캐스트 속에 홈페이지 바로가기 링크를 삽입해 주는 기법이 효과를 누리기 위해서는 먼저 꾸준하게 오픈캐스트를 발행해서 구독자 들을 많이 모으는 것이 중요하고 구독자 수가 많으면 많을수록 그 효과는 높다고 보면 된다.

CHAPTER 06

RSS를 활용하는 방법

BLOG MARKETING

:: 한RSS 디렉토리에 블로그를 등록 하라

한rss 디렉토리는 한RSS의 자체적인 블로그 분류라고 할 수 있다. 한RSS 메인 화면에서 쉽게 디렉토리 분류들을 확인 할 수 있고 각각의 디렉토리에는 한RSS 구독자 수가 많은 순서대로 등록되어져 있는 블로그들을 볼 수가 있다.

한RSS 구독자 수가 블로그 사회에서 갈수록 비중을 차지하고 있고 점점 많은 사람들이 한RSS를 사용하고 있으므로 한RSS 디렉토리에 자신의 블로그가 등록되어져 있으면 한RSS 유저들에게 자신의 블로그가 노출될 가능성이 높아지는 것이다. 따라서 등록하지 않는것 보단 등록해 놓는 것이 블로그마케팅에도 훨씬 유리하다고 할 수 있다.

한RSS 메인화면에서 하단에 보면 디렉토리 분류 영역이 보일 것이다. 여기에서 스폰서RSS 아래쪽에 보면 ▶ 분류 전체보기라는 메뉴가 보일 것이다. 여기를 클릭해 준다.

분류 전체보기를 클릭해 주면 디렉토리 화면으로 들어가게 되고 상단에 디렉토리 옆에 보면 디렉토리 등록하기 메뉴가 보일 것이다. 여기를 클릭해 준다.

HanRSS RSS 검색

홈 > 디렉토리 (총 41개 중 1 - 41) · 디렉토리 등록하기

인기 RSS	신규 RSS	브랜드 RSS	스폰서 RSS (9)
컴퓨터 (716)	뉴스 (99)	일상 (98)	정치 (91)
경제 (85)	만화 (77)	경영 (71)	사진 (70)
영화 (66)	여행 (60)	음식 (48)	음악 (46)
게임 (45)	쇼핑 (43)	스포츠 (41)	도서 (29)
문화 (26)	팟캐스트 (24)	연예 (23)	어학 (23)
디자인 (18)	동영상 (16)	과학 (15)	사회 (14)
유머 (14)	육아 (12)	취업 (10)	문학 (10)
기업소식 (9)	미술 (8)	보안 (7)	건강 (7)
애완동물 (6)	자동차 (5)	프리젠테이션 (5)	학문 (4)
교육 (4)	종교 (3)	잡지 (2)	행사 (1)
기부 (1)			

1

디렉토리 등록하기 메뉴를 클릭하면 한RSS 디렉토리에 등록하는 방법과 조건에 대한 설명이 나온다. 여기서 먼저 상단 부분의 첫 번째 요건인 자신의 블로그에 한RSS 디렉토리 등록을 위한 글작성 요건을 먼저 수행해야 한다.

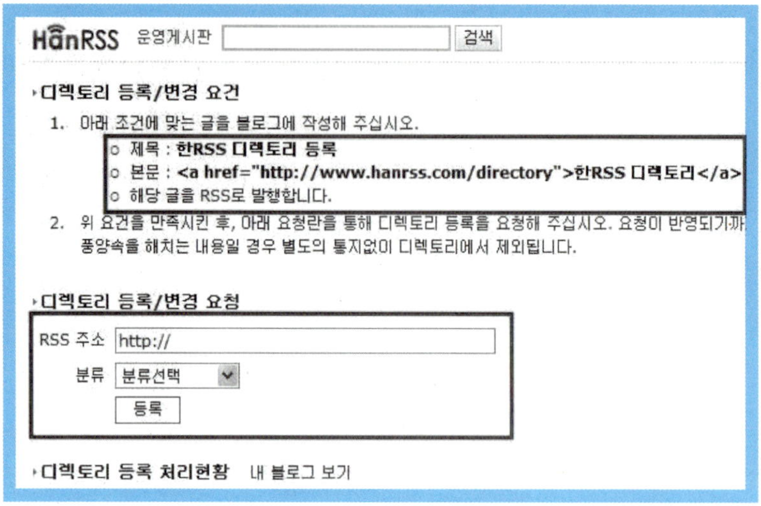

HanRSS 운영게시판 검색

디렉토리 등록/변경 요건

1. 아래 조건에 맞는 글을 블로그에 작성해 주십시오.
   - 제목 : **한RSS 디렉토리 등록**
   - 본문 : **<a href="http://www.hanrss.com/directory">한RSS 디렉토리</a>**
   - 해당 글을 RSS로 발행합니다.
2. 위 요건을 만족시킨 후, 아래 요청란을 통해 디렉토리 등록을 요청해 주십시오. 요청이 반영되기까 풍양속을 해치는 내용일 경우 별도의 통지없이 디렉토리에서 제외됩니다.

디렉토리 등록/변경 요청

RSS 주소 http://

분류 분류선택

등록

디렉토리 등록 처리현황 내 블로그 보기

위의 등록요건처럼 자신의 블로그에 한RSS 디렉토리 등록용 글을 작성해야 한다. 따라서 자신의 블로그로 접속한 후 글쓰기 모드에서 제목에는 한RSS 디렉토리 등록이라고 입력하고 본문에는 〈a href=" http://www.hanrss.com/directory" 〉 한RSS 디렉토리 〈/a〉를 입력해 준다.

그리고 '해당글을 RSS로 발행합니다' 라는 조건은 티스토리에서는 관리자 모드에서 환경설정 메뉴의 기타설정으로 들어가면 공개정책에서 RSS 부분을 다음 그림과 같이 공개글로 체크해 놓으면 된다.

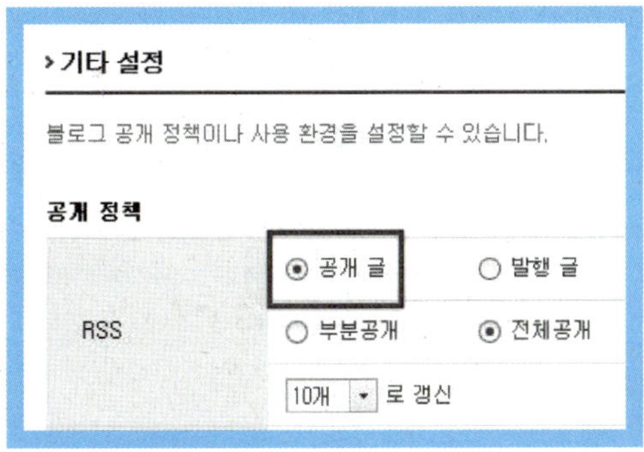

네이버에서는 별도의 RSS 공개를 설정하는 메뉴가 없지만 혹시 모르니 글쓰기 모드에서 하단에 검색을 허용으로 수집을 허용으로 해놓고 글을 저장한다.

자신의 블로그의 글쓰기 모드에서 위의 조건대로 제목과 본문에 입력을 해주고 글을 저장한다.

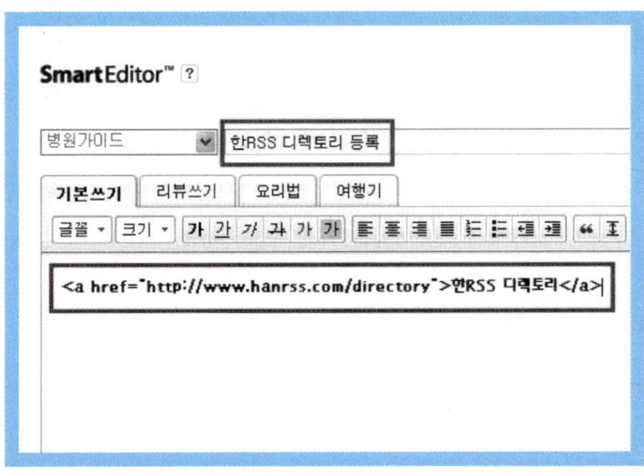

여기까지 수행했으면 다시 한RSS 디렉토리 등록화면으로 가서 하단에 디렉토리 등록/변경 요청란에 내 블로그의 RSS 주소를 입력해주고 등록할 디렉토리 분류를 지정해준후 등록 버튼을 눌러주면 모든 과정이 끝난다.

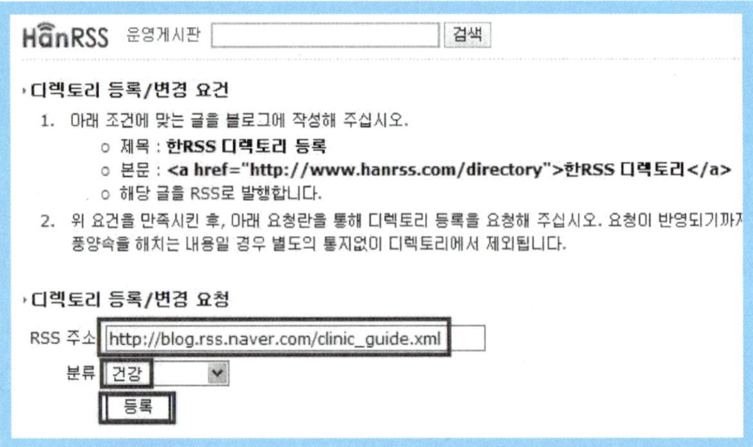

그런데 만약 내 블로그를 아직 RSS로 구독하는 구독자가 한명도 없을 경우 아래와 같은 안내 문구가 뜰 것이다.

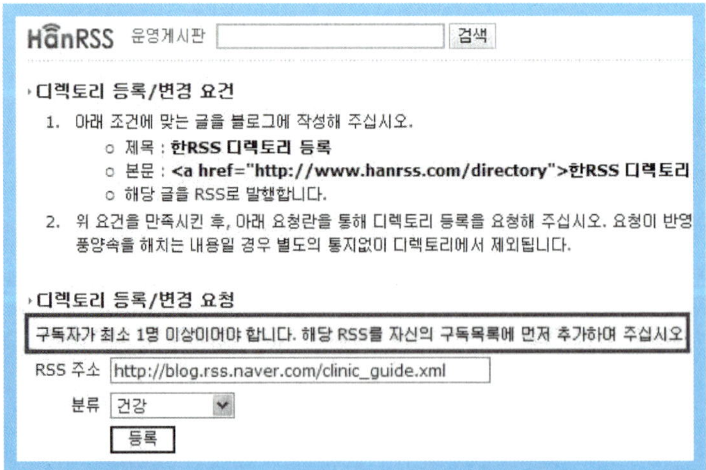

한RSS에서는 디렉토리 등록조건으로 최소 1명 이상이 구독하고 있어야 하므로 저런 경우에는 내 블로그를 아직 한명도 구독하지 않고 있을 경우 나타난다. 따라서 이런 경우에는 내 한RSS에 내 블로그를 구독추가 해주면 된다. 한RSS에 구독추가 하는 방법은 앞에서 배웠으니 이해가 될 것이다.

이렇게 구독추가를 해 놓은 다음 다시 등록 버튼을 눌러주면 디렉토리 등록신청이 완료되고 그 아래에 디렉토리등록 처리현황에 방금 등록신청한 내 블로그의 디렉토리 처리현황이 나오는 것을 확인 할 수 있다. 디렉토리 등록과정은 여기까지로 완료된 것이지만 완전히 등록되기까지는 약 하루 정도의 시간이 걸린다.

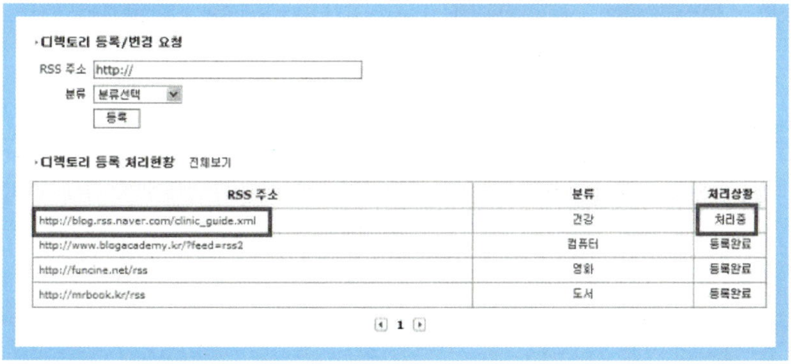

디렉토리 등록/변경 요청
RSS 주소
http://
분류
분류선택
등록
디렉토리 등록 처리현황
전체보기
RSS 주소
분류
처리상황
http://blog.rss.naver.com/clinic_guide.xml
건강
처리중
http://www.blogacademy.kr/?feed=rss2
컴퓨터
등록완료
http://funcine.net/rss
영화
등록완료
http://mrbook.kr/rss
도서
등록완료
1

만약 하루가 지났는데도 등록이 되지 않을 경우에는 한RSS에 별도로 문의해서 왜 등록이 안되는지 알아보고 등록요건에 맞춰서 재등록을 해 줘야 한다.

:: 한RSS 테마에 블로그를 등록하라

한RSS에는 디렉토리 뿐만이 아니라 블로거들이 직접 만드는 디렉토리인 한RSS 테마가 있 다. 이 테마들 중 자신의 블로그와 관련이 있는 주제의 테마에는 블로그를 등록해 놓는 것이 좋다. 그리고 한RSS 테마들 중 자신의 블로그와 부합하는 주제의 테마가 없을 경우에는 스스로 한RSS 테마에 새로운 테마를 등록할 수도 있다.

그렇다면 한RSS 테마에 등록하는 방법에 대해서 알아보도록 하자. 먼저 한RSS 메인 화면으로 접속한 후 하단의 한RSS 디렉토리 바로 아래쪽에 보면 테마 라고 한줄로 되어 있는 메뉴가 보일 것이다. 테마의 끝쪽에 보면 ▶전체보기라는 메뉴가 보일 것이다. 여기를 클릭해 준다.

▶전체보기를 클릭하면 한RSS 테마의 메인화면으로 이동한다. 상단에는 한RSS 테마의 대 카테고리가 나온다. 여기서 자신의 블로그 주제와 맞는 카테고리를 먼저 클릭한다. 필자는 컴퓨터 카테고리를 클릭해 봤다. 대 카테고리를 선택해 주면 아래의 테마목

록에 해당 카테고리와 관련된 테마목록이 나온다. 컴퓨터를 클릭하니 컴퓨터와 연관된 테마들이 나온다.

여기서 필자는 '블로그 관련팁이 자주 올라오는 블로그는?'이라는 테마를 클릭했더니 아래에 현재 이 테마에 등록되어져 있는 블로그 목록이 나오는 것을 볼 수 있다. 이 테마에 등록하기 위해서는 테마의 주제 옆에 rss 추가라고 되어 있는 메뉴가 보일 것이다. 여기를 클릭해 준다.

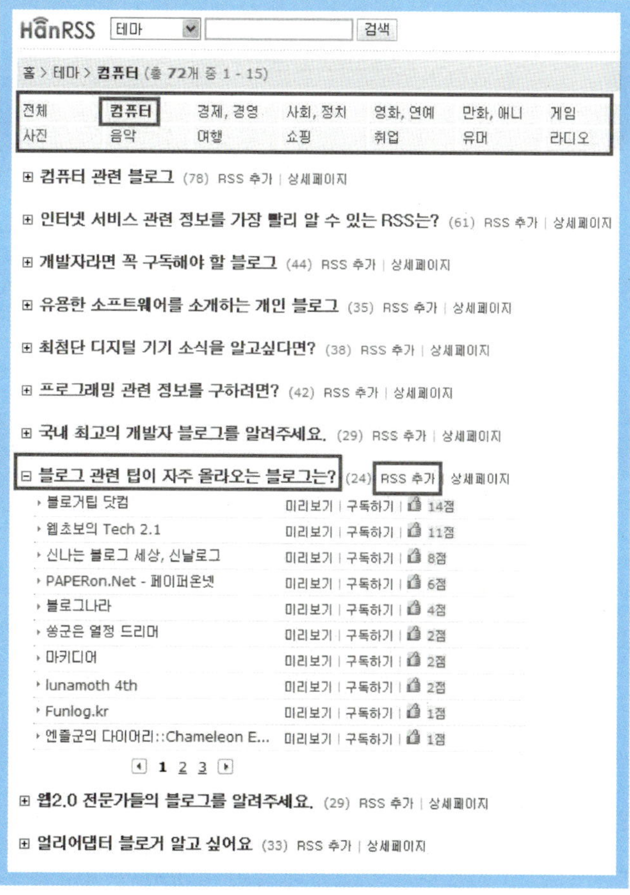

RSS 추가 버튼을 클릭하면 RSS 주소를 입력하라는 팝업창이 하나 뜰 것이다. 여기에서 주소입력란에 내가 등록할 블로그의 RSS 주소를 입력해 주고 아래의 추가하기 버튼을 눌러주면 된다.

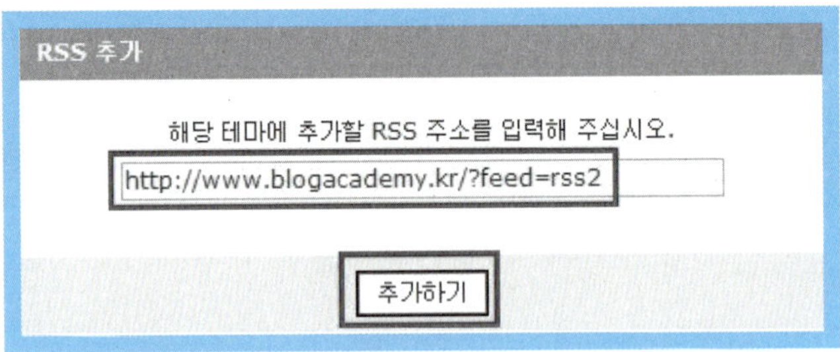

추가하기 버튼을 눌러 주면 자동으로 추가되므로 다시 방금 내가 등록한 한RSS 테마 주제를 클릭해서 제대로 등록이 되었는지 확인한다. 구독자가 많은 순서로 결과를 보여주기 때문에 다음 페이지로 넘겨보니 무사히 등록이 완료 되어 있는 것이 보인다.

⊟ **블로그 관련 팁이 자주 올라오는 블로그는?** (25) RSS 추가 | 상세페이지

블로그아카데미	미리보기 | 구독하기 | 삭제 0점
아라의 글로벌 마인드 칼럼..think gl...	미리보기 | 구독하기 | 0점
블로그초보 길들이기	미리보기 | 구독하기 | 0점
디자인로그 [DESIGN LOG] - Desi...	미리보기 | 구독하기 | 0점
WebClear-Enjoy! It's My Nature	미리보기 | 구독하기 | 0점
Blogine	미리보기 | 구독하기 | 0점
√ MIRiyA's AstraLog	미리보기 | 구독하기 | 0점
chatii의 웹노트	미리보기 | 구독하기 | 0점
artbox	미리보기 | 구독하기 | 0점
웹눈의 웹이야기	미리보기 | 구독하기 | 0점

1 **2** 3

그리고 한RSS 테마의 메인화면에서 내가 등록하고 싶은 테마를 검색으로 찾고 싶거나 해당 테마가 없을 경우 새롭게 테마를 등록하는 방법에 대해서 알아보자. 먼저 내가 등록하고 싶은 테마를 키워드나 문장으로 검색을 해본다. 필자는 '블로그마케팅 정보가 많은 블로그는?' 이라는 검색어를 입력해 봤다.

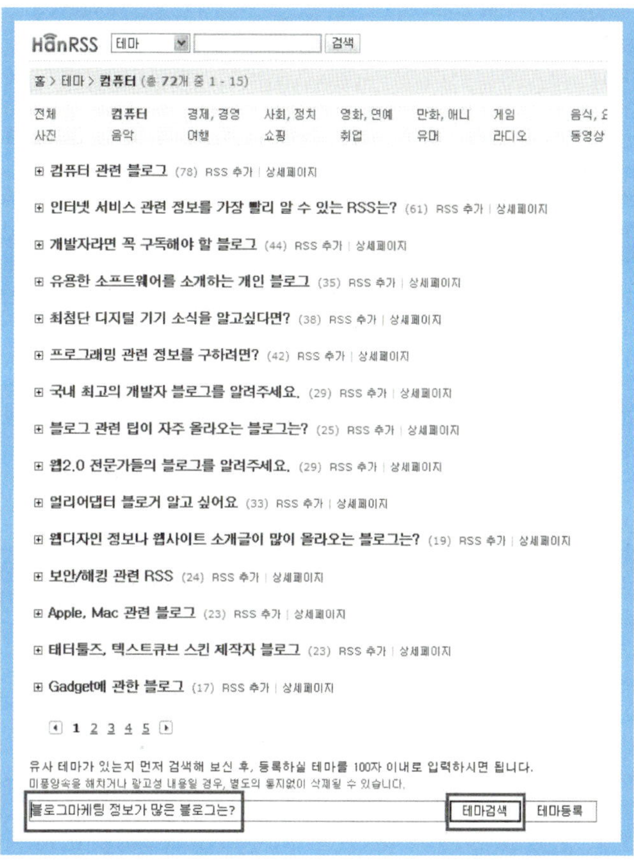

테마검색 버튼을 클릭해 보니 블로그마케팅 정보가 많은 블로그는?에 대한 검색결과가 없다고 나온다.

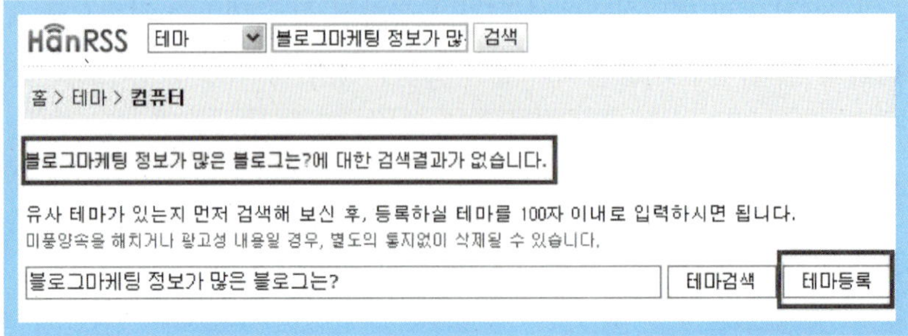

자신이 찾고자 하는 테마 주제를 검색했는데 해당 테마가 없을 경우에는 위의 테마검색 결과 화면에서 테마등록 버튼을 클릭해 주면 바로 새로운 테마로 등록이 된다. 필자 또한 '블로그마케팅 정보가 많은 블로그는?'을 테마검색 결과 화면에서 바로 테마등록 버튼을 눌러 줬더니 아래 그림과 같이 새로운 테마주제로 등록된 것을 확인 할 수 있다.

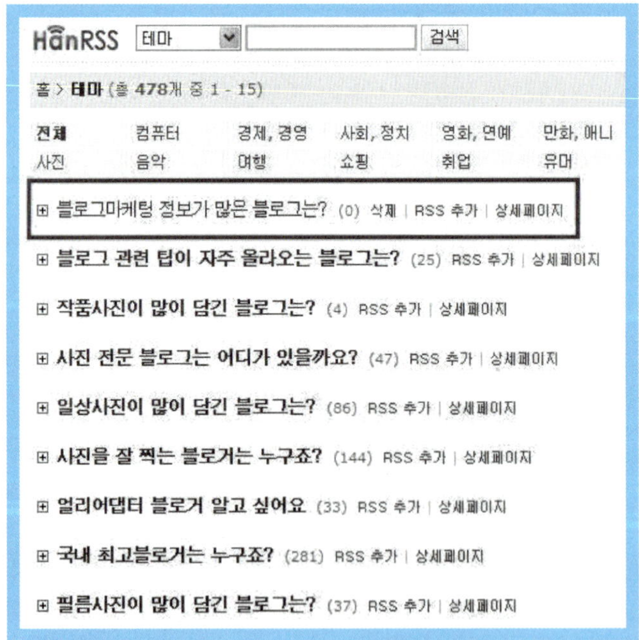

새로운 테마 주제가 등록되었다면 그 다음 과정은 앞에서 배운 것처럼 신규 테마에도 RSS 추가 버튼을 눌러 내 블로그를 등록해 주면 된다.

:: RSS 구독권유 버튼을 사이드바에 부착하라

RSS 구독권유 버튼을 포스트 하단에 삽입해 놓는 것도 좋지만 블로그의 사이드바는 한 번 설정해 놓으면 고정적으로 변하지 않는 영역이므로 방문자들이 어떤 콘텐츠를 읽든 자주 눈에 띌 수 밖에 없다. 이런 사이드바 영역에서 상단 우측은 방문자들이 쉽게 집중할 수 있는 곳이다. 이곳에 rss 구독권유 버튼을 부착해 놓으면 rss 구독자를 늘리는데 도움을 받을 수 있다.

RSS 구독권유 버튼을 사이드바에 부착시키는 방법은 우리가 앞에서 다뤘던 한RSS 구독권유 버튼의 html 소스를 그대로 사용하면 된다. 먼저 티스토리의 경우 스킨 메뉴의 사이드바 설정 으로 이동한 후 태그입력기를 사이드바 상단영역에 하나 활성화시켜준 후 태그입력기에 편집 버튼을 클릭해 준다.

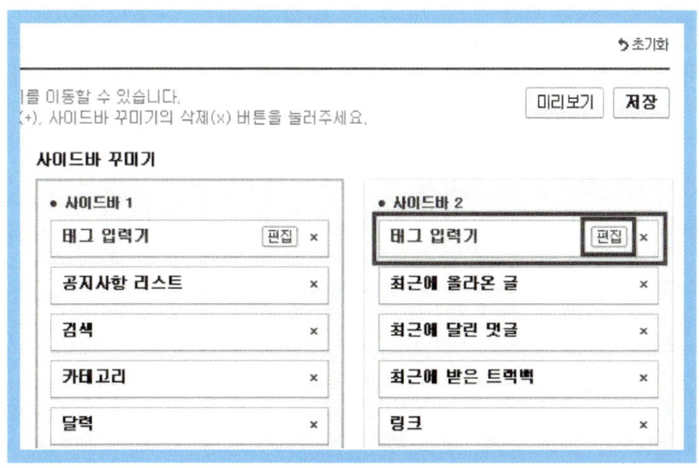

그러면 태그입력기의 소스입력창이 나올 것이다. 여기에 일단 이름 부분에는 RSS 구독권유 버튼이라고 적어넣고 치환자 영역에는 우리가 앞에서도 사용했던 한RSS의 구독권유 버튼 html 소스를 입력해 준다. 필자는 이미지도 한RSS에서 제공하는 이미지가 아닌 필자가 원하는 이미지 주소를 삽입한 소스를 복사해 와서 삽입해 줬다.

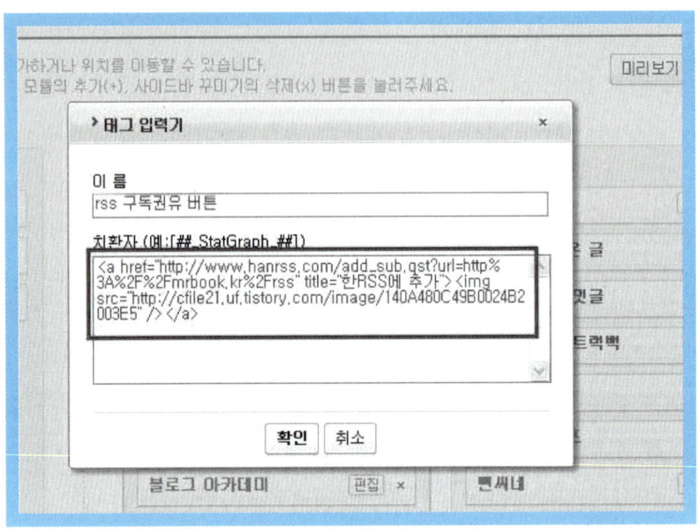

여기까지 진행이 되었으면 이제 삽입할 문구를 적어 넣어줘야 한다. 하지만 태그입력기는 html 소스를 인식하기 때문에 입력문구도 html 소스로 만들어 줘야 한다. 가장 간단한 방법은 다른 창으로 티스토리 블로그를 다시 열어서 글쓰기 모드로 들어간 다음 내가 삽입하고 싶은 문구를 본문 영역에 적어 넣어준다. 필자는 "미스터북을 구독해 보세요^ ^*" 라는 문구를 적었다.

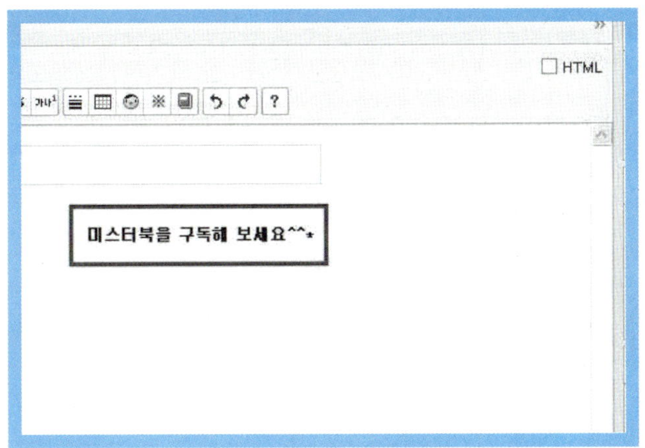

삽입할 문구를 적었으면 색깔이나 두께, 글씨 크기를 지정해 준 후 이제는 이 문구를 html 소스로 만들기 위해서 상단 오른쪽에 있는 html 옵션을 클릭해 준다. html 옵션을 클릭해 주면 본문이 html 상태로 변환 되면서 미스터북을 구독해 보세요^ ^*라는 문구도 html 상태로 보여준다. html 모드 상태에서 소스를 모두 복사한다.

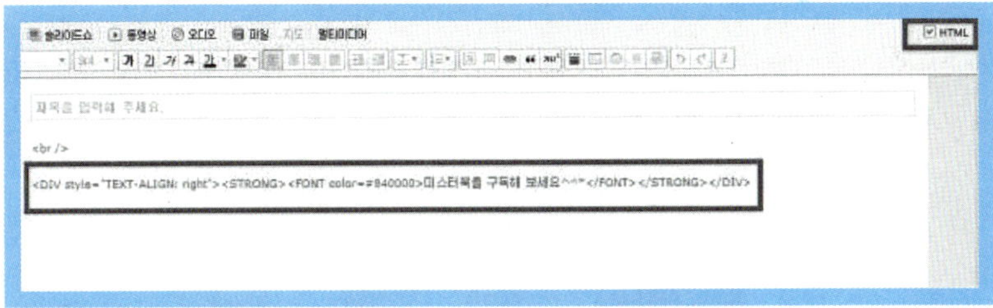

이 복사한 소스를 다시 활성화시켜 놨던 태그입력기로 가서 이전에 삽입해 놓은 소스 앞쪽에 삽입해 준다음 하단에 확인 버튼을 클릭해 준다.

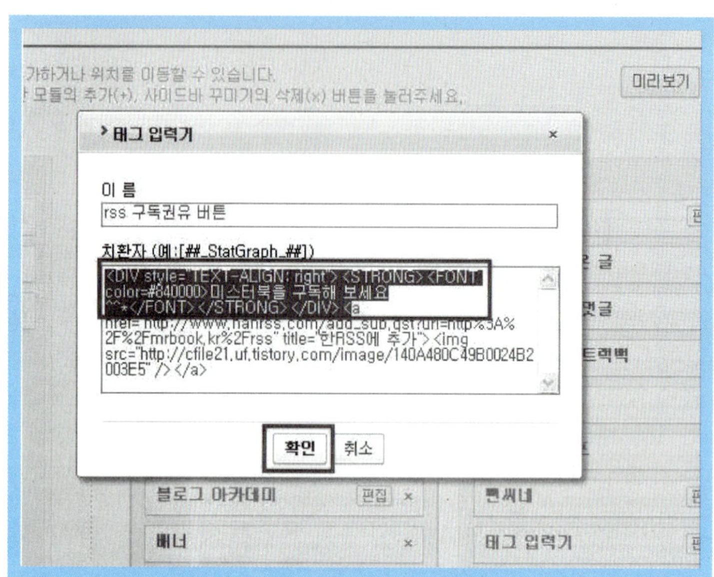

이렇게 소스를 삽입해 주면 모든 과정은 끝난다. 한 가지 주의할 점은 마지막으로 사이드바 설정 저장 버튼을 반드시 체크해 준 후 메인화면으로 가서 삽입한 소스대로 제대로 RSS 구독권유 배너가 부착되었는지 확인하면 된다.

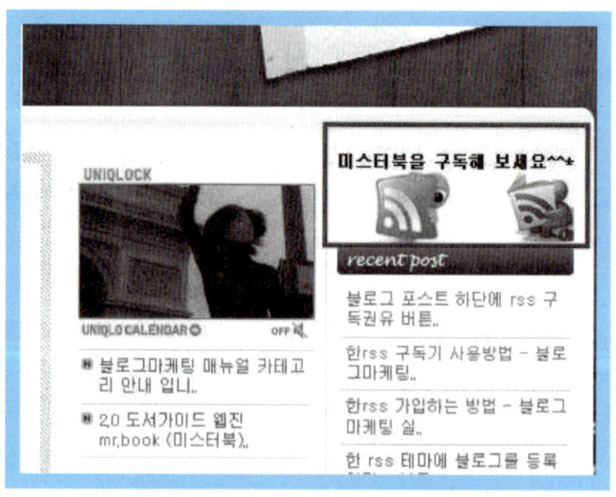

html을 잘 알거나 포토샵을 조금 만질 줄 안다면 문구와 RSS 피드 아이콘 이미지도 좀더 예쁘게 제작해서 달아 놓을 수 있다.

네이버 블로그도 기본적인 방식은 동일하다. 일단 네이버 관리자 모드로 접속한 후 레이아웃 위젯설정 메뉴로 들어온다. 그러면 레이아웃을 조정할 수 있는 화면이 나온다. 여기에서 오른쪽 사이드 메뉴 영역 하단에 보면 티스토리의 태그입력기와 동일한 기능을 하는 게 네이버에서는 + 위젯직접등록 BETA라는 메뉴다. + 위젯직접등록 BETA를 한번 클릭해 준다.

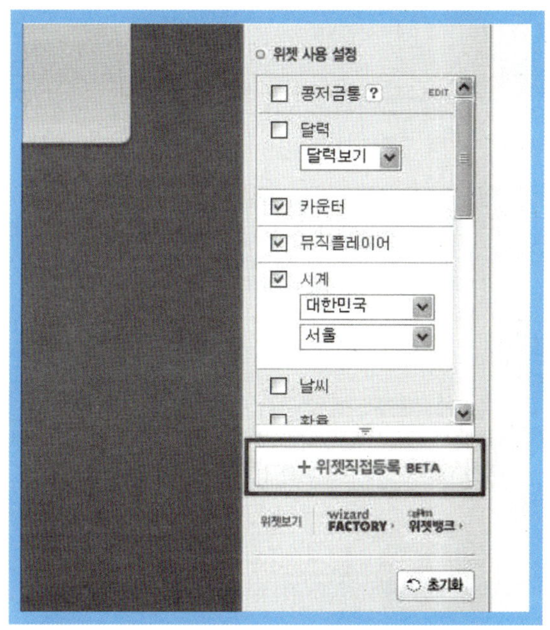

티스토리의 태그입력기 때와 동일하게 소스 입력창이 나온다. 상단의 위젯명에는 당연히 RSS 구독권유 버튼이라고 적어 넣어주고, 그 아래 위젯코드 입력란에는 우리가 앞에서 티스토리의 태그입력기를 사용하면서 만들었던 방식과 동일하게 먼저 한RSS 소

스코드를 입력해 주고 다른 인터넷 창을 하나 열어 티스토리 때와 동일하게 문구 또한 본문에서 적고 색상 두께 등을 편집한 후 html 모드로 바꿔서 html 소스를 복사한 후 입력해 주면 된다.

이번에는 문구를 미스터북 rss 구독 추가 버튼이라고 바꿔서 입력해 줬다. html 소스를 다 입력해 줬으면 하단에 다음 버튼을 클릭해 준다.

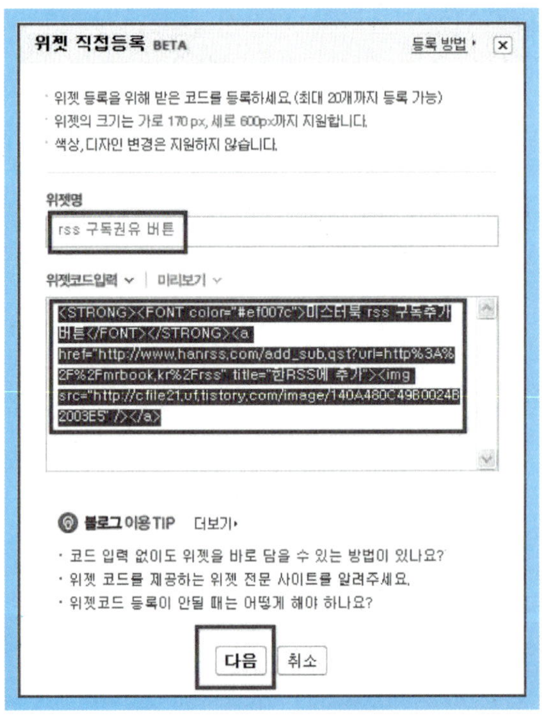

다음 버튼을 눌러주면 내 블로그에 부착될 RSS 구독권유 버튼의 미리보기 화면이 나온다 정상적으로 잘 나오는지 확인한 후 하단에 등록 버튼을 눌러준다.

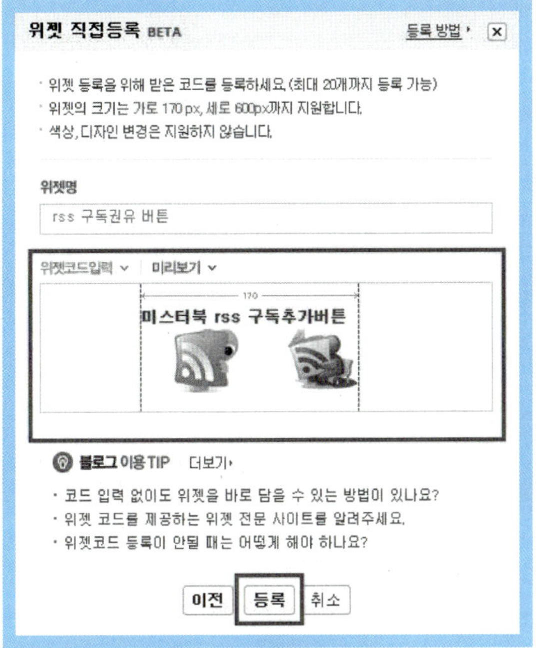

등록 버튼을 클릭해주면 사이드바에 새롭게 RSS 구독권유 버튼이 추가된다. 여기에서 배치하고 싶은 위치는 마우스를 클릭한채로 이동시켜서 지정해 주면 된다. 위치지정이 끝났으면 하단에 바로적용 버튼을 클릭해주면 모든 설정이 저장 완료되는 것이다.

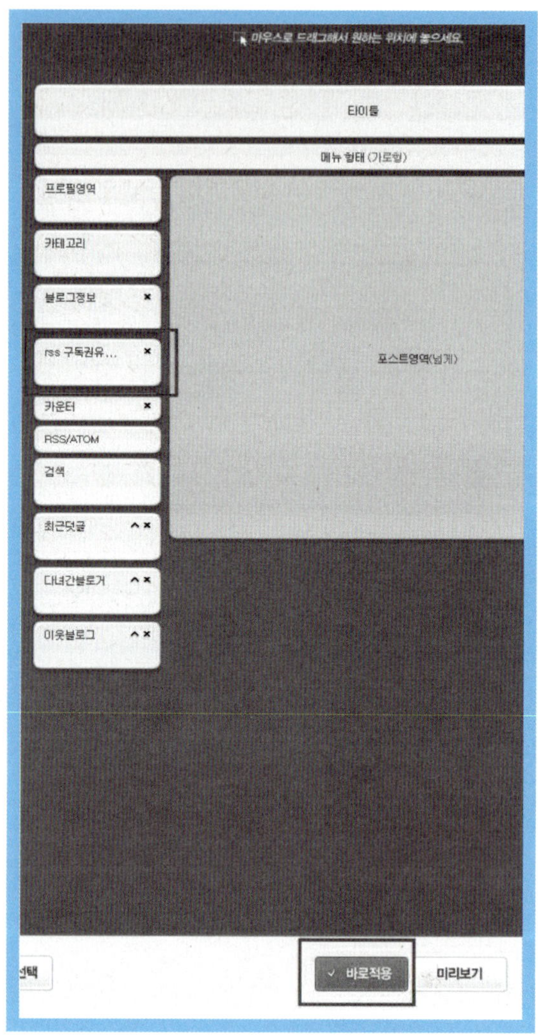

바로적용 버튼을 눌러 저장완료 했으면 내 블로그의 메인으로 가서 제대로 설정한대로 RSS 구독권유 버튼이 부착되어 있는 확인해 보면 된다.

:: 블로그 포스트 하단에 RSS 구독권유 버튼을 부착하라

블로그마케팅을 함에 있어서 내 블로그로 유입되는 방문자 수가 많으면 많을수록 좋겠지만 어떠한 분야를 어떻게 다루느냐에 따라서 방문자 수는 천차만별일 수 밖에 없다. 나의 비지니스나 상품을 판매하기 위해 블로그마케팅을 한다면 방문자들에게 신뢰감을 쌓아야 한다고 앞에서도 강조한 바 있다.

방문자들에게 신뢰감을 주려면 방문자들에게 읽을 만한 콘텐츠를 제공해 줘야 한다. 아무리 키워드나 메타블로그 등에서 특정 기술들로 방문자를 많이 유치해도 읽을 만한 콘텐츠가 없다면 방문자들은 수초 내에 떠나 버리기 때문이다.

반대로 읽을 만한 콘텐츠나 정보가 많은 블로그는 방문자들에게 권유하지 않아도 자연스레 구독을 하게 되어 있다. 따라서 구독자수는 내 블로그의 신뢰도 지수와 비례한다고도 볼 수 있다. 하지만 아직까지도 많은 블로거들이 RSS에 대한 개념을 충분히 이해하지 못하고 있고 RSS 구독기를 충분히 활용하고 있지는 못한 게 현실이다.

물론 갈수록 많은 블로거들이 RSS 구독기를 사용하는데 동참하고 있지만 일부 파워 블로그들을 제외하고는 아직도 대중화 되진 못한 상태라고 보면 될 것이다. 물론 시간이 갈수록 점점 더 RSS 구독기를 사용하는 블로거들은 기하급수적으로 늘어날거라 예상하지만 현재의 시점에서는 그렇다는 얘기이다.

따라서 내 블로그를 방문하는 사람들에게 RSS 구독권유 버튼을 눈에 띄는 곳에 부착해 놓음으로써 자연스럽게 RSS 구독을 유도할 수 있는 장치들이 필요하다. 일반적으로 블로거들이 가장 많이 사용하고 있고 가장 효과가 좋은 방법 중에 하나가 내 글의 포스트 하단에 RSS 구독권유 버튼을 부착해 놓는 방법이다.

방문자가 내 글을 읽고 나서 괜찮은 느낌을 받았다면 글 하단에 있는 RSS 구독권유 버튼을 발견하고 손쉽게 RSS구독이라는 행동을 유발하기 좋은 위치이기 때문이다. 그렇다면 내 블로그 포스트 하단에 우리나라에서 일반적으로 가장 많이 사용하는 한RSS 구독권유 버튼을 부착하는 일반적인 방법부터 알아보도록 하자.

먼저 한RSS로 접속한 후 메인화면에서 좌측 하단에 부가기능 메뉴목록에서 한RSS 구독버튼 블로그용이라고 되어 있는 부분을 클릭한다.

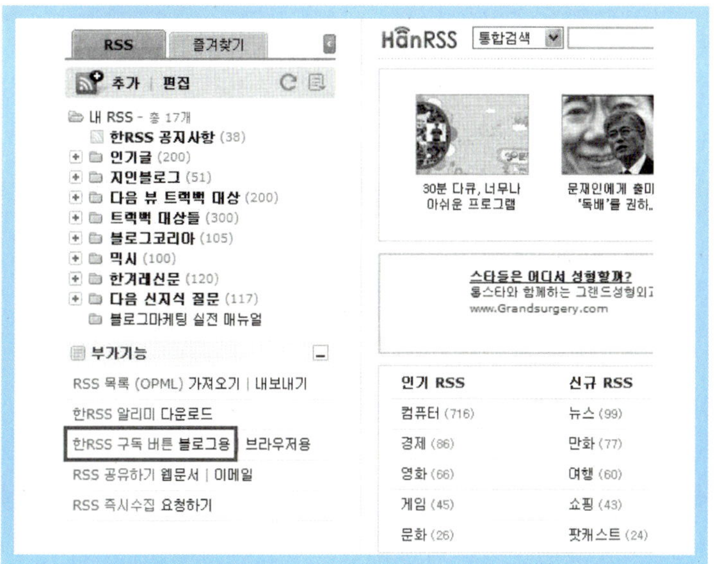

한RSS 구독버튼 블로그용이라는 메뉴를 클릭하면 우측의 본화면 영역이 한RSS 구독버튼을 생성할 수 있는 화면으로 전환 된다. 여기에서 상단의 버튼선택 메뉴에 여러 가지 버튼이 보일 것이다. 자신이 마음에 드는 버튼에 체크를 해준 후 그 아래 RSS주소 입력란은 RSS구독권유 버튼을 사용할 블로그의 RSS 주소를 추가해 주면 된다.

RSS 주소까지 추가해 줬으면 우측에 HTML 생성 버튼을 클릭해 준다.

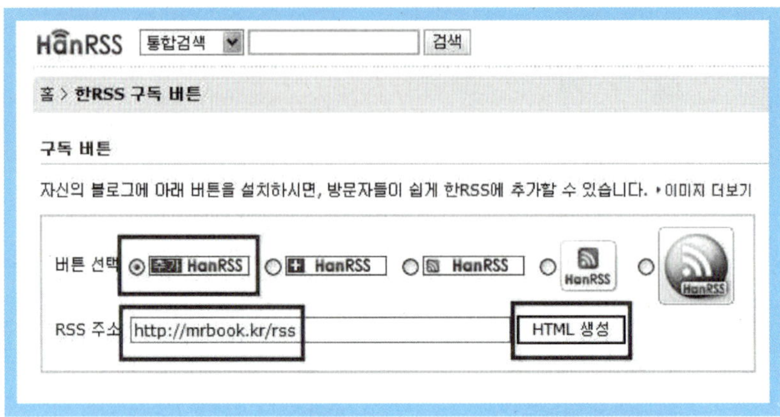

HTML 생성 버튼을 클릭해 주면 한RSS 구독권유 버튼 소스가 하단에 생성된다. 이 소스를 전부 드래그해서 선택한 다음 복사를 한다.

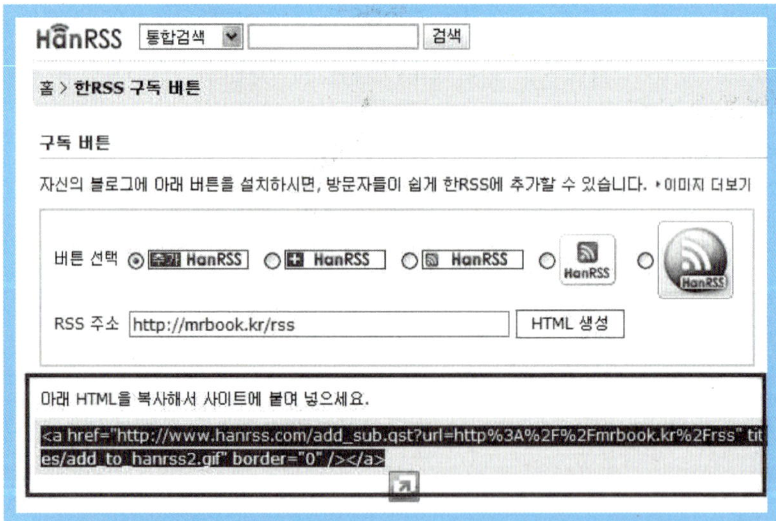

이렇게 HTML 소스를 복사했으면 이제 내 블로그의 포스트 하단에 삽입을 해 줘야 한다. 따라서 일단 내 블로그로 이동한 후 RSS구독권유 버튼을 삽입할 글의 수정모드로 들어간다. 글쓰기 수정 모드에서 상단에 HTML이라고 되어 있는 부분을 체크해 주면 글쓰기 부분이 HTML 모드로 바뀐다. 여기에서 본문 가장 하단에 복사한 HTML 소스를 삽입해 주고 다시 글을 저장해 주면 된다.

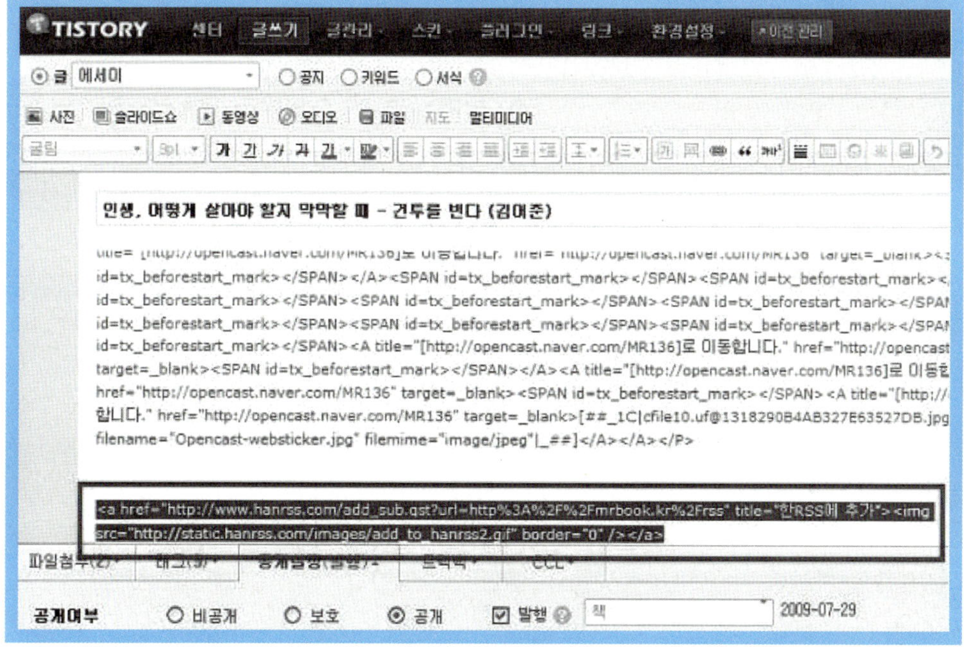

그런데 이렇게 복사해 온 소스만 입력하면 RSS 구독권유 버튼만 나오게 되므로 소스 앞 부분에 적절한 문구를 적어 넣어줘야 한다. 필자는 "포스팅이 유익하셨다면 미스터북을 구독해 보세요^ ^*"라는 문구를 소스바로 앞에 넣어주었다.

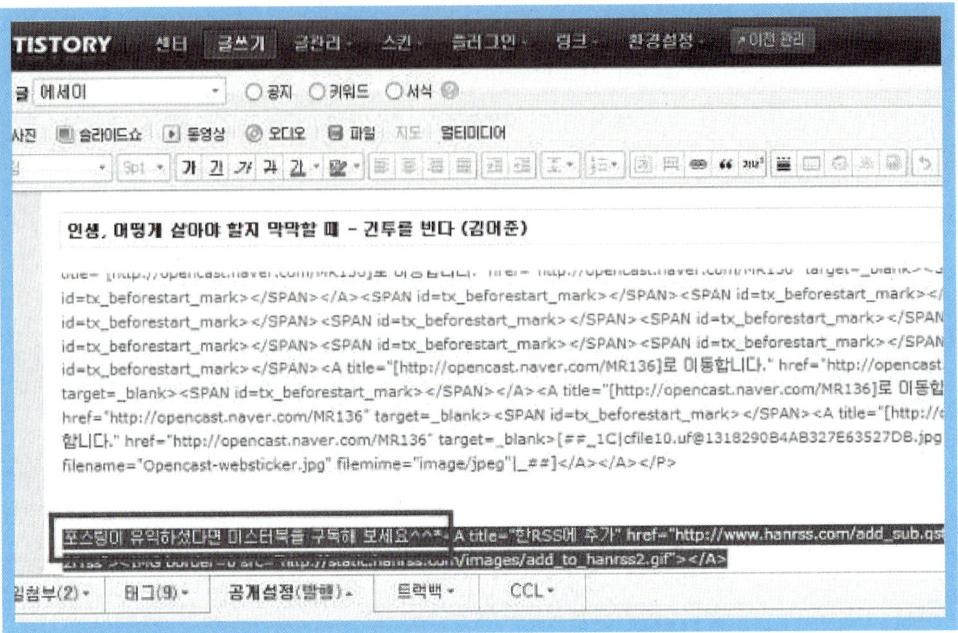

이렇게 블로그 구독을 권유하는 문장을 넣어준 후 다시 저장하기 버튼을 눌러 글을 저장하고 블로그 메인으로 가서 해당글을 확인해 보면 포스트 하단에 문구와 한RSS 구독추가 버튼이 올바르게 삽입되어져 있는 것이 보일 것이다.

그리고 한RSS 구독추가 버튼의 디자인을 다른 RSS 아이콘이나 이미지 디자인으로 바꾸고 싶으면 소스에서 이미지 주소만 수정해 주면 된다.

Tip

〈a href="http://www.hanrss.com/add_sub.qst url=http%3A%2F%2Fmrbook. kr%2Frss" title="한RSS에 추가"〉〈img src="http://static.hanrss.com/images/ add_to_hanrss2.gif" border="0" /〉〈/a〉

위의 소스 중에서 〈img src="rss 아이콘 이미지 주소"〉 쌍따옴표 안쪽에 RSS 아이콘 이미지로 사용할 이미지의 고유주소를 넣어주면 된다.

필자는 다른 블로그에 있는 RSS 아이콘 이미지의 주소를 따와서 넣어 보도록 하겠다. 먼저 RSS 아이콘으로 사용할 이미지에 마우스 오른쪽 버튼을 클릭한 후 속성을 클릭해 주면 이미지의 주소가 나온다. 이 이미지 주소를 복사 한다.

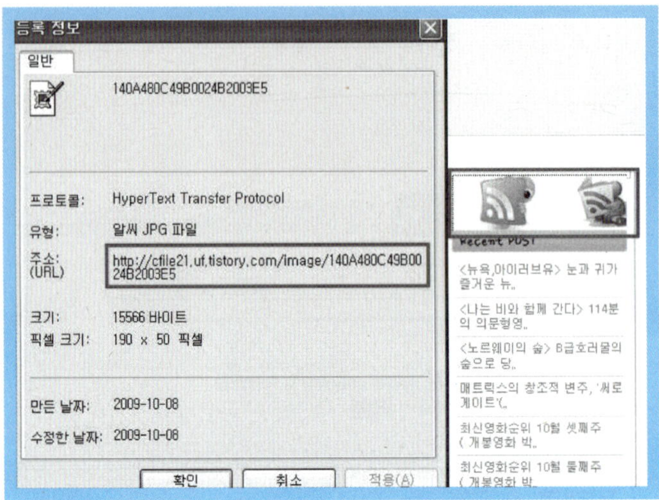

이미지 주소를 복사했으면 이제 기존의 소스에서 img src="다음에 바로 복사해온 이미지 주소를 붙여넣기해 주면 된다.

<a href="http://www.hanrss.com/add_sub.qst url=http%3A%2F%2Fmrbook. kr%2Frss" title="한RSS에 추가"><img src="http://cfile21.uf.tistory.com/image/ 140A480C49B0024B2003E5" /></a>

복사해온 이미지 주소를 삽입해서 수정한 새로운 소스 전체를 이제 다시 복사한 후 다시 이전처럼 포스트 본문 하단에 삽입해 주면 된다. 본문하단에 삽입하는 과정은 앞에서 다뤘으니 생략하도록 하고 바로 제대로 삽입되었는지 확인해보니 다음 그림과 같이 이미지 주소를 따왔던 RSS 아이콘 이미지로 바뀌어 있는 것이 보인다.

앞에서는 티스토리 블로그 글쓰기 모드를 기준으로 예제를 보여줬는데 네이버 블로그도 기본적으로 똑같은 방식이라고 생각하면 된다.

그리고 티스토리 블로그에서는 아예 매 포스트마다 자동으로 RSS 구독권유 버튼이 부착되도록 하는 방법이 있다. 한RSS에서 html 코드 생성까지는 모두 동일하고 위에서 만들어 놓은 RSS 구독권유 버튼 코드를 티스토리 HTML/CSS 편집 모드에서 삽입해 주면 된다.

먼저 티스토리 관리자 모드로 접속해서 스킨 메뉴에서 HTML/CSS 편집이라는 메뉴를 클릭해 준다.

그러면 아래 그림과 같이 HTML/CSS 편집화면이 나올 것이다. 여기에서 상단에 있는 skin html 메뉴의 소스편집 화면에서 ctrl 키를 누른 상태에서 F키를 눌러준다. 그러면 인터넷 브라우저 바로 밑에 아래 그림과 같이 문자열을 검색할 수 있는 조그마한 창이 나올 것이다. 여기에다가 article을 입력해 주고 다음 찾기 버튼을 클릭해 준다.

그러면 아래 하단의 skin.html 소스창에서 article이라는 단어가 들어가 있는 곳은 모두 검색을 해준다. 다음찾기 버튼으로 계속 찾다 보면 중간 쯤에서 아래와 같은 소스로 되어 있는 영역이 나올 것이다. 여기를 발견했으면 일단 멈춘다.

Tip

〈!-- titleWrap close --〉

〈div class="article"〉 〈/div〉

여기에 한rss 구독 권유 자동버튼 html소스 삽입

그리고 이번에는 RSS 구독권유 버튼 html 소스를 복사한 후 아래와 같은 양식의 소스로 만들어 준다.

Tip

〈! snikey23 추가 Han Rss에 추가 시작 〉

〈center〉〈strong〉

구독권유문장 (예: 포스팅이 유익하셨단면 미스터북을 구독해 주세요)♡ 한rss에서 얻은 HTML 코드를 이곳에 첨부시킨다

〈/strong〉〈/center〉

〈! Han Rss에 추가 끝 〉

아래의 소스는 위의 방식으로 우리가 앞에서 완성했던 구독권유 html 소스와 구독권유 문장을 포함해서 소스를 만든 후 해당위치에 삽입시켜서 완성한 소스이다.

〈! snikey23 추가 Han Rss에 추가 시작 〉
〈center〉〈strong〉
포스팅이 유익하셨다면 미스터북을 Han rss로 구독해 보세요♡ 〈a href="http://www.hanrss.com/add_sub.qst url=http%3A%2F%2Fmrbook.kr%2Frss" title="한RSS에 추가"〉〈img src="http://static.hanrss.com/images/add_to_ hanrss2.gif" border="0" /〉〈/a〉
〈/strong〉〈/center〉
〈! Han Rss에 추가 끝 〉

이렇게 html 소스가 완성 되었으면 이제는 이 완성된 소스를 skin.html 소스편집 창에서 우리가 article로 검색해서 찾아낸 소스 부분의 〈/div〉 뒤에 붙여 넣기 해준다.

html소스를 삽입해 줬으면 하단에 저장하기 버튼을 눌러 이 설정을 저장해 준다음 메인화면으로 이동해 보니 정상적으로 포스트 하단에 한RSS 구독권유 버튼이 달려 있는 것을 확인 할 수 있다. 이렇게 자동으로 소스를 삽입해 놓으면 매 포스팅 때마다 일일이 구독권유 버튼을 소스로 삽입하지 않아도 되는 장점이 있다.

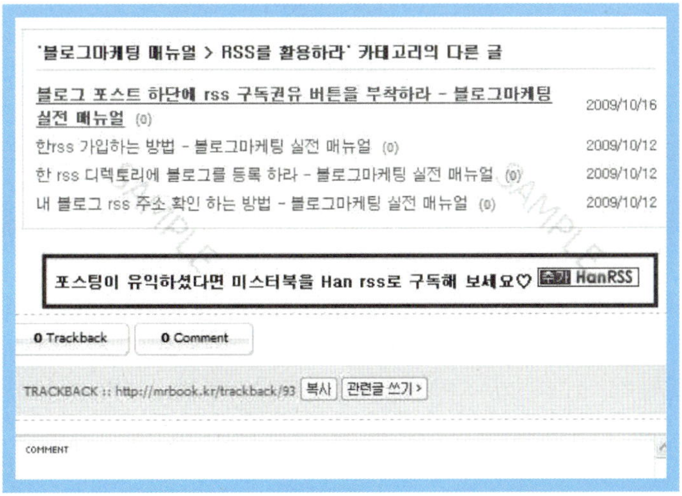

네이버 블로그는 처음의 방법처럼 일일이 소스를 블로그 포스팅 하단에 삽입하는 방법만 가능하다.

CHAPTER 07

블로그마케팅 TIP

BLOG MARKETING

:: 티스토리 메인에 내 글 노출시키는 방법

네이버든 다음이든 포털 사이트의 메인에 내 글이 노출되는 것은 블로거들의 로망일 것이다. 일반적으로 다음이나 네이버와 같은 거대 포털들은 정말 정성들여 쓴 양질의 콘텐츠일 경우에만 가능하며 이나마도 워낙 경쟁이 심해 쉽지 않다. 게다가 네이버는 오픈캐스트로 메인을 개방했기 때문에 더욱 더 기회가 줄어 들었다고 할 수 있다.

하지만 티스토리의 메인화면은 태그만 잘 붙여주면 얼마든지 노출이 가능하다. 물론 네이버나 다음같은 거대 포털이 아니기 때문에 트래픽은 많지 않지만 그래도 어느 정도의 효과는 볼 수 있는 팁이고 티스토리 블로그를 사용하는 유저들은 간단하게 실행할 수 있는 방법이니 이 방법을 습관화 시켜 놓는 것이 좋을 것이다.

그럼 티스토리 메인화면을 먼저 살펴 보도록 하자. 편의상 티스토리 메인화면의 중앙영역만 캡쳐했다. 티스토리 메인화면의 중앙영역을 보면 상단에는 티스토리에서 집행하는 메인광고가 실리거나 괜찮은 메인콘텐츠를 배치하고 있고 그 아래 영역을 보면 주제별 새글이라는 탭에 이슈, 사진, 여행, 영화, 음식 등의 메뉴탭이 자리잡고 있는게 보일 것이다.

티스토리 글쓰기 모드에서 글을 작성한 후 위에 보이는 주제별 새글에 보이는 태그(이슈, 사진, 여행, 음식, 영화등)들 중 내 글의 주제와 맞는 태그를 글쓰기 모드의 태그

입력란에 넣어주면 티스토리 메인에 노출될 가능성이 높아진다. 필자는 영화 태그를 태그 입력란에 삽입한채 글을 저장해 보았다.

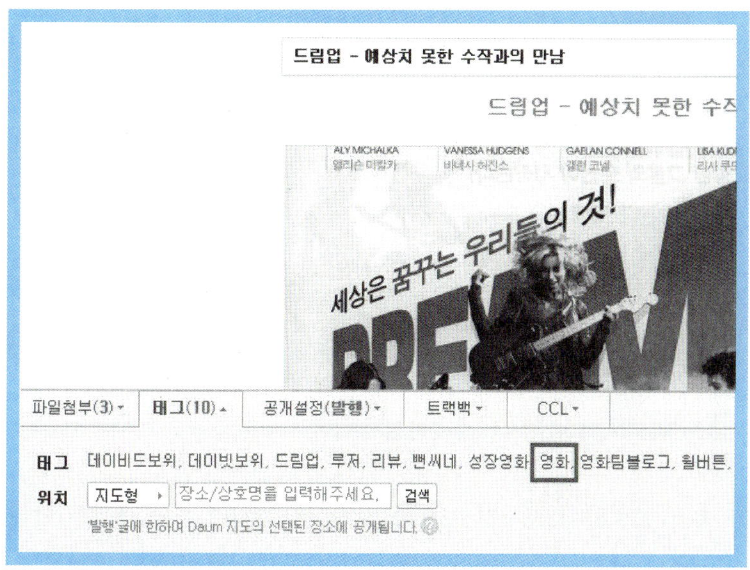

영화라는 태그를 입력하고 티스토리 메인화면으로 가서 확인해 보니 아래 그림과 같이 티스토리 메인에 방금작성한 글이 노출 되는 것이 보인다.

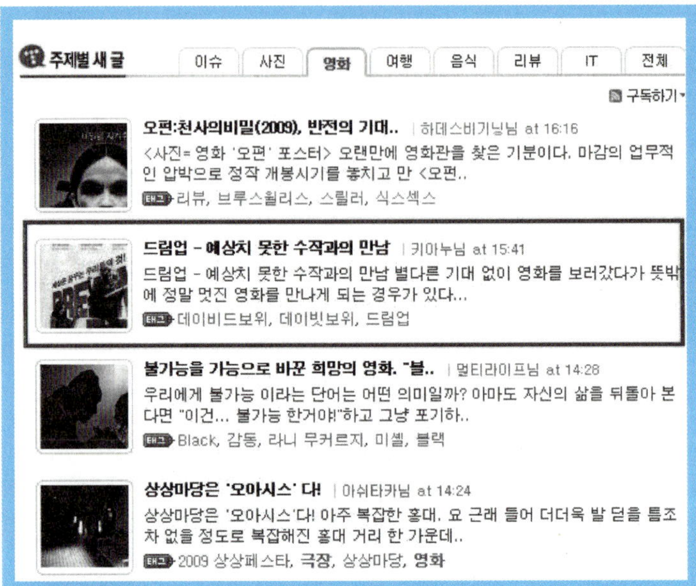

물론 모든 블로그가 글을 작성하고 태그입력란에 주제별 새글 태그를 입력한다고 노출이 보장 되진 않는다. 하지만 어느 정도 성실하게 블로깅을 해 왔다면 노출될 가능성이 높으니 소홀히 다루지 말고 꼭 실행해 보길 권유한다.

그리고 성실하게 블로그를 운영해 왔고 태그도 꼬박꼬박 입력해 왔는데도 내 글이 티스토리 메인에 노출이 안될 경우에는 티스토리 고객센터에 문의를 해서 노출시켜 달라고 요청해 보는 것도 하나의 방법이 될 수 있다.

:: 다음뷰에 발행한 글 제목 수정하는 방법

다음뷰에는 발행한 글의 제목을 다음뷰에서만 다르게 편집 할 수 있는 기능이 있다. 이러한 기능이 왜 필요한지는 앞에서 블로그 글제목의 중요성에 대한 부분에서 충분히 강조한바 있다. 블로그에서 글을 작성하다 보면 가장 고민 되는 부분이 제목일 것이다. 다음뷰와 같은 메타 블로그에서는 끌리는 제목을 작성해야 하는데 검색엔진 최적화 까지 생각하면 이둘의 합의점이 쉽사리 찾아지지 않는 경우가 종종 있다.

이럴경우 블로그의 글제목은 그대로 유지하고 일단 발행을 한 후 다음뷰 에서는 다음뷰용 제목으로 편집을 해주면 된다. 그럼 다음뷰에 발행한 내 글 제목을 수정하는 방법에 대해서 알아보자. 먼저 다음뷰의 내 글을 관리 할 수 있는 my view 메뉴로 이동한다.

my view 메뉴로 들어오면 글목록이 시작되는 오른쪽 중간쯤에 보면 내 글만 보기라는 체크옵션이 보일 것이다. 여길 체크해 주면 다음뷰에 발행한 내 글의 목록을 볼 수가 있다. 여기에서 내가 제목을 수정하고 싶은 글 하나 선택해서 글제목 우측에 있는 EDIT 버튼을 클릭해 준다.

EDIT 버튼을 클릭해 주면 제목을 수정할 수 있도록 제목영역이 제목입력창으로 바뀐다. 여기서 기존에 제목은 삭제해버리고 새로운 제목을 작성한 후 우측에 확인 버튼을 클릭해 준다. 필자는 뜨거운 여름 시원하게 멋내는 여름 패션은?이라는 제목의 글을 뜨거운 여름을 시원하게 보낼 수 있는 스타일 비법은?으로 수정해서 입력해 줬다.

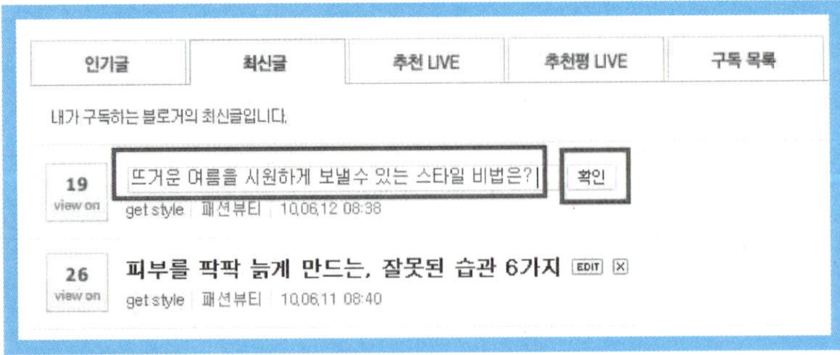

글제목을 수정하고 확인 버튼을 클릭하면 글제목이 자동으로 수정된 것을 확인 할 수 있다.

:: 한RSS 홍보기능 활용법

한RSS에는 숨겨진 기능이 몇 가지가 있다. 한RSS 메인페이지나 메뉴에서 나오진 않지만 알아놓으면 유용 할만한 기능 중에 RSS 홍보 기능이 있다. 별도의 메뉴가 제공되고 있지 않으므로 http://www.hanrss.com/ad 주소를 입력하고 접속해야 한다. 단 한RSS에 일단 로그인한 상태에서 위의 주소로 접속해야 한다.

해당주소로 접속하면 아래 그림과 같이 RSS 홍보에 대한 안내가 나오고 그 아래쪽에 홍보할 RSS를 추가할 수 있는 메뉴가 나온다. 여기서 주소 입력창에 내가 홍보할 RSS 주소를 입력해 주고 예산을 적어 넣어줘야 한다. 예산이라는 건 내가 얼마의 포인트를 투자할 것이냐는 의미다. 한RSS 포인트는 우측에 잔여포인트 1040이라고 되어 있는 것이 보일 것이다. 현재 필자의 잔여포인트는 1040포인트라는 얘기이다. 이 포인트를 적립하는 방법은 한RSS에 로그인을 하면 하루에 한번 20점씩 지급이 된다. 그래서 필자는 필자의 1040포인트 중 200포인트를 투자했고 여기까지 완료가 되었으면 하단에 추가 버튼을 클릭해 준다.

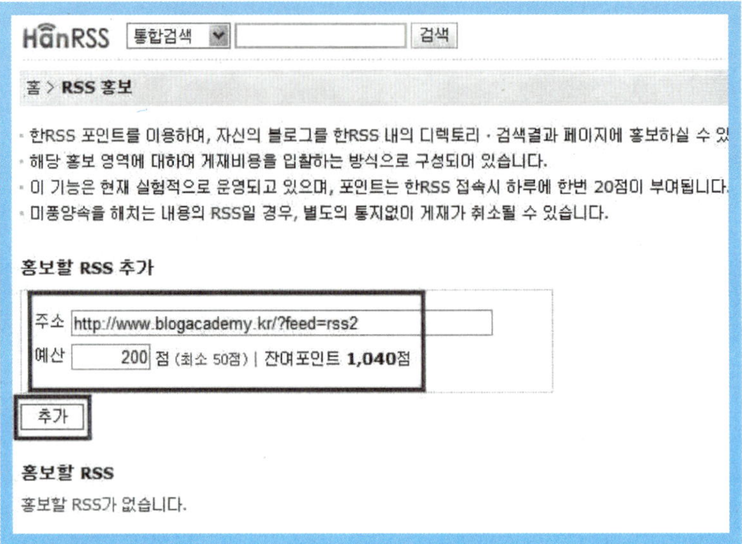
HanRSS
통합검색
검색
홈 > RSS 홍보
· 한RSS 포인트를 이용하여, 자신의 블로그를 한RSS 내의 디렉토리 · 검색결과 페이지에 홍보하실 수 있
· 해당 홍보 영역에 대하여 게재비용을 입찰하는 방식으로 구성되어 있습니다.
· 이 기능은 현재 실험적으로 운영되고 있으며, 포인트는 한RSS 접속시 하루에 한번 20점이 부여됩니다.
· 미풍양속을 해치는 내용의 RSS일 경우, 별도의 통지없이 게재가 취소될 수 있습니다.
홍보할 RSS 추가
주소 http://www.blogacademy.kr/?feed=rss2
예산 200 점 (최소 50점) | 잔여포인트 1,040점
추가
홍보할 RSS
홍보할 RSS가 없습니다.

:: 내 블로그의 글을 트위터로 보내는법

요즘은 블로그와 함께 또 하나의 소셜네트워크 서비스인 트위터라는 서비스가 각광을 받고 있고 연일 화제의 이슈에 있다. 그렇다면 트위터란 무엇일까? 한마디로 표현하자면 트위터는 개인들에게 정보의 유통 권력마저도 돌려주는 서비스이다. 기존의 뉴스나 정보들은 거대 언론사나 방송국 포털사이트들이 구축해 놓은 정보유통 인프라를 통해 손쉽게 유통시킬 수 있지만 개인들은 자신이 생산해낸 정보를 유통시킬 수 있는 인프라가 전혀 없었다.

하지만 트위터는 개인들과 개인들을 짧은 단문으로 실시간 연결시키고 좋은 정보들은 서로가 공유할 수 있도록 리트윗이라는 정보의 재전달 기능을 추가함으로써 개인들간의 소셜네트워크 그물망을 형성시켜 이를 정보의 유통 도구로 활용할 수 있게 만들어 놓은 서비스이다.

따라서 내가 생산해낸 정보를 한명의 유저에게 더 알리기 위해서라도 트위터 활동을 하는 것이 유리하고 꾸준히 트위터 활동을 하면서 내가 블로그에 작성한 글을 동시에 트위터에도 발행하는 습관을 가져야 한다. 내 블로그의 글을 트위터에 발행하게 되면 나와 연결되어 있는 구독자들 개념인 팔로어들은 적어도 모두 내 글을 볼 수 있다. 게다가 나의 콘텐츠가 훌륭하다면 기꺼이 리트윗으로 자신들의 팔로어들에게도 정보를 공유할 것이다.

그렇다면 내 블로그의 글을 트위터로 어떻게 발행할 수 있는지 알아보자. 먼저 티스토리 블로그부터 살펴보자면 티스토리 블로그는 블로그 자체에 이미 트위터와 자동으로 연동되는 플러그인 기능을 제공하고 있다. 따라서 티스토리 블로그 사용자라면 먼저 관리자 모드의 플러그인 메뉴로 접속한다. 그러면 위에서 3번째 메뉴로 Tistory2 Twitter(트위터 글보내기)라는 메뉴가 보일 것이다. 여길 클릭해 주면 아래로 메뉴가 펼쳐진다.

트위터 글보내기 메뉴가 펼쳐졌으면 짧은 url 사용이라는 옵션이 체크되어 있는지 확인한 후 미리보기 메뉴 밑에 ☞ 내 Twitter 계정 연결하기라고 되어 있는 메뉴를 클릭한다.

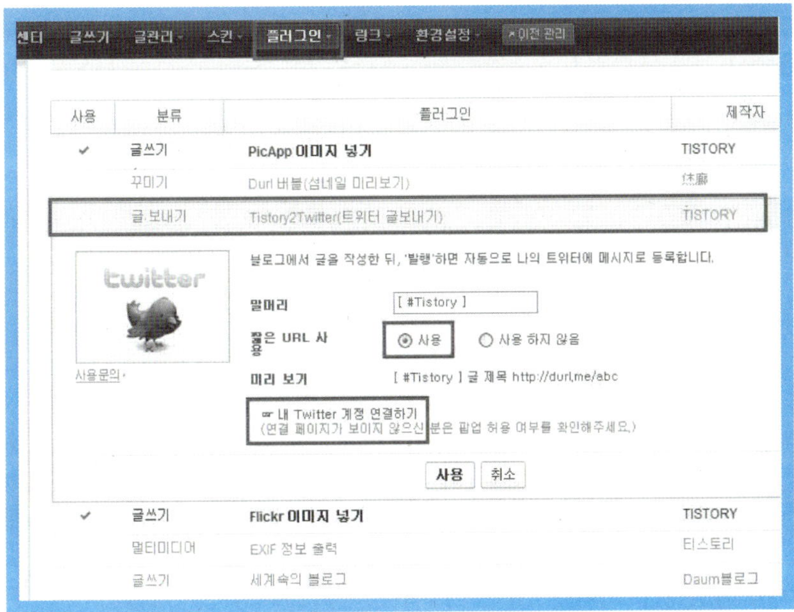

☞ 내 Twitter 계정 연결하기라는 메뉴를 클릭하면 트위터 로그인 팝업창이 뜰 것이다. 그러면 이 로그인창에 아이디와 비번을 입력한 후 Allow라고 되어 있는 버튼을 클릭해 준다.

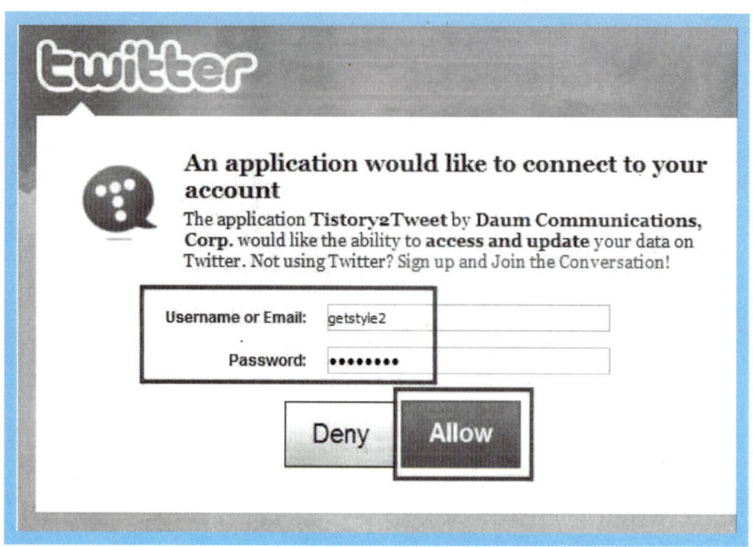

Allow라고 되어 있는 버튼을 클릭했을 때 입력한 아이디와 비번이 정상적일 경우 트위터와 연동이 자동으로 이루어지고 플러그인의 트위터 글보내기 설정 메뉴화면에 '아래 그림과 같이 연결되었습니다. 설정을 저장해 주세요'라는 메시지가 보일 것이다. 이 메시지가 보이면 정상적으로 연동이 된 것이라고 생각하면 된다. 그리고 그 하단에 사용 버튼을 클릭해 주면 티스토리 블로그의 글을 자동으로 트위터로 발행하는 플러그인 연동작업은 완료 되는 것이다.

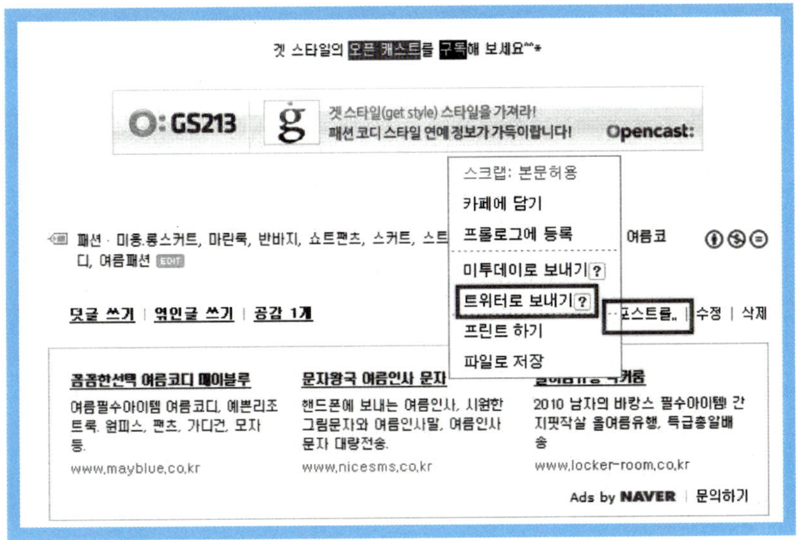

이번에는 네이버 블로그를 알아보자. 일단 네이버 블로그는 티스토리처럼 블로그와 트위터가 자동으로 연동 되는 방식은 아니다. 네이버 블로그는 각 콘텐츠 별로 수동으로 트위터에 보낼 수 있다. 일단 자신의 네이버 블로그로 접속한 후 자신의 글 하단의 태그영역 바로 아래의 오른쪽에 보면 이 포스트를..이라고 되어 있고 수정 삭제 메뉴가 연달아 보일 것이다. 여기서 이 포스트를..이라고 되어 있는 메뉴를 클릭한다. 그러면 좌측으로 메뉴가 펼쳐진다. 메뉴에는 카페에담기 미투데이로 보내기 트위터로 보내기 등의 메뉴가 보일 것이다. 여기서 트위터로 보내기 메뉴를 클릭해 준다.

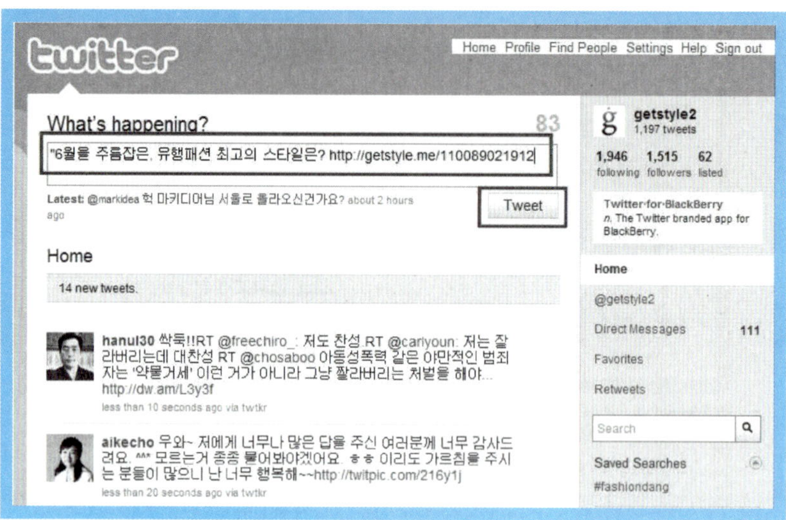

트위터로 보내기를 클릭하면 나의 트위터 화면이 나오고 메시지 입력창에 내 글의 제목과 url이 자동으로 삽입되어져 있는 것이 보일 것이다. 그러면 메시지 입력창 하단에 Tweet이라고 되어 있는 버튼을 클릭해 준다.

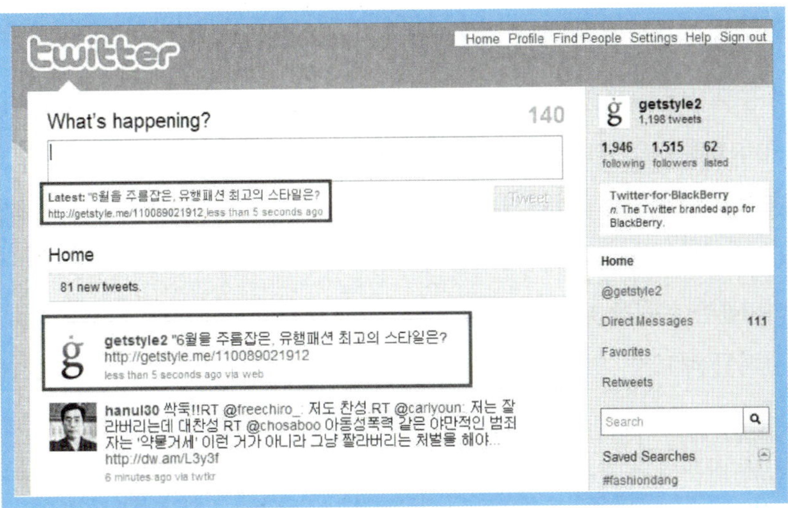

Tweet이라고 되어 있는 버튼을 클릭해 주면 내 트위터에 네이버 블로그의 내 글이 전송되고 내 트위터의 타임라인에 방금 전송한 내 글이 표시되어지는 것이 보일 것이다.

:: 티스토리 sns 글보내기 버튼 설치하는 법

티스토리 블로그에는 요즘 한창 주가를 올리고 있는 페이스북과 트위터와 같은 소셜네트워크 서비스에 글을 쉽게 공유할 수 있는 버튼을 플러그인 형태로 제공하고 있다. 소셜네트워크는 정보를 유통함에 있어서 무시할 수 없는 서비스들이다. 내 블로그 방문자들이 글을 읽고 이를 손쉽게 sns 서비스로 공유할 수 있는 편의툴이라는 점에서 sns 글보내기 버튼은 설치를 해 놓는 것이 좋다.

그럼 설치를 해보자. 먼저 티스토리의 관리자 모드에서 플러그인 메뉴로 접속한다. 그러면 위에서 6번째 목록에 보면 sns 글보내기라는 목록이 보일 것이다. 여기에서 아이콘 크기와 버튼의 정렬위치 옵션에서 마음에 드는 옵션을 체크해 주고 그 아래 저장 버튼을 클릭해 준다.

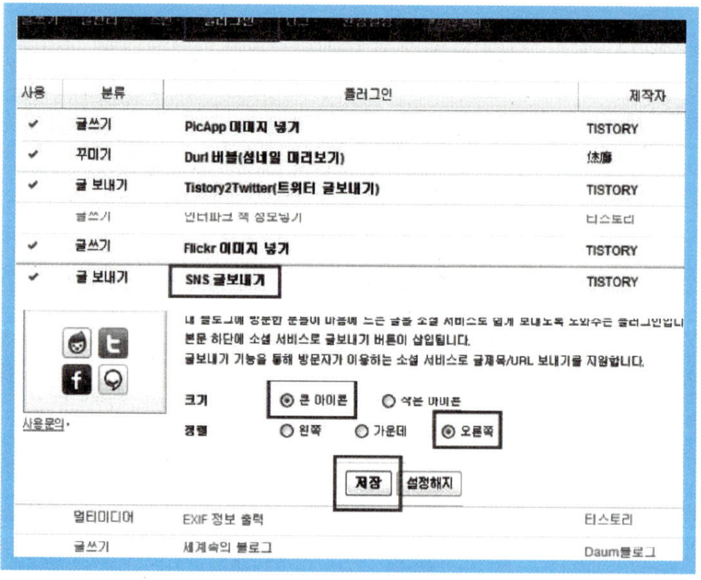

그러면 sns 글보내기 버튼이 내 블로그 포스트 하단에 아래 그림과 같이 내가 지정한 위치에 설치가 되어 있는 것이 보일 것이다.

sns 글보내기 버튼은 기본적으로 블로그를 운영하고 있는 블로그 운영자를 위한 버튼 이라기보다는 내 블로그로 유입되는 방문자들을 위한 편의 장치라고 보면 된다. 내 블로그의 글이 좋아서 콘텐츠 로서의 훌륭한 가치가 있다면 내 글을 보기 위해 방문한 유저들은 손쉽게 포스트 하단에 달려 있는 트위터나 페이스북 버튼을 클릭해서 자신의 트위터나 페이스북으로 내 글을 공유하는 것을 망설이지 않을 것이다.

:: 내 블로그의 글을 페이스북으로 자동연동시키는 방법

내 블로그의 글을 페이스북으로 자동으로 전송시키기 위한 플러그인은 티스토리에서 별도로 제공하고 있지 않다. 따라서 내 블로그와 페이스북을 자동으로 연동시키기 위해서는 중간에 트위터피드라는 사이트를 거쳐야 한다. 일단 그럼 트위터 피드라는 사이트에 가입부터 해보자. **트위터피드**(http://twitterfeed.com)로 접속하면 사이트 메인화면 중앙의 좌측편에 보면 Register now라는 버튼이 보일 것이다. 여길 클릭한다.

그러면 회원가입을 할 수 있는 입력폼이 나온다. 여기에서 회원가입을 위해 입력해 줘야 될 정보는 단지 이메일과 비밀번호만 입력해 주면 된다. 아이디로 사용될 이메일 입력란에 이메일 주소를 입력해 준 후 비밀번호까지 입력해 준 후 그 아래 있는 Create Account 버튼을 클릭해준다.

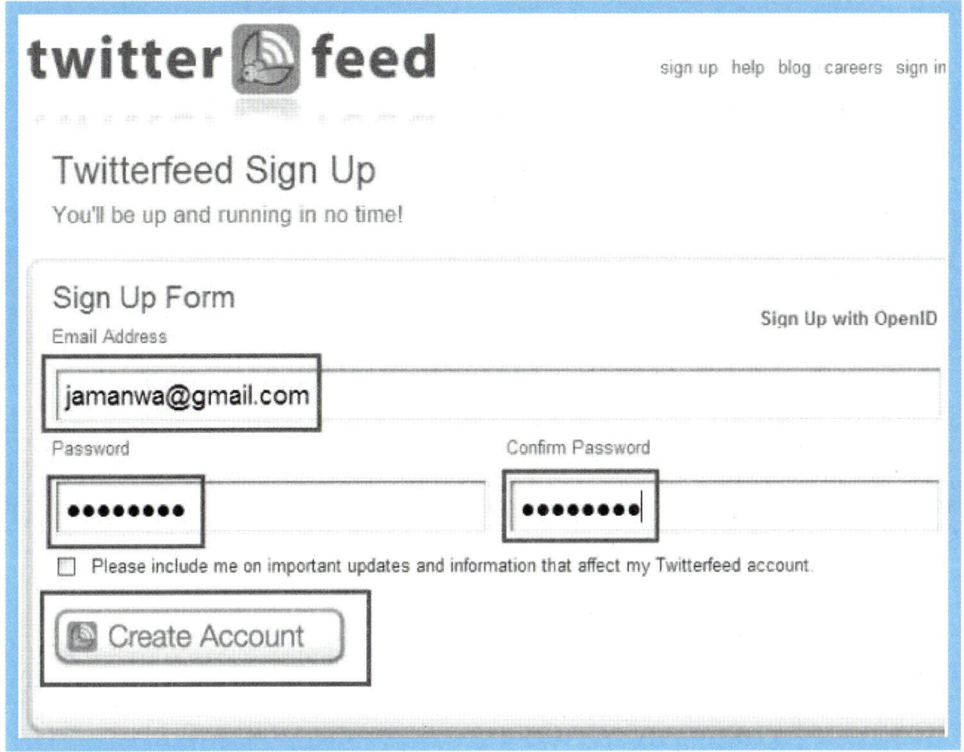

Create Account 버튼을 클릭하고 들어가면 새로운 피드를 생성할 수 있는 new feed 라는 화면이 나올 것이다. 여기에서는 내가 페이스북과 자동으로 연동시킬 블로그명을 Feed Name란에 입력해주고 그 아래 RSS Feed URL란에는 연동시킬 블로그의 RSS 주소를 입력해 주면된다. 필자는 필자가 운영하고 있는 미스터북이라는 블로그를 입력해 줬다. 새로운 피드의 RSS 명과 주소까지 입력해 줬으면 하단에 있는 continue to step 2 를 클릭해 준다.

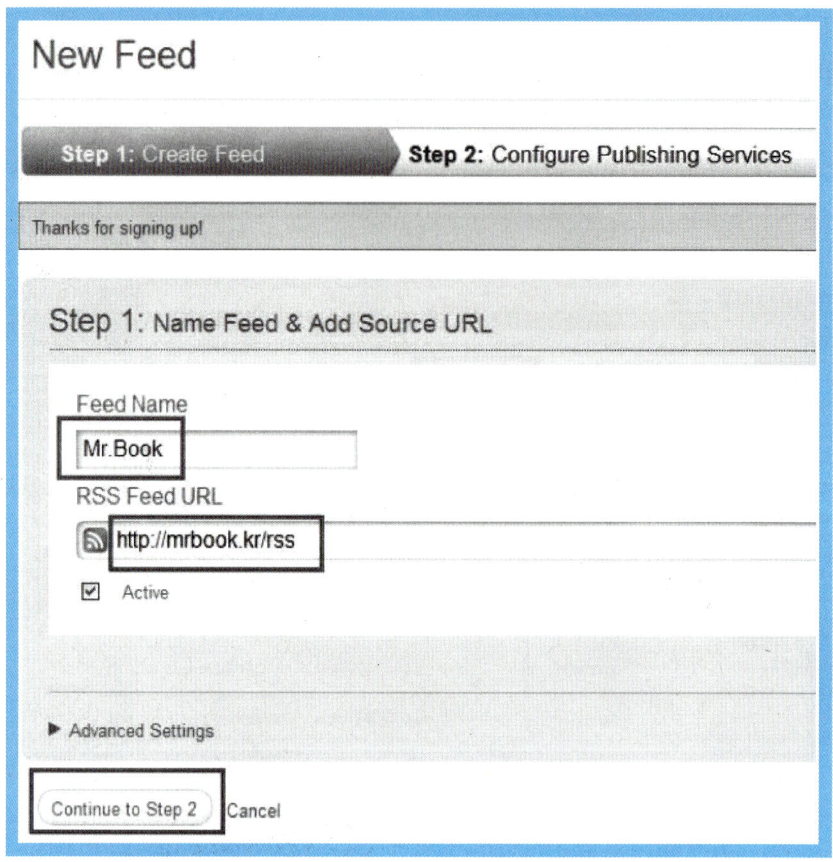

continue to step 2를 클릭해 주면 피드가 제대로 형성되었다는 영문메시지들이 뜬다. 여기까지 되었으면 정상적으로 내 블로그의 피드가 완성된 것이다. 그러면 이제는 아래의 다양한 sns 서비스 목록들 중 우리가 연동시키고자 하는 건 facebook이므로 가장 아래쪽에 있는 facebook을 클릭해 준다.

facebook 버튼을 클릭해 주면 아래 그림과 같이 페이스북의 내 계정과 트위터 피드를 연동시키기 위한 인증작업이 필요하다. 아래 그림에서 보이는 F Connect with Facebook이라는 파란 버튼을 클릭해 준다.

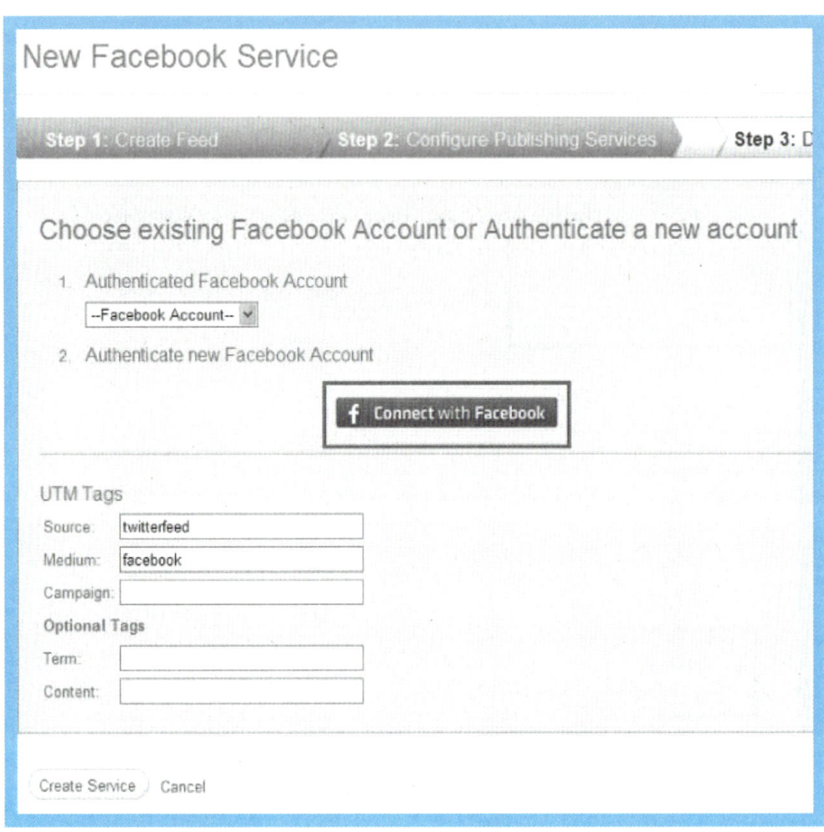

그러면 아래 그림과 같이 페이스북 로그인 창이 뜬다. 여기에 페이스북 아이디와 비번을 입력한 후 하단 오른쪽에 있는 Login 버튼을 클릭해 준다.

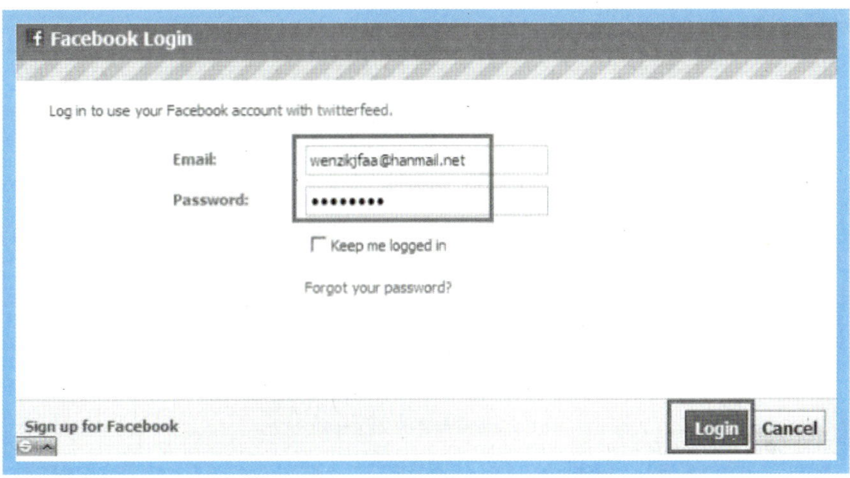

그러면 아래 그림과 같이 페이스북의 자신의 계정의 이름이 표시되고 그 아래 페이스북과 내 계정이 연결되었다는 메시지가 표시된다. 여기까지 완료 되었으면 하단 좌측에 있는 Create Service 버튼을 클릭해 준다.

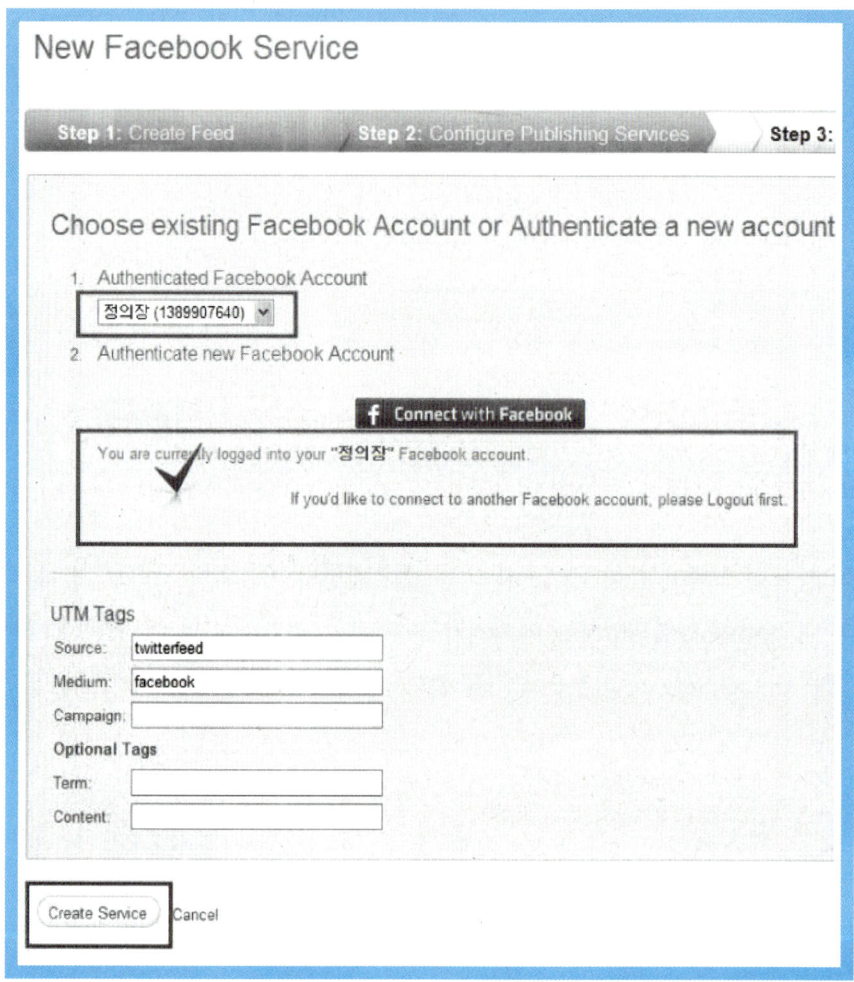

Create Service 버튼을 클릭해 주면 아래 그림과 같이 페이스북과 연동이 성공적으로 완료되었다는 메시지와 함께 Facebook 메뉴에 Active라는 옵션이 활성화 되어 있는 것이 보일 것이다. 그러면 마지막으로 하단의 All Done! 버튼을 클릭해 주면 페이스북과 내 블로그의 자동연동 작업이 모두 완료되는 것이다.

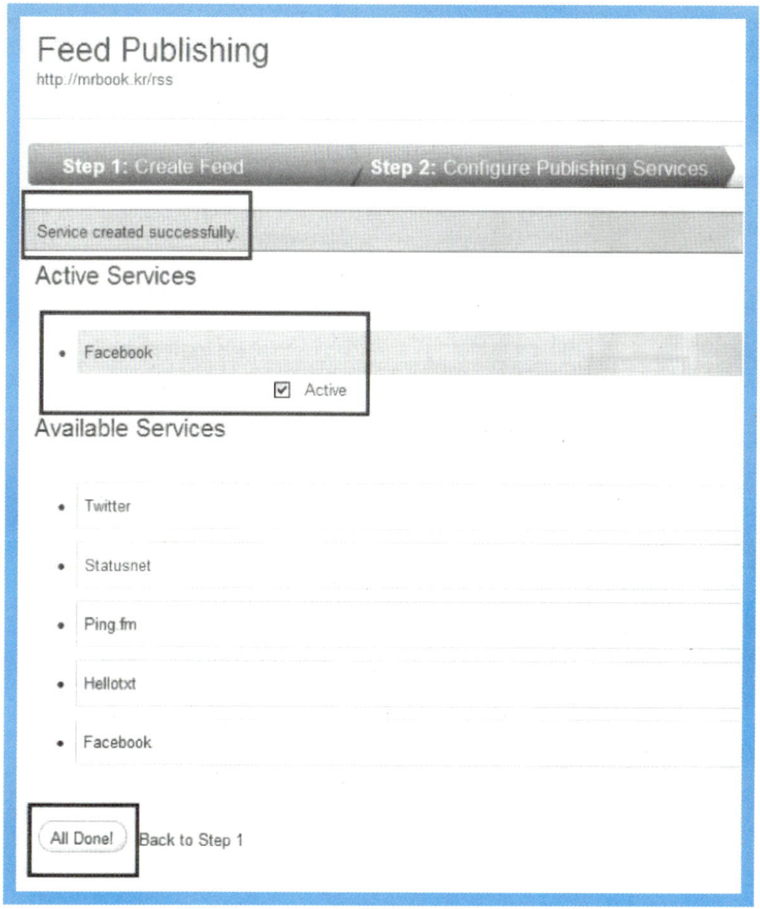

그러면 이제 과연 내 블로그의 글이 페이스북에 정상적으로 전송되고 있는지 페이스북에 가서 확인해 보도록 하자. 트위터 피드를 통해 내 블로그와 페이스북을 연동하게 되면 가장 최근에 작성한 내 블로그의 글 하나만 전송되어지게 된다. 물론 앞으로 블로그에 올리는 글들은 자동으로 페이스북으로 전송되게 된다. 페이스북의 내 계정으로 접속해 보니 아래 그림과 같이 페이스북 홈의 뉴스피드에 방금 연동시킨 내 블로그의 최근글이 올라와 있는 걸 확인 할 수 있다.

facebook
검색

정의장
내 프로필 관리
뉴스피드
쪽지 61
이벤트 2
친구
그룹 만들기...
어플리케이션
그룹
게임
Twitter
더 보기
Friends on Chat

뉴스피드
인기글 · 최신글
지금 무슨 생각을 하고 계신가요?

라이프대구님이 백암온천 김인순님 외 5명과 친구가 되었습니다.

2분 전

정의장
화성에서 온 경영자 금성에서 온 마케터. 알리사가 제시하는 그 해법 : 경영자 vs 마케터
경영자 vs 마케터 상세보기 알 리스 지음 | 흐름출판 펴냄 왜 경영자와 마케터는 같은 목표를 두고 다른 선택을 하는가? 왜 그들은 성공이 아닌 실패를 선택하는... 『경영자 vs 마케터』 에서 저자들은 이러한 마케팅에 관한 충격적인 진실과 뜻밖의 결과를 알려준다. ... 포지셔닝의 개념을 세상에 널리 알린 알리사가 이번에는 "경영자"와 "마케터"의 시각차이를 설명하고 마케터들에게 그 해법을 제시하는 것이다. #0 좌뇌형 경영자 ...
더 보기
5분 전 twitterfeed을(를) 이용 · 댓글달기 · 좋아요 · Share this

Yesoe Yoon님이 Tom Moon님 외 62명과 친구가 되었습니다.

8분 전

ㄱ

ㄴ

ㄷ

ㄹ

ㅁ

ㅂ

ㅅ

ㅇ

기타